GRÜNES LICHT

TRAINING FÜRS GYMNASIUM

W0306677

Deutsch 5. Klasse

Baden-Württemberg

Cornelsen

Herausgeber: Bibliographisches Institut GmbH, Mannheim
Marketing & Vertrieb: Cornelsen Schulverlage Marketing GmbH, Berlin

Projektleitung und Reihenkonzeption: Annegret Hauser
Redaktion: Lektorat Lofing, Berlin
Illustration: Dorina Teßmann, Berlin
Umschlaggestaltung: tritopp, Berlin
Layoutkonzept und technische Umsetzung: Dagmar und Torsten Lemme, Berlin

www.cornelsen.de

Die Links zu externen Webseiten Dritter, die in diesem Werk angegeben sind, wurden vor Drucklegung sorgfältig auf ihre Aktualität geprüft. Der Verlag übernimmt keine Gewähr für die Aktualität und den Inhalt dieser Seiten oder solcher, die mit ihnen verlinkt sind.

1. Auflage 2012

© Bibliographisches Institut GmbH, Dudenstraße 6, 68167 Mannheim

Das Werk und seine Teile sind urheberrechtlich geschützt. Jede Nutzung in anderen als den gesetzlich zugelassenen Fällen bedarf der vorherigen schriftlichen Einwilligung des Verlages.
Hinweis zu den §§ 46, 52 a UrhG: Weder das Werk noch seine Teile dürfen ohne eine solche Einwilligung eingescannt und in ein Netzwerk eingestellt oder sonst öffentlich zugänglich gemacht werden.
Dies gilt auch für Intranets von Schulen und sonstigen Bildungseinrichtungen.

Druck: Beltz Bad Langensalza GmbH

ISBN: 978-3-06-150179-2

Inhalt gedruckt auf säurefreiem Papier aus nachhaltiger Forstwirtschaft.

Hier finden Sie die systematische Übersicht der in diesem Band behandelten Themen.
Der Lernplan auf S. 8–11 kann für den eigenen Bedarf genutzt werden.

Tests

Die Autorinnen

Martina Angele

Silke Hof

Anke Schäfer

Einführung

Der vorliegende Band **Grünes Licht: Training fürs Gymnasium** unterstützt das Lernen im Deutschunterricht der Klasse 5 am Gymnasium. Die Arbeit damit beugt Wissenslücken vor und gibt Gymnasialschülerinnen und -schülern Sicherheit im Unterricht sowie bei Tests und Klassenarbeiten.

Aufbau: Arbeiten mit den Modulen

Der Deutsch-Lernstoff des 5. Schuljahrs ist in **36 Trainings-** und **sieben Testmodulen** aufbereitet. Sie sind in vier zentrale Lernbereiche eingeteilt und folgen den in Baden-Württemberg wichtigen Deutsch-Lehrwerken.

12 | 1 Das Schreiben vorbereiten

Seite | Nummer des Moduls | Thema / Lernschwerpunkt des Moduls

Jedes Modul ist eine in sich geschlossene Einheit, die in etwa 30–45 Minuten bearbeitet werden kann. Alle Module bestehen aus:

- einer **Wissenseite** (zum Wiederholen und Festigen des im Unterricht Behandelten; mit Fakten, Regeln und Hinweisen; bei umfangreicheren Themenschwerpunkten: zwei Wissensseiten)
- zwei **Aufgabenseiten** (zum Anwenden, Üben und Trainieren; bei umfangreicheren Themenschwerpunkten: vier Aufgabenseiten)
- einer **Lösungsseite** (zum selbstständigen Überprüfen; neben ausführlichen Lösungen enthält sie bei Bedarf auch Hilfestellungen und weiterführende Kommentare; bei umfangreicheren Themenschwerpunkten: zwei Lösungsseiten)

36 | TEST: Umgang mit Erzähltexten

Die Tests behandeln Inhalte der jeweils vorangehenden Modulgruppen. Alle Tests enthalten ein Punktbewertungssystem und bestehen aus:

- zwei bzw. drei **Aufgabenseiten**
- ein bzw. zwei **Lösungsseiten**

Einsatzmöglichkeiten

Das Trainingsmaterial eignet sich durch seinen klaren Aufbau zum selbstständigen Bearbeiten durch die Lernenden. Dieses kann nach dem jeweiligen Bedarf erfolgen:

- im kontinuierlich unterrichtsbegleitenden Lernen zu Hause,
- im Förderunterricht,
- bei spezifischem Förderbedarf nach Vorgaben und in Absprache mit der Lehrerin oder dem Lehrer sowie
- zum individuellen Nachschlagen, Üben und Füllen von Wissenslücken.

Organisationshilfen

Die Arbeit mit diesem Trainingsmaterial kann, je nach individuellem Bedarf, über unterschiedliche Zugänge erfolgen:

- Der **Lernplan** (S. 8–11) hilft bei der Planung und Organisation des Lernens. Hier kann der Deutschlehrer oder die Deutschlehrerin je nach Trainingsbedarf vermerken, welche Module und Tests bis wann bearbeitet werden sollen. Die Lernenden können die eigene Arbeit im Anschluss durch Auswahl eines der drei Gesichter selbst beurteilen und dies bei Bedarf mit ihrem Lehrer oder ihrer Lehrerin besprechen. So ist der Lernplan aufgebaut:

Modul	Thema/Lernschwerpunkt	Seite	bitte bearbeiten zum:	☺ 😐 ☹

- Wer ausgehend von einem Fachbegriff aus dem Deutschunterricht nachschlagen und üben möchte, findet im **Glossar** (S. 190–191) bei Fremdwörtern die deutsche Entsprechung, ein typisches Sprachbeispiel und außerdem die Nummern aller Module, die Faktenwissen und Aufgaben zum gesuchten Begriff enthalten.
- Ein durchgängiges Hilfsmittel ist die bei Wissens- und Aufgabenseiten die auf der rechten Seite mitlaufende **Randspalte**, in der Lernende ggf. unklare Punkte oder Rückfragebedarf markieren, die mit der Deutschlehrerin oder dem Deutschlehrer aufgegriffen werden können. Kann man überwiegend Häkchen in dieser Spalte setzen, wird der eigene Lernerfolg bewusst. ✓ ↩ ?

Tests

Die Tests können abschließend nach vollständiger Bearbeitung der jeweils vorangehenden Modulgruppe durchlaufen werden (also z.B. TEST: Wortarten nach Modul 17–23). Alternativ sind sie zu Beginn, also zur einsteigenden Ermittlung des Leistungsstands bzw. des Übungsbedarfs nutzbar. Bereiche, in denen die erreichte Punktzahl nicht zufriedenstellend ist, können dann bevorzugt bearbeitet werden.
Das verwendete Punktsystem bildet die Benotung im Deutschunterricht nicht 1:1 ab, sondern es soll Lernenden eine realistische Groborientierung über den jeweiligen eigenen Stand ermöglichen. Der untere Wert des 😐 sichert etwa noch ein *Ausreichend;* die oberen Werte des ☺ entsprechen *guten* bzw. *sehr guten* Leistungen.

Viel Erfolg!

1 Das Schreiben vorbereiten: Ideen sammeln und ordnen

Bevor du mit dem Schreiben von Briefen, Erzählungen, Beschreibungen usw. beginnst, solltest du wissen, worüber du eigentlich schreiben willst. Es hilft dir, vorab **Ideen** zu sammeln und deine Gedanken in die **richtige Reihenfolge** zu bringen.

Zunächst beginnst du mit einer **Ideensammlung** zu deinem Thema. Du schreibst spontan auf, was dir zu dem Thema einfällt. Dies ist auf verschiedenen Wegen möglich:

- Du kannst ein **Brainstorming** machen und einfach alles ungeordnet aufschreiben. Dabei gibt es kein Richtig oder Falsch.
- Eine weitere Möglichkeit bietet das **ABCdarium.** Das ist eine Sammlung von Ideen. Sie ist aber nicht ungeordnet, wie das beim Brainstorming der Fall ist. Du sammelst vielmehr Begriffe und Ideen nach dem Alphabet. Damit schaffst du es, zu einem Thema möglichst viele Einzelheiten zu finden.
- Du kannst auch einen **Gedankenstern** nutzen. Mit dem sammelst du Oberbegriffe und hast somit schon eine gewisse Gliederung erstellt. So kann ein Gedankenstern zum Thema *Sommer* aussehen:

- Mit einer **Mind-Map** lassen sich deine gesammelten Gedanken strukturieren. Stelle dir die Mind-Map wie einen Baum vor: In der Mitte steht dein Thema. Vom Thema gehen Äste ab, die die Hauptaspekte deines Themas tragen. Von den Ästen gehen Zweige ab. Die stellen die untergeordneten Aspekte der jeweiligen Hauptaspekte dar. Hier ein Beispiel für eine Mind-Map zum Thema *Sommerferien*:

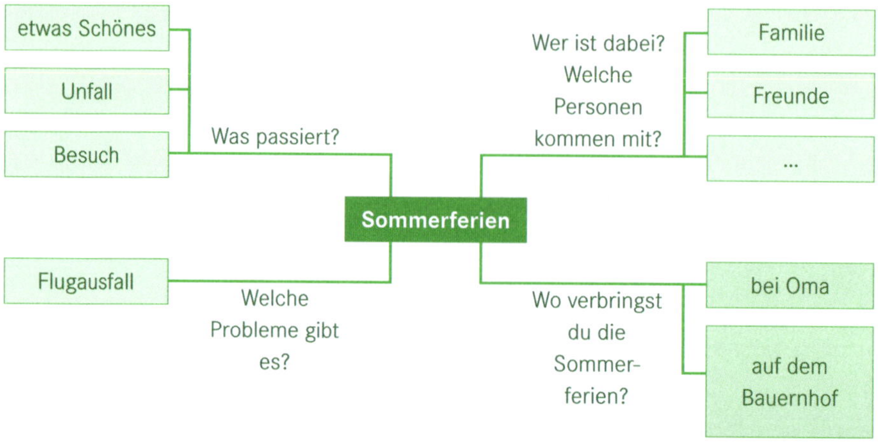

AUFGABE 1 Führe ein Brainstorming zum Thema *Überraschung* durch.

Bei einem Brainstorming brauchst du keine ganzen Sätze zu schreiben. Schreib einfach alles ungeordnet auf, was dir einfällt. Du kannst dabei auch verschiedene Farben verwenden oder jeden neuen Begriff auf ein Kärtchen schreiben.

AUFGABE 2 Erstelle einen Gedankenstern zum Thema *Eine tolle Geburtstagsfeier.*

An jede Spitze des Sterns schreibst du einen Oberbegriff zu deinem Thema. Fällt dir noch mehr ein, kannst du dies natürlich auch noch hinschreiben.

AUFGABE 3 Schreibe ein ABCdarium zum Thema *Große Pause*. Denke daran, dass du nicht unbedingt zu jedem Buchstaben etwas finden musst und du auch zu anderen Buchstaben mehr als einen Begriff schreiben darfst.

A	N
B	O
C	P
D	Q
E	R
F	S
G	T
H	U
I	V
J	W
K	X
L	Y
M	Z

Aufgabe 4 In einigen Tests sollst du eine Erzählung schreiben. Hier kannst du schon einmal über Überschriften nachdenken. Schaue dir folgende Überschriften an und überlege, welche Art von Geschichte von dir verlangt wird. Kreuze die richtige Antwort an.

1 **So ein Unglückstag!**
- a Es geht um ein freudiges Ereignis.
- b Es geht um einen Tag voller Missgeschicke.
- c Es geht um den letzten Schultag.

2 **Aller guten Dinge sind Drei**
- a Es geht um zwei Jungen, die Freundschaft schließen.
- b Es geht um drei kleine Schweine.
- c Es geht um eine Geschichte, in der die Zahl Drei eine große Bedeutung hat.

3 **Was für eine Überraschung!**
- a Es geht um einen Spaziergang mit Hund.
- b Es geht um ein unerwartetes Ereignis.
- c Es geht um einen langweiligen Familienbesuch.

Aufgabe 5 Erstelle eine Mind-Map zum Thema: *Meine schönste Geburtstagsüberraschung*.

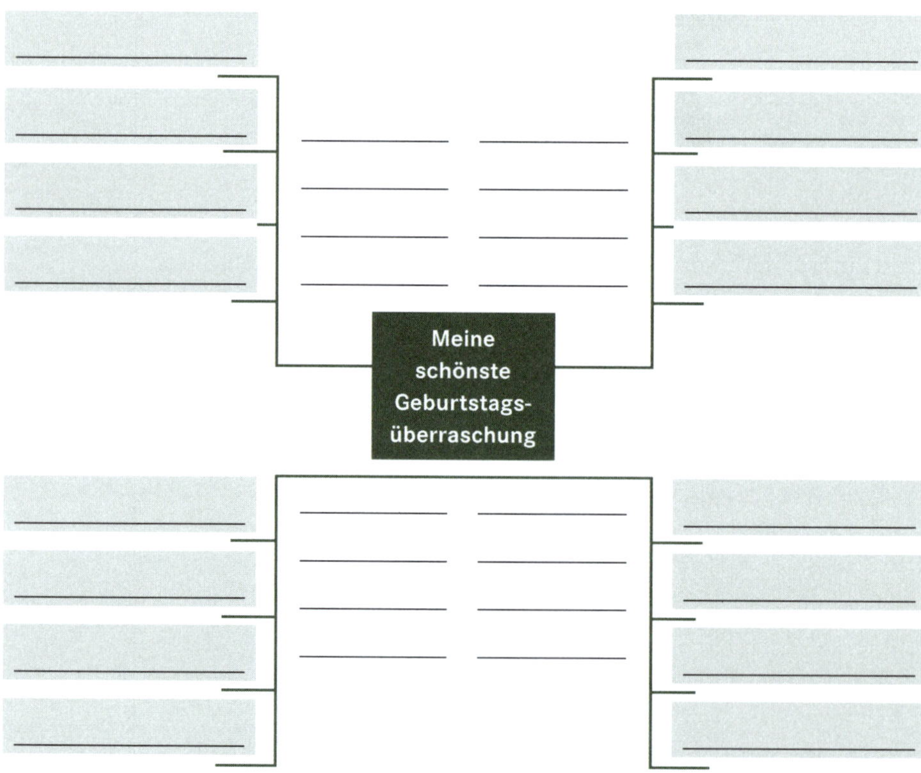

Aufgabe 1 individuelle Lösungen

Du kannst alle Ideen notieren, auch wenn du manche ungewöhnlich findest.
Hier sind einige Beispiele:

Überraschung: etwas, mit dem man nicht rechnet; gute Überraschung; böse Überraschung; Geschenk; Haustier; lange vermisster Gegenstand; Besuch im Zoo/Vergnügungspark; Papa; Mama...

Aufgabe 2

mögliche Gliederungspunkte: Gäste, Essen, Geschenke, Spiele, Preise...

Ein Gedankenstern ist eine vereinfachte Version der Mind-Map.
Der Gedankenstern bietet nicht so viele Gliederungspunkte. Bei einer Mind-Map (Gedankenlandkarte) gehst du mehr in die Tiefe. Eine Mind-Map ist die ausführlichste Version der Gedankenhilfen.

Aufgabe 3 individuelle Lösungen. Beispiele:

Auslauf	**N**atur, frische Luft
Ball spielen	**O**
Chaos	**P**ausenaufsicht
Drachen steigen lassen	**Q**ualm aus der Raucherecke
Essen	**R**auferei
Fangen spielen	**S**eilspringen
Geräusche	**T**ischtennis
Hausaufgaben machen	**U**nterrichtsfreie Zeit
Im Schulgebäude aufhalten	**V**esper
Jungen und Mädchen	**W**C
Klassen	**X**
Laufen	**Y**
Milch	**Z**eit begrenzt, leider immer zu kurz

Aufgabe 4

1b 2c 3b

Aufgabe 5 individuelle Lösungen

Denke an die Hauptaspekte/Hauptäste und die Verzweigungen.
Deine Lösung könnte zum Beispiel so aussehen:

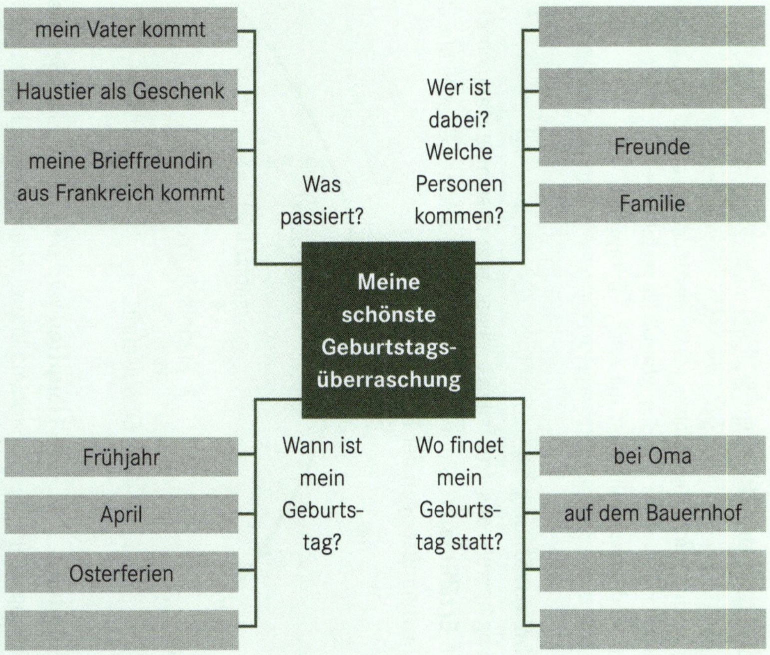

2 Erzählen: Erlebniserzählung

Eine **Erzählung** ist **eine kurze Geschichte,** die du erlebt oder erfunden hast. Wenn die Geschichte erfunden ist, muss sie trotzdem **glaubhaft** gestaltet sein. Erzähle deine Geschichte **spannend, anschaulich** und mit einem **Höhepunkt.**

Aufbau einer Erlebniserzählung

Eine Erlebniserzählung besteht aus drei Teilen und hat eine passende Überschrift. Kennst du schon die **Erzählmaus**? Sie hilft dir beim Aufbau deiner Geschichte. Ihre Rückenlinie zeigt den Spannungsbogen der Erzählung.

Vorgehen

Es hilft, wenn du vor dem Schreiben deine Ideen stichpunktartig festhältst. Du kannst dir dazu einen **Schreibplan** anhand der **Erzählmaus** anlegen. Damit stellst du die Spannungssteigerung bereits bildlich dar und vermeidest unnötige Abschweifungen oder das Auslassen wichtiger Erzählschritte.

Bevor du jetzt deine Erzählung aufschreibst, überlege noch, aus welcher Perspektive sie erzählt wird. Wähle die Erzählform (Ich- oder Er-Form). Jetzt kann es losgehen!

- Überlege dir eine passende **Überschrift.** Sie soll die Neugier des Lesers wecken, darf aber auch nicht zu viel verraten.
- Die **Einleitung** führt den Leser in die Geschichte ein. Hier kannst du kurz die **Vorgeschichte** erzählen und möglichst beiläufig **die wichtigsten W-Fragen** (Wer? Wann? Was? Wo?) beantworten. Der Leser soll dabei Lust zum Weiterlesen bekommen, deshalb sind hier auch manchmal **Vorausdeutungen** (z. B. *Ich wusste noch nicht, dass das der aufregendste Tag in meinem Leben werden sollte…*) sinnvoll.

- Im **Hauptteil** steigerst du die **Spannung** in **3–4 Erzählschritten** bis zu einem Höhepunkt. Der Leser soll sich nach jedem Erzählschritt fragen, wie die Geschichte wohl weitergeht. Du kannst dazu das Geschehen intensivieren oder verzögern (z. B. durch Zeitlupe: aus Sekunden werden Minuten) oder das Erzähltempo steigern (z. B. mithilfe von Verben, die Geschwindigkeit ausdrücken).
- Der **Höhepunkt** ist der **Kern deiner Geschichte.** Er gehört zum Hauptteil. Du kannst ihn mit Einzelheiten ausbauen (z. B. durch die Wiedergabe von Sinneseindrücken). Der Leser ist nun ganz gespannt, wie es weitergeht.
- **Am Ende des Hauptteils** musst du die **Spannung wieder auflösen** und die Lösung bzw. den Schluss der Geschichte bereits andeuten. Fasse dich hier aber kurz!
- Der **Schluss** rundet die Geschichte ab. Hierzu reichen 3–4 Sätze. Du kannst
  - einen **Schlusskommentar** geben (z. B. *So etwas werde ich nie wieder tun!*),
  - eine **Lehre** anführen (z. B. *Übermut tut eben selten gut.*),
  - einen **Ausblick auf die Zukunft** geben (z. B. *In Zukunft werde ich besser aufpassen!*) oder
  - dich **auf die Überschrift rückbeziehen,** was einen schönen Rahmen für deine Geschichte bildet.

Sprache

Die Geschichte ist bereits passiert. Deshalb erzählst du sie in der Vergangenheit, also im **Präteritum.** Was vorher passiert ist, kannst du im **Plusquamperfekt** (Vorzeitigkeit) wiedergeben. Für den Höhepunkt kannst du ins **szenische Präsens** wechseln und dadurch die Spannung steigern.

Verwende **abwechslungsreiche Sprache,** z. B.:

- Ersatzformen für die Namen der Hauptpersonen (z. B. *der Junge, die Kleine*) und Personalpronomen
- unterschiedliche Satzanfänge, wobei du auch einmal einen Nebensatz an den Satzanfang stellen kannst
- Konjunktionen (Bindewörter) und Adverbien (Bestimmungen der Zeit, des Ortes und der Art und Weise)
- ausdrucksstarke Verben (z. B. *knistern*) und Adjektive (Eigenschaftswörter)
- körperliche Auswirkungen und Sinneseindrücke (*sehen, hören, fühlen/tasten, schmecken, riechen*)
- Gefühle und Gedanken der handelnden Personen
- Vergleiche (z. B. *klein wie eine Maus*), bildhafte Wendungen (z. B. *eiskalt*) und Personifikationen (unbelebten Gegenständen menschliche/ lebendige Eigenschaften zuschreiben, z. B. *Unerbittlich* ***starrte*** *mich die Dunkelheit durch mein Zimmerfenster an und der Wind* ***heulte*** *die Hauswand entlang.*)
- Mimik (Gesichtsausdruck), Gestik (Hand-/ Kopfbewegungen) und Körperhaltung
- wörtliche Rede
- Frage- und Ausrufesätze (auch zum Ausdruck von Gedanken und Gefühlen)

Aufgabe 1 Suche ausdrucksstarke Verben zu *hören* und *gehen.*

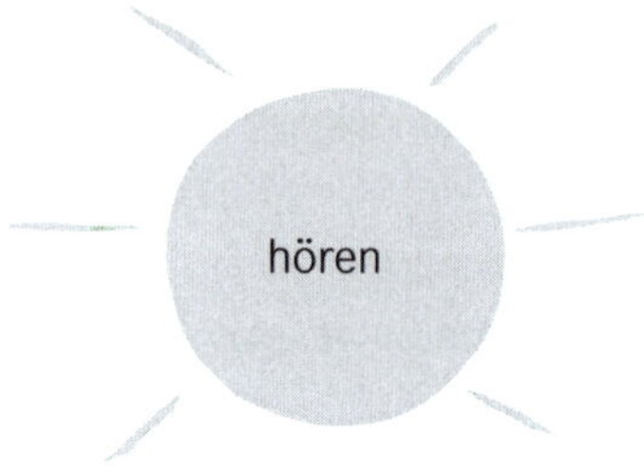

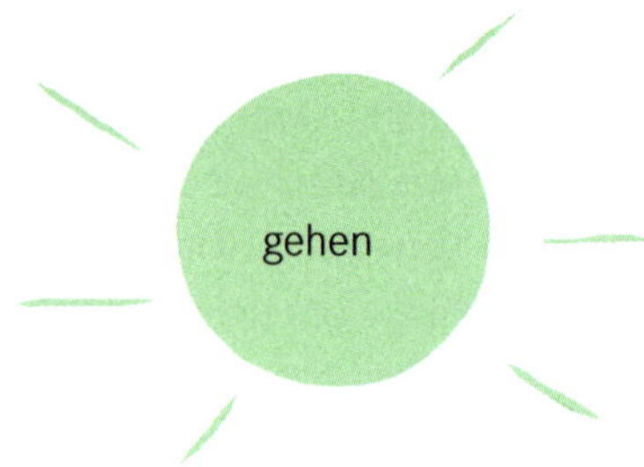

Aufgabe 2 Überlege dir, wie du folgende Gefühle ausdrücken kannst.

Freude: ______________________________

____

Wut: ______________________________

____

Überraschung: ______________________________

____

____

Neugier: ______________________________

____

Enttäuschung: ______________________________

____

Aufgabe 3 Der folgende Text ist eine Erlebniserzählung zum Thema *Verirrt.* Der Textauszug umfasst die letzten Erzählschritte und den Höhepunkt der Geschichte mit der Auflösung. Unterstreiche in dem Textauszug alle Mittel zur Spannungssteigerung.

Alles Rufen hatte nichts geholfen, offenbar hörte mich hier in dieser Einöde niemand, es war auch weit und breit keine Menschenseele zu sehen. Es kam mir so vor, als suchte ich bereits seit Stunden nach dem richtigen Weg. Immer wieder dachte ich: „Wie konnte ich mich nur verlaufen? Wieso nur gerate ich immer in solche Situationen? Wenn ich doch bloß mein Handy nicht zu Hause gelassen hätte!“ Es wurde bereits dunkel und die Umgebung war mir immer noch völlig unbekannt. Bösartig und hämisch grinsend glotzten mich die kahlen Bäume an. Ein eiskalter Wind heulte durch ihre Baumkronen. In meinem Kopf rasten meine Gedanken wild durcheinander: „Bin ich hier nicht gerade eben schon vorbeigekommen? Wenn mir nicht bald etwas einfällt, werde ich hier noch die ganze Nacht herumirren und bei der eisigen Kälte wohl erfrieren. Warum suchen mich meine Eltern nicht? Oder können sie mich nicht finden?" Jetzt machte sich Verzweiflung in mir breit und ich zwang meine müden Beine zum Laufen. Tapfer wischte ich mir die Tränen aus dem Gesicht. „Nur nicht aufgeben!", sprach ich mir Mut zu. Aber ich konnte mich jetzt nicht mehr zusammenreißen, meine Erschöpfung war einfach zu groß, ich schluchzte laut auf. Ich schämte mich noch nicht einmal dafür. Erschöpft lehnte ich mich an einen Baum und starrte über das schneebedeckte Feld in die Ferne. Da sah ich plötzlich wie durch einen Schleier zwei gelbe Punkte am Feldrand. Sie kamen näher und konnten nur von einem Auto stammen. Das war die Rettung! Bestimmt war es Papa, der mich schon überall suchte! Ich schöpfte neue Hoffnung und stolperte mit letzter Kraft querfeldein auf die gelben Lichtkegel zu. Dabei winkte ich kräftig mit beiden Armen und schrie: „Hier bin ich! Hier!" Die Lichter waren jetzt deutlich zu erkennen und das Auto hielt an. Wie erleichtert war ich, als ich die Umrisse meines Vaters, den ich an seinem alten Parker erkannte, aussteigen und auf mich zueilen sah. Ich war gerettet!

Aufgabe 4 Beschreibe deine Gedanken und Gefühle (inneres Geschehen) bei folgenden Situationen.

äußeres Geschehen	inneres Geschehen
Ich bekomme eine gute Note.	
Ich werde zu Unrecht bestraft.	
Ich erhalte ein tolles Geschenk.	
Ich werde von meinem Freund angelogen.	
Ich höre ein merkwürdiges Geräusch in der Nacht.	

Aufgabe 5 Schreibe nun deine eigene Erzählung zum Thema *Gespenster.* Das kann eine Erlebniserzählung werden oder auch eine Fantasieerzählung. Eine Fantasieerzählung ist genauso aufgebaut wie eine Erlebniserzählung. Der Unterschied liegt in dem, was passiert. Denn es passieren eher ungewöhnliche Dinge, vielleicht sogar Unheimliches. Die handelnden Personen sind manchmal seltsame Wesen.

LÖSUNGEN LÖSUNGEN LÖSUNGEN

Aufgabe 1

hören: lauschen, horchen, hinhören, belauschen, die Ohren spitzen, abhören, mithören, vernehmen, wahrnehmen, verstehen, jemanden an den Lippen hängen, zuhören, aufpassen, anhören, jemandem Gehör schenken
gehen: laufen, rennen, eilen, schleichen, schlurfen, kriechen, hüpfen, hopsen, stolpern, spazieren, marschieren, stolzieren, schreiten, wandern, schlendern

Aufgabe 2

Freude: Freudentränen, singen, herumhüpfen, überglücklich sein, in die Luft springen, jemanden umarmen, jubeln, lachen, begeistert sein, tanzen, strahlende Augen haben, rote Backen bekommen, Aufregung
Wut: die Fäuste ballen, (Wut)tränen in den Augen haben, ein rotes Gesicht bekommen, die Augenbrauen zusammenziehen, der Magen zieht sich zusammen, innerlich heiß werden, vor Wut kochen, die Zähne zusammenbeißen, den Kopf senken, die Lippen zusammenpressen
Überraschung: die Augen aufreißen, den Mund offen stehen lassen, das Atmen vergessen, die Luft anhalten, erschrecken, sprachlos sein, sich nicht bewegen können, die Spucke bleibt weg, eine trockene Kehle haben, nichts sagen können
Neugier: die Augenbrauen hochziehen, genauer hinsehen, vorsichtig hingehen/hinsehen, den Kopf vorstrecken, verstohlen lugen, hellwach sein, aufmerksam zuhören/zusehen, leise hinschleichen, viele Fragen stellen
Enttäuschung: den Kopf hängen lassen, Tränen steigen in die Augen, weinen, leise schluchzen, auf den Boden schauen, die Lippen zusammenkneifen, fest herunterschlucken, ein trauriges Gesicht machen, seufzen

Aufgabe 3

Alles Rufen hatte nichts geholfen, offenbar hörte mich hier in dieser Einöde niemand, es war auch weit und breit keine Menschenseele zu sehen. Es kam mir so vor, als suchte ich bereits seit Stunden nach dem richtigen Weg. Immer wieder dachte ich: „Wie konnte ich mich nur verlaufen? Wieso nur gerate ich immer in solche Situationen? Wenn ich doch bloß mein Handy nicht zu Hause gelassen hätte!“ Es wurde bereits dunkel und die Umgebung war mir immer noch völlig unbekannt. Bösartig und hämisch grinsend glotzten mich die kahlen Bäume an. Ein eiskalter Wind heulte durch ihre Baumkronen. In meinem Kopf rasten meine Gedanken wild durcheinander: „Bin ich hier nicht gerade eben schon vorbeigekommen? Wenn mir nicht bald etwas einfällt, werde ich hier noch die ganze Nacht herumirren und bei der eisigen Kälte wohl erfrieren. Warum suchen mich meine Eltern nicht? Oder können sie mich nicht finden?“ Jetzt machte sich Verzweiflung in mir breit und ich zwang meine müden Beine zum Laufen. Tapfer wischte ich mir die Tränen aus dem Gesicht. „Nur nicht aufgeben!“, sprach ich mir Mut zu. Aber ich konnte mich jetzt nicht mehr zusammenreißen, meine Erschöpfung war einfach zu groß, ich schluchzte laut auf. Ich schämte mich noch nicht einmal dafür. Erschöpft lehnte ich mich an einen Baum und starrte über das schneebedeckte Feld in die Ferne. Da sah ich plötzlich wie durch einen Schleier zwei gelbe Punkte am Feldrand. Sie kamen näher und konnten nur von einem Auto stammen. Das war die Rettung! Bestimmt war es Papa, der mich schon überall suchte! Ich schöpfte neue Hoffnung und stolperte mit letzter Kraft querfeldein auf die gelben Lichtkegel zu. Dabei winkte ich kräftig mit beiden Armen und schrie: „Hier bin ich! Hier!“ Die Lichter waren jetzt deutlich zu erkennen und das Auto hielt an. Wie erleichtert war ich, als ich die Umrisse meines Vaters, den ich an seinem alten Parker erkannte, aussteigen und auf mich zueilen sah. Ich war gerettet!

Aufgabe 4

Individuelle Lösungen. Hier findest du Beispiele:

äußeres Geschehen	inneres Geschehen
Ich bekomme eine gute Note.	Freude, innerlich jubeln, heiß werden, Kribbeln im Bauch, Erleichterung, ausatmen, Anspannung verfliegt, froh sein
Ich werde zu Unrecht bestraft.	Wut, Angst, Tränen, Fäuste ballen, Ärger, innerlich schreien, Ablehnung, innerlich protestieren, nervös werden
Ich erhalte ein tolles Geschenk.	Freude, innerlich jubeln, Kribbeln im Bauch, Gefühl, tanzen zu wollen, die ganze Welt umarmen wollen, das Gefühl haben, zu schweben, singen und laut schreien wollen, (über)glücklich sein

äußeres Geschehen	inneres Geschehen
Ich werde von meinem Freund angelogen.	Enttäuschung, traurig/ wütend sein, Ärger, sich unsicher fühlen, wie man reagieren soll, Angst, Gefühl der Ohnmacht
Ich höre ein merkwürdiges Geräusch in der Nacht.	Erschrecken, Angst, schweißnasse Hände, Stirn, bleich werden, sich nicht trauen, sich zu bewegen oder zu schreien, trockene Kehle, hellwach sein, angespannt sein, genau hinhören

Das äußere Geschehen beschreibt das, was zuerst einmal wahrnehmbar oder beobachtbar ist. Das innere Geschehen beschreibt die Gefühle und Gedanken in dem Moment.

Aufgabe 5 Individuelle Lösungen; hier ein Beispiel

Geisterschlaf

Lars schlief sehr schlecht. Er träumte von einer rasanten Verfolgungsjagd, bei der allerdings er der Verfolgte war. Im Traum wurde er durch ein verlassenes Haus gejagt, in dem es schrecklich viele Spinnen gab. Lars ekelte sich furchtbar vor Spinnen.

Verschwitzt wachte er auf. Er hatte geträumt, dass er verfolgt wurde und vergeblich nach einem Versteck gesucht hatte. Er hatte keinen Ausweg gefunden und war leichte Beute für seine Verfolger gewesen. Vorsichtig öffnete er die Augen. Er lag im Bett und durch die Jalousien sah er, dass es noch immer helllichter Tag war. So verängstigt wie er war, wollte er lieber nicht wieder einschlafen, sondern wach bleiben und auf die Dämmerung warten. So lange würde es sicher nicht mehr sein bis zum Aufstehen. Dann ginge endlich die Sonne unter und es gäbe keine Gefahr mehr. Lars starrte die Zimmerdecke an und versuchte, an etwas Schönes zu denken – an Wanda, mit der er gestern Nacht heimlich herumgestrolcht war. Sie hatte so wundervoll durchscheinende Haut und in der Dämmerung leuchteten ihre Augen geheimnisvoll. Allmählich fielen ihm wieder die Augen zu. Mitten in seinen Träumen nahm er plötzlich ein fremdartiges Geräusch wahr. Es hörte sich an, als ob jemand in seinem Zimmer war. Er spürte, dass er nicht allein war. Entweder träumte er oder seine Verfolger aus dem Alptraum hatten es geschafft, aus seinem Traum in die Wirklichkeit zu kommen. Lars zog sich die Bettdecke über den Kopf und versuchte sich unsichtbar zu machen. Er hatte einfach keine Lust auf Kämpfe oder sonstige Heldentaten, von denen die anderen in der Schule immer erzählten. Ihm genügten schon die Spiele im Unterricht für Junggeister. Die merkwürdigen Geräusche wurden immer deutlicher und Lars ahnte, dass sich etwas seinem Bett näherte. Er spürte, wie sich Angst in ihm ausbreitete. Seine Hände wurden feucht und kalt und er wagte kaum zu atmen. Er fühlte sein Herz heftig klopfen und bemerkte, dass er am ganzen Leib zitterte. Was war, wenn man ihn entdeckte? Das durfte auf keinen Fall passieren! Aber wohin sollte er fliehen? Konnte er überhaupt so schnell entwischen? Er hatte das Gefühl, als ob sein Körper aus Blei wäre und sich nicht bewegen ließ. Angespannt lauschte er den Geräuschen. Es hörte sich an, als ob etwas ganz leise den Boden entlang schleifte. Das schleifende Geräusch kam immer näher auf sein Bett zu und direkt vor seinem Bett verstummte es abrupt. Gleich würde man ihn unter der Bettdecke entdecken!

Lars wagte es nicht mehr zu atmen oder sich zu bewegen. Er kniff die Augen zu und presste die Lippen aufeinander, um nicht laut zu schreien. Plötzlich griff etwas nach ihm! Es zog ihm die Bettdecke weg. Jetzt packte eine kalte Hand seinen Arm. „Lars, was hast du denn?“, fragte seine Mutter. „Den ganzen Tag habe ich mich zu dir ins Zimmer gesetzt, weil du so unruhig geschlafen hast. Einmal hast du sogar laut aufgeschrien. Ich glaube, du hattest Alpträume. Und ich dachte, so etwas haben nur Menschen.“

Lars war sehr erleichtert, als er die ruhige Stimme seiner Mutter vernahm. Nichts Gefährliches, kein Kampf. Rasch schlug er die Augen auf und blickte in ihr bleiches, freundliches Gesicht. Aber er wünschte, seine Mutter würde ein anderes Taghemd kaufen. Dieses sah einfach zu gruselig aus!

Tipps zur Ausgestaltung des Höhepunkts:

- wörtliche Rede
- anschauliche Verben
- treffende Adjektive
- Sinneseindrücke (hören, sehen, tasten, schmecken, riechen)
- Gedanken und Gefühle
- Zeitlupe

3 Erzählen: Bildergeschichte

Wenn du eine **Bildergeschichte** schreibst, dann erzählst du eine Geschichte nach Bildern. Die Geschichte wird meist in **zwei oder mehr Bildern** dargestellt. Das ist jedoch noch **keine vollständige Erzählung,** denn es werden ja **nur die wichtigsten Momente der Geschichte** in Bildern gezeigt. Zu einer vollständigen Geschichte gehört aber auch, was **vor, zwischen und nach den Bildern** geschehen ist oder geschieht. Diese Verknüpfungsteile musst du selbstständig ergänzen.

Aufbau einer Bildergeschichte

Die Bildergeschichte ist wie die Erlebniserzählung (→ siehe M2) aufgebaut:

- Die **Überschrift** soll den Kern der Geschichte erfassen, ohne zu viel zu verraten.
- In der **Einleitung** wird knapp die Vorgeschichte erzählt, indem die wichtigen W-Fragen beantwortet werden.
- Der **Hauptteil** enthält den **Höhepunkt** der Geschichte .
- Der **Schluss** rundet die Geschichte ab und führt sie zu Ende.

In einer Bildergeschichte wird ein besonderes Ereignis in Bildern dargestellt. Deine Aufgabe besteht darin, die **Folge der Bilder in Worte** zu **fassen.** Der Leser soll die Geschichte verstehen können, auch wenn er die Bilder nicht kennt oder sieht. Deshalb musst du **ganz genau erzählen,** was auf den Bildern geschieht.
Häufig ist es notwendig, **Einzelheiten,** die man auf den Bildern nicht sieht, **selbstständig** zu **ergänzen.** Dazu gehören auch **Anfang** und **Ende** der Geschichte und das, **was zwischen den Bildern geschieht.**

Denke an Folgendes:

- Wähle eine **Erzählform:** Ich- oder Er-Form.
- Achte beim Erzählen auf **die richtige Reihenfolge der Bilder** und erzähle das Geschehen in einem **logischen Zusammenhang.**
- Entscheide dich vor dem Schreiben, welches Bild den **Höhepunkt** darstellt.
- Denke dir **treffende Namen** für die Personen aus.

Sprache

Bei der Bildergeschichte folgst du den **Regeln der Erlebniserzählung**:

- Wenn du die Personen an wichtigen Stellen selbst sprechen lässt, wird deine Geschichte lebendig. Verwende dazu die **wörtliche Rede.**
- Achte insbesondere auf die **Mimik** (Gesichtsausdruck) und **Gestik** (Körperhaltung) der Personen auf den Bildern und beschreibe diese möglichst genau.
- **Anschauliche Verben und Adjektive** machen deinen Text ausdrucksstark und helfen dem Leser, sich das Geschehen besser vorzustellen.
- Ein **abwechslungsreicher Sprachgebrauch** gelingt dir, wenn du verschiedene Satzanfänge wählst, Wiederholungen in der Wortwahl vermeidest sowie Haupt- und Nebensätze mit unterschiedlichen Konjunktionen verwendest.

Aufgabe 1 Hier ist wohl die Reihenfolge der Bilder durcheinandergeraten. Ordne die einzelnen Bilder so, dass sie eine zusammenhängende Geschichte ergeben.

Aufgabe 2 Bei dieser Bildergeschichte fehlt ein Bild. Versuche es zu ergänzen, indem du es entweder malst oder den fehlenden Teil erzählst.

AUFGABE 3 Erstelle zu Aufgabe 2 einen Schreibplan nach der Erzählmaus.

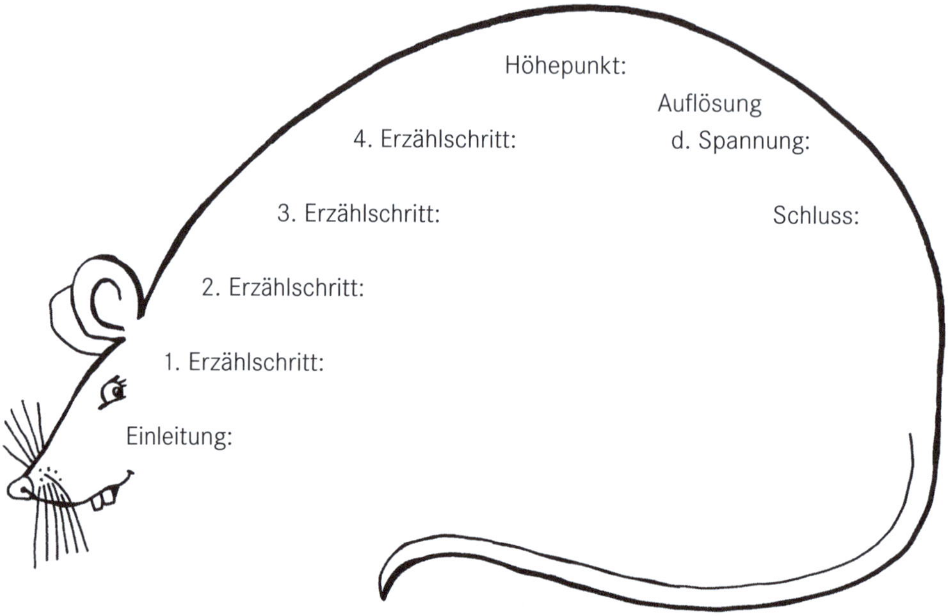

AUFGABE 4 Verfasse nun eine vollständige Erlebniserzählung mit Überschrift, Einleitung, Hauptteil mit Höhepunkt und Schluss. Dein Schreibplan aus Aufgabe 3 hilft dir dabei. Ergänze alle notwendigen Einzelheiten selbstständig, sodass deine Geschichte eine logische, zusammenhängende Erzählung wird.

Überarbeite deinen Aufsatz am Schluss noch einmal sprachlich. Achte dabei auf

- die sinnvolle Verwendung wörtlicher Rede, ✓
- die Beschreibung von Mimik und Gestik der Personen auf den Bildern,
- lebendige und ausdrucksstarke Adjektive und Verben
- Abwechslung im Satzbau
- Abwechslung in der Wortwahl
- am Schluss: Passt die Überschrift?

Aufgabe 1
Bild 6, Bild 2, Bild 4, Bild 3, Bild 5, Bild 1

Aufgabe 2 individuelle Lösungen
Beispiele für einen möglichen Schluss der Geschichte:
- Der Parkgärtner hat Mitleid mit den beiden Mädchen und baut mit ihnen gemeinsam das Geheimversteck wieder auf.
- Der Parkgärtner hat Mitleid mit den Kindern und errichtet mit ihnen ein neues Geheimversteck an einer anderen, gut versteckten Stelle im Park.
- Die beiden Mädchen bauen ein neues Geheimversteck im eigenen Garten, ein Vater hilft ihnen evtl. dabei.

Aufgabe 3 individuelle Lösungen, Beispiel:
Einleitung: Lisa und Marie waren beste Freundinnen und hatten immer lustige Ideen; an diesem Tag wollten sie sich im Park ein Geheimversteck bauen.
Hauptteil:
1. Erzählschritt: Sie suchten einen geeigneten Platz; machten sich ans Werk; es war gar nicht so einfach, genügend Äste und Zweige zu finden, denn sie wollten keine von den Bäumen abreißen.
2. Erzählschritt: Schließlich war das Geheimversteck aus Ästen und Zweigen fertig; sie setzten sich hinein und erzählten sich gegenseitig ihre Geheimnisse; bevor sie nach Hause gingen, verabredeten sie sich für den nächsten Tag an ihrem Geheimversteck.
3. Erzählschritt: Am Vormittag des nächsten Tages kamen Parkgärtner, die alle herumliegenden Äste und Zweige aufräumten; dabei bauten sie auch das Geheimversteck ab und warfen die Zweige zum Abtransport in einen Kleinlaster mit Ladefläche.
4. Erzählschritt: Als die Mädchen am Nachmittag zu ihrem Geheimversteck kamen und entdeckten, dass der Platz leer war und alle Zweige entfernt worden waren, waren sie enttäuscht und Marie weinte; ein Parkgärtner beobachtete die beiden aus der Ferne.

Höhepunkt: Der Parkgärtner lief zu den Mädchen und fragte sie, was los wäre; die beiden Mädchen hatten Angst, dass er sie schimpfen würde, erzählten ihm dann aber alles; der Parkgärtner bekam Mitleid mit den beiden und bot den Kindern an, gemeinsam an einer anderen, noch geheimeren Stelle ein neues Versteck zu bauen.
Lösung der Spannung: Die beiden Mädchen willigten dankbar ein und zusammen bauten sie ein neues Geheimversteck auf.
Schluss: Von nun an wurde das Geheimversteck von den Parkgärtnern bei ihren Aufräumarbeiten verschont und es blieb noch lange dort stehen.

Aufgabe 4 individuelle Lösungen
Beim Schreiben einer Bildergeschichte kannst du dich nach den Regeln der Erlebniserzählung richten. Denn auch deine Bildergeschichte gliedert sich in Einleitung, Hauptteil und Schluss. Der Hauptteil enthält mehrere Erzählschritte und einen Höhepunkt.
Die Einleitung beantwortet die W-Fragen:
- Wer sind die Hauptpersonen?
- Wann und wie ist was passiert?
- Wo spielt die Geschichte?

Die Geschichte schreibst du im Präteritum.

LÖSUNGEN LÖSUNGEN LÖSUNGEN

4 Erzählen: Reizwortgeschichte

Eine **Reizwortgeschichte** ist die **Erzählung** einer spannenden Geschichte **nach bestimmten Wörtern.** Die Wortkette soll dich zu einer Geschichte anregen. Es gelten **alle inhaltlichen und sprachlichen Anforderungen wie** bei der **Erlebniserzählung.**

Aufbau einer Reizwortgeschichte

Die Reizwortgeschichte hat den dreiteiligen Aufbau der Erlebniserzählung (→ Modul 2):

- Die **Überschrift** soll die Neugier des Lesers wecken. Sie muss die Reizwörter nicht enthalten.
- In der **Einleitung** werden knapp die wichtigsten W-Fragen beantwortet.
- Der **Hauptteil** mit dem **Höhepunkt** ist der Kern der Geschichte. Hier sollten alle Reizwörter untergebracht werden.
- Der **Schluss** rundet die Erzählung ab und führt sie zu Ende.

Da die Reizwortgeschichte eine Form der **Erlebniserzählung** ist, unterscheidet sie sich inhaltlich und sprachlich nicht von ihr.
Beachte, dass

- du die in der Aufgabe geforderte Erzählform (Ich-Form oder Er-Form) verwendest.
- du dir vor dem Schreiben einen **Schreibplan** nach der Erzählmaus anlegst.
- du mit deinen Erzählschritten im Hauptteil einen schönen **Spannungsbogen** erzeugst.
- der **Höhepunkt** als Kern deiner Geschichte **anschaulich und lebendig** ausgestaltet ist (→ Modul 2).
- Einleitung und Schluss nicht zu lang sind.

Denke daran, dass du die **Reizwortkette** in den Spannungsbogen des Hauptteils und in den Höhepunkt einbaust. Deshalb ist es sinnvoll, wenn du dir gleich beim Erstellen des Schreibplans überlegst, wo die Reizwörter am wirkungsvollsten eingebaut werden könnten. Du kannst dir entsprechende Notizen in deinem Schreibplan machen.
Du kannst die Reizwörter im Hauptteil auch mehrmals verwenden und die Reihenfolge oder die Wortart verändern. Wichtig ist, dass der Leser den **Zusammenhang zwischen den Reizwörtern und deiner Geschichte** erkennt.

Sprache

Du erzählst deine Reizwortgeschichte im **Präteritum,** bei Vorzeitigkeit im **Plusquamperfekt.** Achte auf einen **abwechslungsreichen Sprachgebrauch** und wende alle dir verfügbaren Möglichkeiten zur **lebendigen und anschaulichen Ausgestaltung des Höhepunkts** an.

AUFGABE 1 Erstelle einen Schreibplan nach der Erzählmaus zu folgenden Reizwörtern:

Geburtstagsfeier – Katze – Kuchen

Die Geschichte soll in der Ich-Form erzählt werden. Erfinde auch eine Überschrift zu deiner Geschichte.

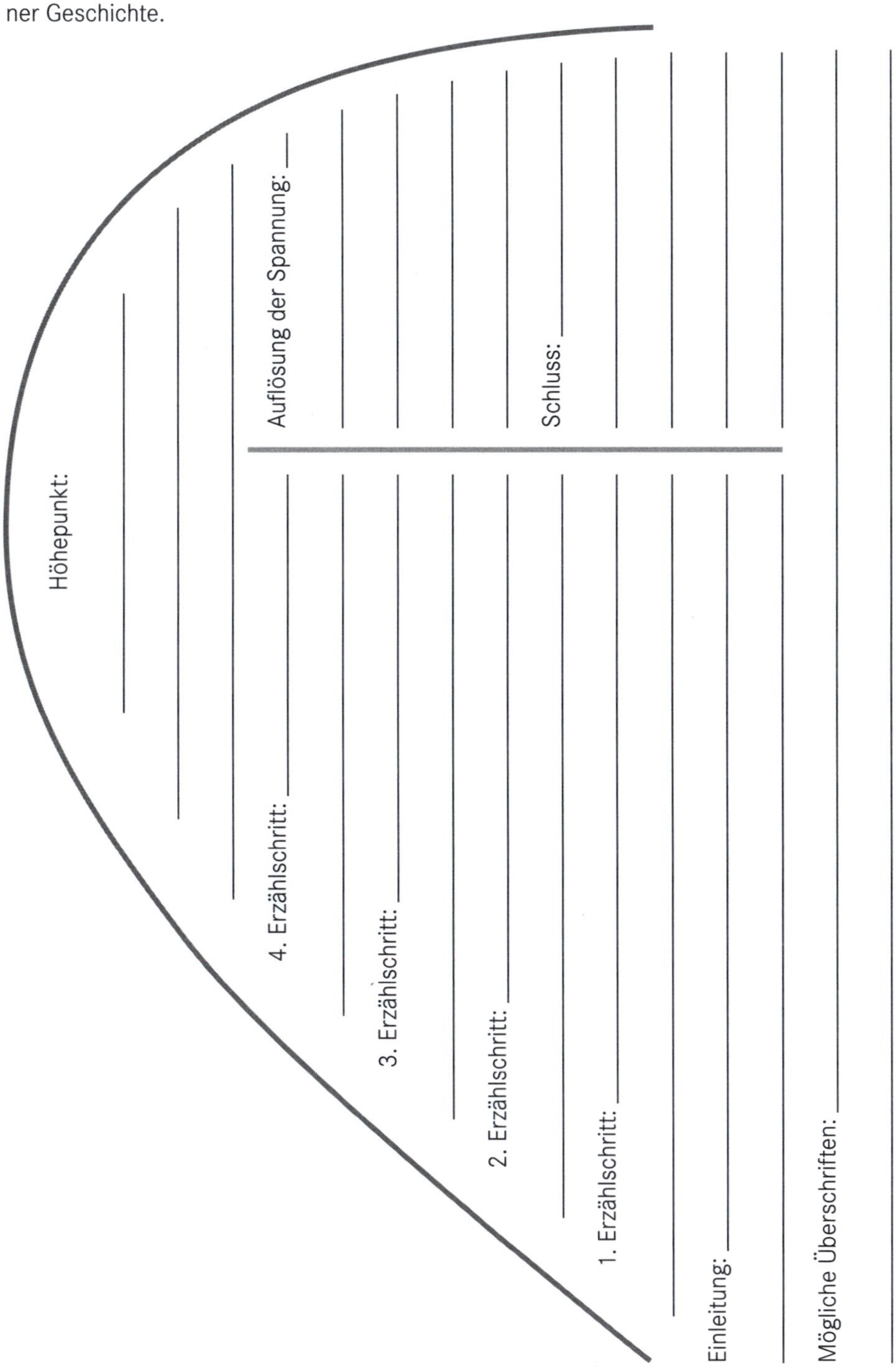

Aufgabe 2 Verfasse nun eine vollständige Erlebniserzählung nach deinem Schreibplan aus Aufgabe 1. Schreibe sie in dein Übungsheft.

Aufgabe 3 Verbessere folgenden Aufsatz, indem du spannungssteigernde Elemente einbaust. Ziel ist es, eine spannende Erlebniserzählung zu den Reizwörtern

Schildkröte – langweilig – verschwunden

zu verfassen. Denke auch an die Überschrift!

Peter hatte sich schon lange ein Haustier gewünscht und deshalb freute er sich ungemein, als er zu seinem Geburtstag eine Schildkröte geschenkt bekam.
Zunächst ging alles gut, Peter fütterte das Tier regelmäßig und nahm es immer wieder aus seiner Wanne heraus. Bald aber stellte er fest: „Die macht ja gar nichts. Sie ist stinklangweilig!" Seine Mutter sagte: „Naja, es ist eben eine Schildkröte und kein Hund. Du hast sie doch haben wollen." Am Nachmittag nahm Peter das Tier mit zu seinem Freund Jochen. Vielleicht gelang es ihnen ja gemeinsam, der Schildkröte ein paar Tricks beizubringen. Sie gaben ihre Bemühungen jedoch bald auf, weil das Tier sich nur in seinen Panzer zurückzog und offenbar nichts lernen wollte. Da spielten sie lieber zusammen Fußball. Als Peter jedoch am späten Nachmittag nach Hause gehen wollte, war die Schildkröte verschwunden. Sie suchten den ganzen Garten nach dem Tier ab, auch Jochens Eltern halfen mit, aber die Schildkröte blieb verschwunden. Traurig machte sich Peter allein auf den Heimweg.
Zuhause erzählte er seiner Mutter die ganze Geschichte. Die Mutter war ziemlich sauer auf Peter, weil er das Tier zu seinem Freund mitgenommen hatte und nicht besser aufgepasst hatte.

Aufgabe 4 Manchmal kann eine Reizwortgeschichte auch nur eine Überschrift anstelle einer Reizwortkette vorgeben. Erstelle auf einem gesonderten Blatt Schreibpläne nach der Erzählmaus zu den folgenden Überschriften.

Zeichne dir dazu die Erzählmaus als Skizze auf (am besten du nimmst das Blatt im Querformat). Dann kannst du sie mit deinen Ideen ausfüllen. Achte darauf, nur Stichpunkte zu den einzelnen Erzählschritten aufzuschreiben. Überlege dir, wo du die Reizwörter der Überschriften besonders wirkungsvoll im Hauptteil und am Höhepunkt einbauen könntest.

1 Ein ganz besonderes Geburtstagsgeschenk

2 Der schönste Tag in meinem Leben

3 Ein aufregendes Ferienerlebnis

4 So eine Enttäuschung!

5 Da war ich aber wütend!

Aufgabe 5 Suche dir eine Überschrift aus Aufgabe 4 aus und schreibe dazu eine vollständige Erlebniserzählung. Verwende dafür den Schreibplan, den du erstellt hast. Du kannst deine Reizwortgeschichte in dein Übungsheft schreiben.

AUFGABE 1

Einleitung: Es ist mein 11. Geburtstag, ich habe meine Freunde zu einer Feier eingeladen.

1. Erzählschritt: Während meine Mutter einen Kuchen backt, spiele ich mit unserer Katze Minka.

2. Erzählschritt: Der Kuchen ist fertig und duftet wunderbar. Weil die Gäste bald kommen, decken meine Mutter und ich den Tisch im Esszimmer.

3. Erzählschritt: Minka kommt ins Esszimmer, sie maunzt fürchterlich. Offensichtlich hat sie Schmerzen, sie will sich nicht streicheln lassen.

4. Erzählschritt: Ich mache mir große Sorgen um die kranke Minka. Meine Mutter geht in die Küche und sieht nach dem Kuchen.

Höhepunkt: Ich höre meine Mutter in der Küche aufschreien und eile sofort zu Hilfe. Sie steht fassungslos vor den Resten des offensichtlich angefressenen Geburtstagskuchens.

Auflösung der Spannung: Meine Mutter ist sauer, aber ich bin froh, dass Minka nicht schlimm krank ist.

Schluss: Meine Freunde kommen und wir essen nur Süßigkeiten; am Abend habe ich Bauchweh wie Minka.

Mögliche Überschriften: Arme Minka, Die kranke Katze, Ein aufregender Geburtstag, Nie wieder Süßigkeiten!, Zuviel des Guten ...

AUFGABE 3 Wo ist Sam?

Einleitung: Peter hatte sich schon lange ein Haustier gewünscht und deshalb freute er sich ungemein, als er zu seinem 10. Geburtstag eine Schildkröte geschenkt bekam, die er Sam taufte.

Hauptteil: Zunächst ging alles gut, Peter fütterte das Tier regelmäßig und nahm es immer wieder aus seiner Wanne heraus. Bald aber stellte er fest: „Die macht ja gar nichts. Sie ist stinklangweilig!“ Seine Mutter meinte dazu nur: „Naja, es ist eben eine Schildkröte und kein Hund. Du hast sie doch haben wollen.“ Am Nachmittag nahm Peter Sam mit zu seinem Freund Jochen, obwohl ihm seine Mutter das verboten hatte. Sie glaubte, dass Peter dort nicht gut auf die Schildkröte aufpassen würde und außerdem fürchtete sie, dass die beiden Jungen das Tier vielleicht beim Spielen überfordern könnten. Peter aber war da ganz anderer Meinung. Er dachte sich: „Vielleicht gelingt es uns ja gemeinsam, der Schildkröte ein paar Tricks beizubringen.“ Doch bei Jochen wurde das Tier auch nicht munterer und so gaben die Freunde ihre Bemühungen bald auf, weil sich Sam nur in seinen Panzer zurückzog und offenbar nichts lernen wollte. Da spielten sie lieber zusammen Fußball und vergaßen die Schildkröte dabei völlig, die sie im Garten auf den Rasen gesetzt hatten. Als Peter am späten Nachmittag nach Hause gehen wollte, war Sam verschwunden. „Jochen, Sam ist weg! Ich hab ihn doch hier hingesetzt und jetzt ist er nicht mehr da!“, rief Peter erschrocken. „Na, so weit wird er ja wohl nicht gekrochen sein, so träge und faul wie der ist.“, beruhigte ihn Jochen. Sie suchten erst in der Nähe der Stelle, wo sie Sam hingesetzt hatten und als sie ihn nicht fanden, forschten sie den ganzen Garten nach dem Tier ab. Schließlich halfen sogar Jochens Eltern mit und läuteten bei den Nachbarn, um auch ihre Gärten abzusuchen, aber es nützte nichts, Sam blieb verschwunden. Als es dämmerte und die weitere Suche damit sinnlos wurde, machte sich Peter traurig und allein auf den Heimweg. Jetzt bereute er es bitter, dass er so achtlos gewesen war und nicht besser auf sein Haustier aufgepasst hatte.

Schluss: Zuhause erzählte er seiner Mutter zerknirscht die ganze Geschichte. Sie wurde ziemlich wütend und machte Peter Vorwürfe, weil er das Tier trotz ihres Verbotes zu seinem Freund mitgenommen und es leichtsinnig aus den Augen verloren hatte. Sie fügte sogar noch hinzu: „Im Winter wird Sam wohl draußen erfrieren.“ Peter nahm sich fest vor, gleich am nächsten Tag weiterzusuchen und nicht aufzugeben, bis er sein Haustier endlich wiedergefunden hatte.

AUFGABEN 2, 4 UND 5 individuelle Lösungen

LÖSUNGEN LÖSUNGEN LÖSUNGEN

TEST: Erzählen – Erlebniserzählung, Reizwort- und Bildergeschichte

Du hast für jede Aufgabe 45 Minuten Zeit. Bearbeite den Test an mehreren Tagen. Löse höchstens zwei Aufgaben hintereinander.

AUFGABE 1 Verfasse eine **Erlebniserzählung** zum Thema *Mein schönstes Geburtstagsgeschenk*. Erwähne in der Überschrift nicht, um was für ein Geschenk es sich handelt. So machst du den Leser neugierig. Schreibe in der Vergangenheit und denke daran, alle dir verfügbaren Mittel zum Spannungsaufbau und zur Ausgestaltung des Höhepunkts zu verwenden. Besonders gut eignet sich hier das Mittel der Vorausdeutung. Verrate aber nicht zuviel, damit deine Geschichte bis zum Höhepunkt spannend bleibt. Erst am Höhepunkt klärst du den Leser auf, was für ein Geschenk du bekommen hast.
Folgende Leitfragen helfen dir bei den Vorüberlegungen zu deiner Geschichte:

1 Was hast du dir (schon lange) gewünscht?
2 Warum wolltest du es unbedingt haben?
3 Warum hast du es (noch) nicht bekommen?
4 Wie sah dein Geburtstagsgeschenk verpackt aus?
5 Was hast du gefühlt, als du dein Geschenk ausgepackt hast?
6 Wie hast du reagiert, als du festgestellt hast, dass dein Wunsch erfüllt wurde?
7 Was hast du empfunden, als du dein Traumgeschenk in den Händen hieltst?

Wenn du diese Leitfragen (in Gedanken) für dich beantwortet hast, erstelle einen Schreibplan nach der Erzählmaus. Dann schreibe deinen Aufsatz mit Hilfe des Schreibplans. 22 P

AUFGABE 2 Sicher hast du schon einmal mit deinem Freund oder deiner Freundin in alten Sachen / auf dem Dachboden / im Keller / in einem Schuppen / auf einem Schrottplatz ... herumgestöbert. Im Gerümpel kann man allerlei entdecken. Vielleicht habt ihr ja sogar zufällig schon einmal einen richtigen „Schatz" gefunden?
Schreibe eine **Erlebniserzählung** zum Thema *Schatz gefunden*. Dein Schatz muss kein echter Goldschatz sein. Es kann etwas sein, das du und dein Freund oder deine Freundin ganz besonders wertvoll finden. Was das ist, musst du dir vorher gut überlegen. Folgende Leitfragen sollen dir bei deinen Vorüberlegungen helfen:

1 Mit wem spielst du / gehst du auf Schatzsuche?
2 Wo spielt ihr / stöbert ihr herum? Wie sieht es dort aus?
3 Was könnte der „Schatz" sein? Warum ist er für euch so wertvoll?
4 Wie entdeckt ihr euren „Schatz"? Was empfindet ihr bei eurem Fund?
5 Wie holt ihr ihn heraus / hervor? Ist das schwierig?
6 Was macht ihr mit eurem „Schatz"? Wozu braucht ihr ihn?
7 Erzählt ihr noch anderen Personen (Eltern, Freunden...) von eurem Schatz?

Wenn du die Leitfragen für dich (im Kopf) beantwortet hast, erstelle einen Schreibplan nach der Erzählmaus zu deiner Geschichte. Dann schreibe eine Erlebniserzählung mit Hilfe des Schreibplans. Erzähle lebendig in der Ich-Form mit viel wörtlicher Rede und achte auf Abwechslung im Satzbau und bei der Wortwahl. 22 P

Aufgabe 3 **Reizwortgeschichte**

Erzähle eine spannende Geschichte in der Ich-Form zu folgenden Reizwörtern:

Picknick – Familie – Hund

Bedenke, dass du die Reizwortkette in den Spannungsbogen des Hauptteils und in den Höhepunkt wirkungsvoll einbaust. Gestalte den Höhepunkt mit allen dir verfügbaren sprachlichen Mitteln zum anschaulichen und lebendigen Erzählen aus. Du kannst vor dem Schreiben einen Schreibplan nach der Erzählmaus erstellen.

22 P

Aufgabe 4 **Bildergeschichte**

Schreibe eine spannende und lebendige Geschichte nach den Bildern. Deine Hauptfigur ist der mutige Junge. Erzähle die Geschichte in der Er-Form.
Überlege dir zunächst den Verlauf der dargestellten Geschichte. Dabei musst du auch darauf eingehen, was wohl zwischen den Bildern geschieht. Denke dann darüber nach, was die handelnden Personen denken, fühlen und sprechen. Betrachte dazu ihre Mimik und Gestik auf den Bildern. Du kannst einen Schreibplan nach der Erzählmaus erstellen. Schreibe die Geschichte auf. Halte dich bei deiner Erzählung aber genau an die Bildvorlage und erfinde keine ganz neue Geschichte.

22 P

Auswertung Trage rechts deine Gesamtpunktzahl ein und vergleiche.

☺ 88–44 Punkte	😐 43–22 Punkte	☹ 21–0 Punkte

Gesamt

88 P

AUFGABE 1 Beispiel für einen Schreibplan in Stichpunkten:

Mein schönstes Geburtstagsgeschenk

Einleitung: mein Geburtstag; schon lange Wunsch: ein Haustier als Spielgefährten, aber nie erfüllt

Hauptteil:

1. Erzählschritt: Eltern immer irgendwelche Ausreden, warum kein Tier
2. Erzählschritt: trotz Garten kein Hund, weil angeblich zu viel Arbeit
3. Erzählschritt: keine Katze, weil Problem Urlaub
4. Erzählschritt: kein Kleintier, weil Eltern glaubten: im Haus eingesperrte Tiere = Tierquälerei
5. Erzählschritt: meine Eltern also strikt gegen ein Haustier
6. Erzählschritt: im letzten Jahr zum Trost Dauereintrittskarte für den Zoo zum Geburtstag; keine Freude, weil ich nicht verstand, warum es den eingesperrten Wildtieren im Tierpark besser gehen sollte als einem Meerschweinchen mit Freilauf in unserem Garten
7. Erzählschritt: mein Geburtstag dieses Jahr, meine Eltern und Großeltern gut gelaunt beim Frühstück, so als freuten sie sich auf etwas ganz Besonderes
8. Erzählschritt: in der Ecke große Kiste, nicht verpackt; komisch, weil meine Mutter sonst immer so ordentlich war; mein Geschenk?

Höhepunkt: Karton bewegte sich plötzlich und machte seltsame Geräusche; Neugier, näher hingehen, deutlich hörbar leises Wimmern; ungeduldiges Öffnen des Kartons; innen ein kleines, verängstigtes Kätzchen mit riesengroßen Augen, Zittern und herzzerreißendem Miauen

Lösung der Spannung: Tränen vor Freude; Kätzchen streicheln; schnurren;

Schluss: ich war überglücklich und dankbar; mein größter Wunsch war in Erfüllung gegangen; endlich Spielkamerad

AUFGABE 2 Beispiel für einen Schreibplan in Stichpunkten:

Die Schatzsuche

Einleitung: Mein Freund Leo und ich spielten; Langeweile

Hauptteil:

1. Erzählschritt: Lust auf Süßigkeiten; Suche im Vorratskeller
2. Erzählschritt: im Keller allerlei Gerümpel; herumstöbern
3. Erzählschritt: Dreck, Staub, Rost; viele lustige Sachen
4. Erzählschritt: plötzlich schrie Leo auf; Fund einer verzierten Schachtel; Neugier

Höhepunkt: in der Schachtel blitzte etwas Goldenes; ein Schatz?; herausholen; alte, goldene Taschenuhr; hinten stand Zahl 1899; Öffnen schwierig; Uhr tickte nicht mehr; im Deckel Widmung „Für Rudolph von seinem Vater“; Wer war Rudolph?

Lösung der Spannung: Leos Vater erzählte von Leos Urugroßvater: im Ersten Weltkrieg gefallen; Uhr von Kameraden von der Front mitgebracht und an Rudolph, Leos Urgroßvater, übergeben; Erbstück an Leos Großvater, dann an Leos Vater

Schluss: spannende Schatzsuche, bei der man sogar noch etwas lernen konnte.

AUFGABE 3

Ein Picknick im Garten

Einleitung: Es war ein herrlicher Tag und meine Eltern schlugen vor, in die Natur hinauszufahren und ein Picknick zu machen. Sofort war ich einverstanden, denn ich liebte Picknicks mit meiner Familie.

Hauptteil: Hastig packten wir alles Nötige zusammen und holten die Picknickdecke. Endlich ging es los und es dauerte gar nicht lange, da hatten wir auch schon eine geeignete Stelle zum Picknicken gefunden: Sie lag am Waldrand und so spendeten auf der einen Seite die Bäume angenehm kühlen Schatten, auf der anderen Seite gab es eine große Wiese, auf der mein Bruder und ich nach Herzenslust toben konnten. Wir breiteten unsere Picknickdecke aus und weil wir schon hungrig waren, holten wir alle Esswaren aus dem Picknickkorb und bauten sie in der Mitte der Decke schön appetitlich auf. Gerade wollten wir zu essen anfangen, da hörten wir ein Rascheln im Gebüsch und kurz darauf kam ein großer, zotteliger Hund herausgesprungen. Erschrocken blickten wir ihn an und mein kleiner Bruder Leo versteckte sich gleich ängstlich hinter meiner Mutter. Der Hund schien kurz zu zögern, reckte dann aber seine Schnauze schnüffelnd in die Luft und als er offensichtlich die Leckereien auf der Picknickdecke wahrgenommen hatte, kam er in gebeugter Haltung mit gefletschten Zähnen knurrend auf uns zu. Papa und Mama, die Leo mit sich riss, sprangen sofort auf und wichen nach hinten zurück in sichere Entfernung. Ich aber war starr vor Schreck und konnte mich nicht rühren. Meine Kehle war staubtrocken und mein Herz raste so heftig, dass ich meinen Pulsschlag im Hals spüren und das Pochen in den Ohren hören konnte. „Lisa, komm, komm da weg!“, rief mir mein Vater flehend zu, aber ich konnte nicht aufstehen, meine Beine gehorchten mir nicht. „Oh Gott, er wird sie beißen!“, hörte ich meine Mutter voller Sorge jammern. Mein Bruder weinte leise, aber das nahm ich nur noch gedämpft wahr. Zu gern wäre ich zu ihnen gelaufen, aber mein Körper zeigte keinerlei Reaktion. Der Hund machte jetzt Anstalten, sich die Beute zu holen, und schlich knurrend, wie in Zeitlupe, die Zähne fletschend auf mich zu. Ich hatte keine Wahl, ich musste mich verteidigen! Ich nahm all meinen Mut zusammen und schaute dem Ungetüm fest in die Augen. Dabei sagte ich mir immer wieder im Kopf: „Komm ja nicht näher. Wage es nicht, sonst erlebst du was!“ Obwohl ich mir dabei ziemlich dumm vorkam und nicht so recht daran glaubte, mit dieser Taktik Erfolg zu haben, sah ich, wie der Hund plötzlich stehen blieb. Dann richtete er sich auf und spitzte die Ohren. Auf einmal wandte er sich abrupt ab und trottete in den Wald, genau an der Stelle im Gebüsch, aus der er gekommen war. Mir fiel vor Erleichterung ein Stein vom Herzen und erst jetzt bemerkte ich, wie sehr ich vor Aufregung geschwitzt hatte. Meine Eltern und mein kleiner Bruder eilten zu mir und umarmten mich.

Schluss: Warum der Hund plötzlich davongelaufen war, können wir uns bis heute nicht erklären. Vielleicht hatte ihn sein Herrchen gerufen, denn mein Vater glaubte, leise einen Pfiff gehört zu haben. Wir waren aber heilfroh, dass uns allen nichts passiert war, packten schnell zusammen und picknickten dann später in unserem hundesicheren Garten weiter.

AUFGABE 4 individuelle Lösung

Anhand der Tabelle kannst du überprüfen, ob deine Geschichte gelungen ist. Kreuze an, was du berücksichtigt hast und was nicht und zähle dann die Punkte zusammen. Für jedes Kreuz in der Spalte **„beachtet“** erhältst du 2 Punkte, für jedes Kreuz bei **„zum Teil** beachtet“ 1 Punkt. Für **„nicht** beachtet“ gibt es keinen Punkt. Mit dieser Tabelle prüfst du jede Aufgabe.

	be-achtet	**zum Teil**	**nicht**
1 Dreiteiliger Aufbau (Einleitung-Hauptteil-Schluss).			
2 Die Überschrift verrät nicht zu viel und weckt das Interesse des Lesers.			
3 Die Einleitung führt kurz in die Geschichte ein und beantwortet die wichtigsten W-Fragen.			
4 Der Hauptteil enthält einen Spannungsbogen mit Höhepunkt.			
5 Am Höhepunkt erzählst du besonders anschaulich und lebendig mit wörtlicher Rede, du beschreibst die Gedanken, Gefühle, Mimik und Gestik der handelnden Personen und erwähnst Sinnesein-drücke und körperliche Auswirkungen.			
6 Am Ende des Hauptteils wird die Spannung aufgelöst.			
7 Der Schluss rundet die Geschichte ab.			
8 Die Geschichte ist aus der richtigen Perspektive erzählt (s. Aufgabenstellung).			
9 Der Aufsatz ist sprachlich abwechslungsreich gestaltet, er enthält Vergleiche und treffende Adjektive und Verben, vor allem am Höhepunkt.			
10 Du wechselst bei den Satzanfängen ab, beginnst nicht immer mit dem Subjekt und verwendest auch Konjunktionen und Adverbien.			
11 Du hast kaum Fehler in der Rechtschreibung gemacht.			

Wenn du noch zu wenige Punkte erzielt hast, überprüfe und verbessere deinen Aufsatz an den Schwachstellen und bewerte ihn dann noch einmal. Ist das Ergebnis jetzt besser?

LÖSUNGEN LÖSUNGEN LÖSUNGEN

5 Berichten: Unfallbericht

Ein Bericht ist eine **knappe sachliche Information,** die ein Ereignis oder ein Vorhaben in den Vordergrund stellt. Dabei müssen alle **wichtigen** Einzelheiten in der **richtigen zeitlichen Reihenfolge** wiedergegeben werden. Vor allem bei Unfallberichten ist der Ablauf der Ereignisse sehr wichtig.

Aufbau

Ein Bericht ist dreigeteilt und kann durch eine Überschrift ergänzt werden:

- Überschrift: sachlich, wie eine seriöse Zeitungsmeldung
- Einleitung: Wann? Wo? Wer? Was?
- Hauptteil: Wie genau? Warum?
- Schluss: Welche Folgen?

Durch Absätze und Leerzeilen werden die einzelnen Teile voneinander getrennt.

Inhalt

Es ist viel leichter, einen Bericht bzw. einen Unfallbericht zu schreiben, wenn du vorher einen Schreibplan anlegst, der stichpunktartig formuliert ist. Dabei kannst du den Schreibplan bereits dreigeteilt anlegen, sodass du ihn später nur noch ausformulieren musst.

Ein Schreibplan kann so aussehen:

Mein Schreibplan

Überschrift/Thema: ______________________________

A Einleitung:

Was? ______________________________

Wann? ______________________________

Wo? ______________________________

Wer? ______________________________

B Hauptteil

Wie ist es passiert? ______________________________

____

____

Warum? ______________________________

____

C Schluss/Folgen ______________________________

____

____

In der **Einleitung** müssen die wichtigsten **W-Fragen** knapp, aber vollständig und genau beantwortet werden. Überlege dir dazu:

- **Was** geschah?
- **Wann** genau geschah es (Datum, Uhrzeit)?
- **Wo** geschah es?
- **Wer** war daran beteiligt bzw. **wer oder was** kam zu Schaden?

Der **Hauptteil** soll das Geschehen leicht verständlich darstellen. Hier erklärst du, **wie** und **warum** sich das Ereignis zugetragen hat. Deshalb musst du das Geschehen hier vollständig, genau und in der richtigen Reihenfolge berichten. Achte aber darauf, Unwichtiges wegzulassen und dich nur auf die wesentlichen Einzelheiten zu konzentrieren. So kann der Leser deines Berichts den Zusammenhang leicht nachvollziehen.

Der **Schluss** informiert knapp über die wesentlichen Folgen des Geschehens.

Sprache

Ein Bericht ist im **Präteritum** verfasst. Für die Vorzeitigkeit verwendest du das **Plusquamperfekt.** Außerdem musst du darauf achten, dass dein Bericht

- **sachlich** und nüchtern verfasst ist und keine persönlichen Urteile, Meinungen, Gedanken oder Gefühle enthält.
- **genau formuliert** ist und alle wesentlichen Einzelheiten beinhaltet (verwende dazu adverbiale Bestimmungen und Attribute).
- **keine wörtliche Rede** einschließt (außer im Zeitungsbericht).
- **knapp formuliert,** aber gleichzeitig gedanklich logisch verknüpft ist (dabei helfen dir Adverbien wie *anschließend, daraufhin, dort, deshalb, trotzdem, folglich* oder Satzgefüge mit verschiedenen Adverbialsätzen, Relativsätzen und Konjunktionen).
- **abwechslungsreich** ist (verändere dazu gelegentlich die Satzstellung).

Es gibt verschiedene Formen des Berichts. Ein Unfallbericht ist meist sehr knapp gehalten. Ein Bericht für die Schülerzeitung dagegen kann deutlich umfangreicher gestaltet sein. Gemeinsam ist **allen Berichten,** dass sie **die wichtigsten W-Fragen** beantworten und dass sie eine sachliche Sprache aufweisen.

Aufgabe 1 Unterstreiche in der folgenden Zeitungskurzmeldung die wichtigsten Informationen. Nutze dazu die W-Fragen.

Junge fällt ins Wasser
Ein Dreijähriger fiel am Samstag beim Spielen in Augsburg in einen Bach. Dem beherzten Eingreifen einer 10-jährigen Schülerin ist es zu verdanken, dass der Junge noch rechtzeitig vor dem Ertrinken gerettet wurde. Die Polizei ermittelt jetzt gegen die Erziehungsberechtigten wegen Vernachlässigung der Aufsichtspflicht.

AUFGABE 2 Lege einen Schreibplan zu folgender Unfallskizze an.

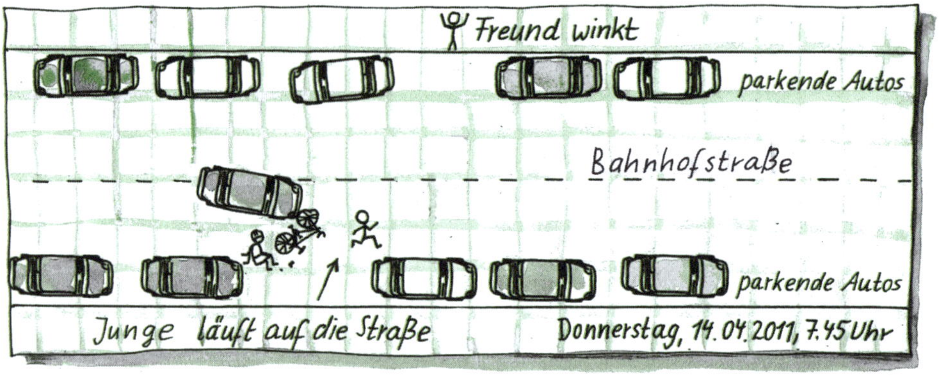

AUFGABE 3 Verfasse anhand der folgenden Zeugenaussagen einen Unfallbericht für die Schulleitung deiner Schule. Lege dir zuerst einen Schreibplan an. Er sollte stichpunktartig formuliert sein und das Geschehen in der richtigen Reihenfolge wiedergeben. Schreibe dann erst deinen Bericht anhand des Schreibplans in dein Übungsheft.

Mittwoch, 26. 10. 2011, Pausenhof des Schiller-Gymnasiums in Göppingen, 9.40 Uhr, am Ende der Pause:

Die Lehrerin Frau K. beobachtet während ihrer Aufsicht, wie ein Schüler der Klasse 5d am Boden liegt und sich weinend den rechten Arm hält. Ein paar Mitschüler stehen um ihn herum, einer hebt eine offensichtlich beschädigte Brille vom Boden auf. Auf die Nachfrage der Lehrkraft zum Hergang des Geschehens erhält sie folgende Antworten:

Peter: Der Uli ist voll auf den Teerboden geflogen!

Susi: Der Jan Scheuerle hat ihn geschubst, ich hab's genau gesehen!

Kurt: Ich hab's nicht gesehen, aber der Jan macht sowas nicht.

Elke: Das sagst du nur, weil du sein Freund bist. Dabei schubst der Jan immer die anderen Kinder.

Franz: Genau, der Jan ist voll fies zu allen anderen. Der hat den Uli einfach von hinten geschubst.

Susi: Ja, und dann ist der Uli gestolpert und hingeflogen. Jetzt tut ihm der rechte Arm weh und seine Brille ist auch noch kaputt!

Uli: Was werden jetzt meine Eltern sagen, die Brille war doch ganz neu!

Elke: Na, der Jan muss sie bezahlen, der ist doch an allem schuld.

Frau K.: Und was ist mit deinem Arm? Hoffentlich ist er nur geprellt. Auf jeden Fall müssen wir deine Eltern anrufen, damit sie dich zum Arzt bringen.

Am nächsten Tag berichtet Ulrich Huber, dass die Reparatur der Brille 80,- Euro kostet. Sein rechter Arm ist geprellt und musste vom Arzt bandagiert werden.

AUFGABE 4 Schreibe einen Bericht über deinen letzten Klassenausflug für die Schülerzeitung. Lege dazu zunächst einen Schreibplan an, der stichpunktartig formuliert ist und die wichtigsten W-Fragen beantwortet. Bedenke, dass dieser Bericht ausführlicher als ein Unfallbericht sein muss und möglichst viele interessante Informationen enthalten soll.

Aufgabe 1

Wer?	3-jähriger Junge, 10-jährige Schülerin
Wann?	Samstag
Wo?	Augsburg, Bach
Was?	Dreijähriger wird von 10-jähriger Schülerin vor dem Ertrinken gerettet.

Suche dir weitere Zeitungsberichte/Kurzberichte zu Unfällen aus einer beliebigen Zeitung. Schneide die Berichte aus und unterstreiche die wichtigsten W-Fragen. Du wirst feststellen, dass in der Zeitung die Berichte nicht so streng aufgebaut sind wie im Schulaufsatz und dass die W-Fragen nicht alle in der Einleitung beantwortet werden. Dennoch enthalten alle Berichte die wichtigsten Informationen.

Aufgabe 2 individuelle Lösungen, Beispiel:

Einleitung:
Wann? Donnerstag, 14.04.2011, 7.45 Uhr
Wo? Bahnhofstraße
Wer? Fahrradfahrerin, Schüler, Pkw-Fahrer
Was? Unfall: Pkw fährt eine Fahrradfahrerin an

Hauptteil: Wie? Warum?
Schüler sieht seinen winkenden Freund auf der gegenüberliegenden Straßenseite und will zu ihm laufen. Beim Überqueren der Bahnhofstraße achtet er nicht auf den Verkehr und läuft direkt vor eine Fahrradfahrerin. Diese sieht den Schüler aufgrund parkender Autos am Straßenrand zu spät. Sie versucht aber, um einen Zusammenstoß zu vermeiden, auf die Fahrbahnmitte auszuweichen, und veranlasst so den hinter ihr kommenden Pkw zu einer Vollbremsung. Der Pkw kommt nicht mehr rechtzeitig zum Stehen und fährt das Fahrrad von hinten an. Die Fahrradfahrerin stürzt auf die Straße und verletzt sich dabei.

Schluss: leichte Verletzungen bei der Fahrradfahrerin, Sachschaden an dem Pkw und eventuell auch am Fahrrad

Du kannst jetzt den Bericht formulieren. Dazu musst du jetzt nur noch die Stichpunkte aus dem Schreibplan in einen Fließtext umwandeln. Je genauer dein Schreibplan verfasst ist, desto leichter fällt dir dann das Schreiben des Berichts.

Aufgabe 3 individuelle Lösungen, Beispiel:

Schreibplan:

Einleitung:
Wann? Mittwoch, 26.10.2011, 9.40 Uhr
Wo? Pausenhof des Schiller-Gymnasiums in Göppingen
Wer? Schüler Ulrich Huber, Klasse 5d
Was? Rangelei zwischen den Schülern Ulrich Huber und Jan Scheuerle

Hauptteil: Wie?
Jan Scheuerle stieß Ulrich Huber von hinten; Ulrich Huber stolperte und stürzte; Ulrich Hubers Brille fiel auf den Teerboden im Pausenhof und wurde beschädigt; Ulrich Huber verletzte sich am Arm

Schluss: Welche Folgen?
Prellung am rechten Arm des Schülers Ulrich Huber; Reparaturkosten für die Brille 80,- €

Ausformulierter Bericht:

Rangelei auf dem Schulhof

Am Mittwoch, den 26. 10. 2011 kam es auf dem Pausenhof des Schiller-Gymnasiums in Göppingen gegen 9.40 Uhr zu einer Rangelei, bei der der Schüler Ulrich Huber, Klasse 5d, leicht verletzt und seine Brille beschädigt wurde.

Laut Zeugenaussagen stieß der Schüler Jan Scheuerle aus der Klasse 5d am Ende der Pause seinen Mitschüler Ulrich Huber von hinten, woraufhin dieser stolperte und auf den Boden stürzte. Dabei fiel seine Brille auf den geteerten Pausenhof und wurde beschädigt. Zudem zog sich Ulrich Huber bei dem Sturz eine leichte Verletzung am rechten Arm zu.

Die Reparaturkosten der Brille betragen 80,– Euro. Außer einer Prellung am rechten Arm des Schülers Ulrich Huber entstanden keine weiteren Personenschäden.

Aufgabe 4 individuelle Lösungen

6 Beschreiben: Vorgangsbeschreibung

Du hast bestimmt schon einmal deinen Eltern oder Freunden und Geschwistern beschrieben, wie etwas funktioniert, z. B. wie man ein bestimmtes Computerspiel spielt oder einen Papierflieger baut.

> Eine Beschreibung ist eine **sachliche, klare und übersichtliche Information** für den Leser. Bei der Beschreibung eines Vorgangs wird die Information **in der richtigen Reihenfolge** gegeben. Die Zusammenhänge, die zwischen den Einzelheiten bestehen, werden hervorgehoben.
> Vorgangsbeschreibungen dienen dazu, einer Person einen Vorgang so zu beschreiben, dass sie anhand der Beschreibung den **Vorgang leicht und fehlerfrei nachvollziehen** kann.

Aufbau einer Vorgangsbeschreibung

Die Beschreibung ist dreigeteilt und wird häufig um eine Überschrift ergänzt:

- Die **Überschrift** ist sachbezogen, z. B. Rezept für Pfannkuchen.
- Die **Einleitung** benennt das **Ziel** oder Ergebnis sowie die benötigten **Materialien** und Hilfsmittel. Achte hier auf eine sinnvolle Reihenfolge.
- Der **Hauptteil** beschreibt den Vorgang. Die Beschreibung sollte sachlich richtig, **vollständig** und **in der richtigen Reihenfolge** verfasst sein.
- Der **Schluss** rundet deine Beschreibung ab. Hier benennst du noch einmal das **Ergebnis** und gibst **Tipps** für weitere Möglichkeiten, z. B. Aufräumarbeiten.

Absätze und **Leerzeilen** trennen die einzelnen Teile voneinander gut sichtbar ab. Es ist sehr hilfreich, wenn du vorher einen gegliederten, stichpunktartig formulierten **Schreibplan** erstellst.

Sprache

Eine Beschreibung ist im **Präsens** verfasst, da der Vorgang beliebig oft wiederholbar (und daher allgemeingültig) ist. Du kannst meist wählen, ob du in der **Ich-** oder der **Du-Form** schreibst. Manchmal eignet sich auch die **Man-Form** am besten.

Für die sprachliche Gestaltung sind folgende Punkte wichtig:

- Formuliere **sachlich** und **genau.** Achte also auf eine **passende Wortwahl.**
- Verwende korrekte **Fachbegriffe.**

Für einen flüssigen und abwechslungsreichen Satzbau verwendest du

- **Adverbialsätze** mit verschiedenen **Konjunktionen** (z. B. *wenn, damit, sodass, indem, nachdem, weil, da …*) zur Darstellung der Zusammenhänge und zur Verknüpfung der einzelnen Arbeitsschritte,
- **Zeitadverbien** *(zuerst, als Nächstes, anschließend, nun, jetzt, dann, schließlich)*,
- **Modalverben** *(können, müssen, dürfen, sollen)*,
- **Tätigkeitsverben** und **Adjektive,**
- **Infinitivkonstruktionen** (z. B. *Um einen Papierflieger herzustellen, …*) und
- **Substantivierungen** von Verben (z. B. *Die Herstellung eines Papierfliegers …*).

Aufgabe 1 Eine häufig gestellte Aufgabe ist die Wegbeschreibung. Sie wird sprachlich wie eine Vorgangsbeschreibung gestaltet. In der Einleitung gibst du das Ziel des Weges an und im Schluss die Dauer, die für den Weg benötigt wird. Beschreibe deinen Schulweg.

A Lege dir zuerst einen Ideenstern zu dem Wortfeld *gehen* an, um deine Wegbeschreibung sprachlich abwechslungsreich zu gestalten.

B Ein Schreibplan hilft dir, deine Gedanken in eine sinnvolle Reihenfolge zu bringen. Dazu machst du dir am besten eine Tabelle. Achte in deinem Schreibplan zu deinem Schulweg auf Richtungsangaben, Straßennamen und örtliche Besonderheiten (z. B. auffällige Gebäude).

Straßennamen	Merkmale dieser Straße	gefährliche Stellen	Warum sind diese Stellen gefährlich? Was musst du tun?

Aufgabe 2 Versuche einmal, das Spiel *Sackhüpfen* zu beschreiben. Schreibe deine Beschreibung in dein Übungsheft.

Die benötigten Materialien und das Ziel des Spiels nennst du in der Einleitung und den Spielverlauf im Hauptteil. Am Schluss kannst du Tipps geben, wie man am schnellsten ins Ziel kommt, ohne zu stürzen.

Aufgabe 3 Beschreibe anhand der Bilder, wie man eine Bananenmilch zubereitet.

In der Einleitung nennst du bereits die benötigten Kuchengeräte.

Aufgabe 4 Beschreibe anhand der Skizze, wie du 3D-Karten selber basteln kannst.

AUFGABE 1

A gehen: laufen, abbiegen, einbiegen, überqueren, (dem Straßenverlauf) folgen, sich rechts/ links halten, entlanggehen...

B individuelle Lösungen

AUFGABE 2 individuelle Lösungen, Beispiel:

Einleitung: Um Sackhüpfen zu spielen, braucht man mindestens drei Mitspieler. Für jeden Mitspieler braucht man einen großen Kartoffel- oder Müllsack und eine Hüpfstrecke ohne Hindernisse. Am besten spielt es sich im Freien. Ziel des Spiels ist es, in dem Sack steckend eine bestimmte Strecke möglichst schnell entlangzuhüpfen.

Hauptteil: Zunächst bekommt jeder Mitspieler einen eigenen Sack, in den er hineinsteigen muss. Am besten bindet man sich den Sack unterhalb der Arme fest. Dann rutscht er nicht so leicht hinunter und behindert einen nicht beim Springen. Anschließend stellen sich alle Mitspieler an einer Startlinie auf. Beim Startsignal hüpfen alle gleichzeitig los. Wer zuerst mit seinem Sack über die Ziellinie springt, hat gewonnen. Erreichen zwei Mitspieler gleichzeitig als erste das Ziel, kann zwischen den beiden Besten ein Entscheidungsrennen durchgeführt werden. Fällt ein Mitspieler während des Rennens hin, so muss er ohne fremde Hilfe wieder auf die Beine kommen und weiterhüpfen.

Schluss: Besonders lustig ist das Spiel, wenn sich unter den Mitspielern neben Kindern auch Erwachsene befinden, die ihr Geschick erproben. Probier es einmal aus, es macht richtig Spaß!

AUFGABE 3 individuelle Lösungen, Beispiel:

Einleitung: Für eine Bananenmilch für 2-3 Personen brauchst du einen halben Liter Vollmilch, 2 Bananen, 1 TL Honig und etwas Vanille. Stelle dir außerdem 2-3 Gläser, eine Schüssel und einen Handmixer bereit. Außerdem benötigst du ein Messer und einen Teelöffel.

Hauptteil: Zunächst schneidest du die 2 Bananen in Scheiben und gibst sie zusammen mit der Milch, dem Honig und der Vanille in die Schüssel. Jetzt mixt du das Ganze zu einer schaumigen Milch. Das fertige Getränk kannst du nun in die Gläser füllen.

Schluss: Anstatt Bananen kannst du auch andere Früchte, wie Erdbeeren, weiche Pfirsiche, Himbeeren oder Brombeeren verwenden. Besonders erfrischend schmeckt dieses Getränk, wenn du es vorher im Kühlschrank kühl stellst.

Rezepte enthalten viele Abkürzungen. Die Abkürzung TL steht für Teelöffel.

AUFGABE 4 individuelle Lösungen, Beispiel:

Einleitung: Eine besondere Überraschung an Festtagen wie Weihnachten oder Geburtstage sind selbstgebastelte Karten. Hier erfährst du, wie du eine Karte mit 3D-Effekt herstellen kannst. Du benötigst dazu buntes Tonpapier, DIN A4 oder DIN A5, eine Schere, einen Kleber, einen Bleistift und einen Radiergummi.

Hauptteil: Zuerst nimmst du einen Bogen Tonpapier in der Farbe deiner Wahl und faltest ihn einmal in der Mitte. Achte darauf, dass du das Papier an den kurzen Enden zusammenfaltest. Dann schneidest du mit der Schere in die Falz 4-5 schmale Streifen (etwa 3 cm tief). Wenn du die Karte jetzt aufklappst, hast du in der Mitte eingeschnittene Streifen, die du nach innen faltest. Jetzt nimmst du ein Tonpapier in einer anderen Farbe und schneidest kleine Figuren, z. B. Tiere, Gegenstände oder Gebäude aus. Du kannst sie vorher mit dem Bleistift vorzeichnen. Die ausgeschnittenen Figuren klebst du jetzt an die Streifen auf der Innenseite der Karte. Wenn du die Karte aufklappst, stehen die Figuren auf und du erzielst damit einen tollen 3D-Effekt.

Schluss: An Weihnachten eignen sich besonders winterliche Motive wie Kirchen oder Christbäume. Zu Geburtstagen sind Blumen, Geschenke oder Glücksbringer sehr hübsch. Probier es einmal aus, es ist ganz einfach und jede Karte wird einzigartig.

LÖSUNGEN LÖSUNGEN LÖSUNGEN

7 Beschreiben: Personen- oder Sachbeschreibung

Was ist eine Personen- oder Sachbeschreibung?

Wie bei der allgemeinen Beschreibung ist auch die Personen- und Sachbeschreibung eine **sachliche, klare und übersichtliche Information** für den Leser. Mit dieser Form der Beschreibung kannst du zum Beispiel auf eine Person, ein entlaufenes Tier oder einen verlorenen Gegenstand aufmerksam machen. Dabei ist es wichtig, möglichst **viele Merkmale** des zu beschreibenden Gegenstandes oder der Person zu nennen. Am besten machst du das mit treffenden **Adjektiven** (z. B. nicht: *grün,* sondern: *grasgrün*), **Verben** *(hüpfen, krabbeln ...)* und **Vergleichen** *(so groß wie eine Euro-Münze).*

Inhalt

Die Beschreibung ist **dreigeteilt** und wird häufig um eine Überschrift ergänzt.

- Überschrift: Was wird beschrieben? (Person, Tier oder Gegenstand benennen)
- Einleitung: allgemeine Hinweise zur beschreibenden Sache nennen (Was? Wie? Wer?)
- Hauptteil: spezielle Hinweise geben (Details, genaue Erkennungsmerkmale)
- Schluss: auch: Zusammenfassung; fällt häufig weg

Absätze und Leerzeilen trennen die einzelnen Teile gut sichtbar voneinander ab.

In der **Einleitung** beginnst du mit einer allgemeinen Beschreibung des Gegenstandes oder der Person. Hier gehst du noch nicht auf die speziellen Merkmale ein.
Im **Hauptteil** gehst du nun ins Detail und beschreibst sehr genau. Dein Ziel ist es, dem Leser, der den Gegenstand oder die Person nicht kennt, ein genaues Bild der Sache zu vermitteln. Das bedeutet, dass der Leser in der Lage sein sollte, den Gegenstand oder die Person mithilfe deiner Beschreibung zu malen.

Es geht dabei um die Beschreibung einer Person, eines Gegenstandes oder eines Tieres, das es nur einmal gibt. Deshalb musst du ganz genau beschreiben. Wichtig sind:

- bei Personen und Tieren: Aussehen, Größe, Verhalten, Vorlieben, besondere Fähigkeiten, Gesichtsmerkmale bei Personen
- bei Gegenständen: Material, Größe, Eigenschaften, besondere Merkmale wie Kratzer, Farbe

Sprache

Eine Gegenstandsbeschreibung schreibst du im **Präsens,** denn der Gegenstand existiert ja in der Gegenwart.
Sprachlich musst du darauf achten, dass deine Beschreibung

- sachlich ist und du keine persönlichen Vorlieben miteinbeziehst *(Ich mag das Buch sehr gerne),* denn diese sagen wenig über das Aussehen aus.
- treffende Fachbegriffe verwendet (bei Tieren die Rasse, bei Gegenständen die genaue Bezeichnung, z. B. die Handymarke bei einer Handybeschreibung).
- genau ist. Das erreichst du durch treffende Adjektive, Verben und Vergleiche.

Finde Merkmale, die den Gegenstand oder die Person von anderen unterscheidet.

AUFGABE 1 Lege ein Raster an und sammle Fakten für die Beschreibung deines Haustiers. Versuche möglichst genau zu sein und verwende Adjektive, Verben und Vergleiche. Wenn du kein Haustier hast, beschreibe das Haustier eines Freundes oder stelle dir dein Wunsch-Haustier vor.

Aussehen	Eigenschaften	Vorlieben	Nahrung

AUFGABE 2 Schreibe nun mithilfe des Rasters einen Steckbrief deines entlaufenen Haustiers in dein Übungsheft.

AUFGABE 3 Schau dir folgenden Steckbrief eines entlaufenen Tieres an. Was hat der Schreiber hier falsch gemacht? Formuliere besser.

STEPCKBRIEF
Mein lieber Hund ist entlaufen! Hoher Finderlohn!
Schon zum dritten Mal ist mein geliebter Bello entlaufen. Ich habe ihn so lieb und vermisse ihn sehr. Er ist so süß und drei Jahre alt. Er hat ein tolles Fell und isst gerne Fleisch.
Wer ihn sieht, sagt mir bitte Bescheid. Ich bin elf Jahre alt und wohne ganz in der Nähe.

lieber Hund — nicht sachlich; besser: mein Dackel

Aufgabe 4 Vergleiche sind für Beschreibungen von Personen, Tieren und Gegenständen sehr wichtig. Ordne diese Vergleiche richtig zu:

Mein Bruder ist	wie ein Kalb.
Die Hagelkörner hatten die Größe	dass man darin aufrecht stehen konnte.
Der Hund war so groß	sollte etwa erbsengroß sein.
Der Transporter war so geräumig,	20 cm kleiner als ich.
Die Menge an Salbe	wie die Schuppen eines Fisches.
Der Stoff der Jacke schimmerte	von Tennisbällen.

Aufgabe 5 Du hast dein Schulmäppchen im Bus liegen lassen und rufst beim Busunternehmen an. „Hier bleiben immer einige Schulmäppchen liegen," sagt die Frau am Telefon. Jetzt musst du sehr genau sein. Beschreibe dein Schulmäppchen.

Aufgabe 6 Beschreibe deine beste Freundin, deinen besten Freund oder einen Verwandten von dir. Du kannst den Text auch in dein Übungsheft schreiben.

AUFGABE 1 individuelle Lösungen (hier z. B. für einen Hund)

Aussehen	Eigenschaften	Vorlieben	Nahrung
schwarzbraun	zutraulich	schwimmt gerne	Rindfleisch
an den Spitzen des Fells hellbraun	verschmust	Ball spielen	Knochen
grünes Lederhalsband	verspielt		
Rasse: Flat Coated Retriever	wachsam		
	kinderlieb		

AUFGABE 2 Beispiellösung

Mein Flat Coated Retriever

Mein Flat Coated Retriever Bobo ist entlaufen. Er ist ein schwarzbrauner Wachhund.

Mein Hund hat ein schwarzbraunes, glänzendes Fell, das in der Sonne schimmert. An den Spitzen ist das Fell heller und geht ins Hellbraun über. Er ist ausgewachsen und somit ungefähr 65 cm hoch und 12 kg schwer. Er ist sehr zutraulich und verschmust. Auch mit Kindern kommt er gut zurecht und kennt keine Scheu. Als Wachhund passt er bei uns daheim auf, dass keine Eindringlinge auf unser Grundstück kommen. Bobo ist ein guter Schwimmer und holt den Ball sogar aus dem Wasser, wenn wir damit spielen.

Am liebsten isst unser Hund Rindfleisch und nagt am Knochen. Wer ihn findet und mir in die Färbergasse 15 zurückbringt, bekommt einen Finderlohn von 100 Euro.

AUFGABE 3

Bsp. aus Text	Warum falsch?	Verbesserung (Beispiel)
lieber Hund	*lieb* ist nicht sachlich	mein schwarzbrauner Flat Coated Retriever
hoher Finderlohn	wie hoch?	Finderlohn in Höhe von 100 Euro
schon zum dritten Mal	tut nichts zur Sache	weglassen
Ich habe ihn so lieb und vermisse ihn sehr	tut nichts zur Sache	weglassen
drei Jahre alt	nicht aussagekräftig	ausgewachsen, Angaben zu Größe und Gewicht
tolles Fell	*toll* ist nicht sachlich	Beschreibung der Farbe, des genauen Aussehens, Vergleiche
isst gerne Fleisch	ungenau	welches Fleisch, welche Teile davon?
elf Jahre alt	tut nichts zur Sache	Name oder Adresse angeben

AUFGABE 4

Mein Bruder ist 20 cm kleiner als ich.
Die Hagelkörner hatten die Größe von Tennisbällen.
Der Hund war so groß wie ein Kalb.
Der Transporter war so geräumig, dass man darin aufrecht stehen konnte.
Die Menge an Salbe sollte etwa erbsengroß sein.
Der Stoff der Jacke schimmerte wie die Schuppen eines Fisches.

AUFGABEN 5 UND 6 individuelle Lösungen

8 Leseverständnis: Texte richtig verstehen

Einen Text zu lesen heißt nicht immer, ihn gleich zu verstehen. Manche Texte wirken auf den ersten Blick einfach, aber wenn man einige Fragen dazu beantworten soll, fällt das nicht leicht. Andere Texte sind voller schwieriger Wörter, sie sind kompliziert formuliert oder sie beschreiben Sachverhalte oder Vorgänge, die man sich nur schwer vorstellen kann. Es gibt aber Tipps und Übungen dafür, wie man auch schwere Texte verstehen lernt.

Komplizierte Wörter, komplizierte Sache?

In der Bedienungsanleitung für ein Smartphone finden sich folgende Sätze:

> Durch Drücken der Home-Taste gelangen Sie jederzeit zum Home-Bildschirm. Um schnell zwischen verwendeten Apps zu wechseln, tippen Sie zweimal auf die Home-Taste und wählen Sie ein App-Symbol.

Um diesen Text zu verstehen, muss man zunächst die Begriffe kennen, die er enthält. In diesem Fall muss man wissen, was eine *Home-Taste,* ein *Home-Bildschirm* und eine *App* sind. Dies findest du heraus, indem du

- es aus dem Kontext erschließt (z. B. in der Bedienungsanleitung blättert),
- es nachschlägst (in einem Lexikon, im Internet) oder
- jemanden fragst, der oder die sich damit auskennt.

Vier Sätze in einem?

Manche Texte sind schwer zu verstehen, weil die Sätze lang und verschachtelt sind.

> Der Mann, der mich, ohne es zu wollen, gestern anrempelte, kurz bevor ich in den Zug nach Wien, wo meine Großmutter, übrigens die Mutter meines Vaters, wohnt, stieg, entschuldigte sich dafür so sehr, dass es mir, zumal ich ja in Eile war, fast lästig war.

Um einen solchen Text zu verstehen, hilft es,

- ihn mehrmals zu lesen, am besten laut,
- die Hauptaussage zu unterstreichen oder farbig zu markieren und alle anderen Informationen in einer anderen Farbe zu kennzeichnen (oder, wenn möglich, am Computer in einer kleineren Schriftgröße oder anderen Schriftart darzustellen),
- lange, schwierige Sätze in verschiedene kürzere Sätze umzuschreiben.

Einfache Texte – oder doch nicht?

Schließlich gibt es Texte, die erst einmal ganz einfach wirken. Erst, wenn man die Situation nacherzählen, zeichnen oder spielen soll, merkt man, dass es doch noch Unklarheiten gibt. Dies ist häufig bei etwas längeren Texten der Fall. Hier ist es gut,

- sich selbst Fragen zu stellen und diese auch zu beantworten (Wer handelt, wo, wann, womit, in welcher Reihenfolge? Wer ist noch beteiligt? Wie geschieht es?),
- den Text in ein Bild, eine Tabelle oder eine Mindmap umzuformen bzw. als kurzes Theaterstück darzustellen,
- jemandem davon zu erzählen, der den Text nicht kennt.

AUFGABE 1 Unterstreiche im folgenden Text die Hauptsätze. Markiere im gesamten Text diejenigen Wörter, die dir besonders wichtig erscheinen. Schreibe sie noch einmal auf.

Die Schule, die Anton nach den Sommerferien besuchen wird, liegt in einem ruhigen Wohngebiet, das man gut mit dem Fahrrad, aber auch mit dem Bus erreichen kann. Sie heißt Scheffel-Gymnasium, weil sie nach einem bekannten Dichter benannt wurde, und verteilt sich, wenn man die Sporthalle nicht mitzählt, auf drei Gebäude, von denen zwei in einem hübschen Blau, das dritte aber in einem strahlenden Rot, das im Sonnenschein regelrecht leuchtet, gestrichen sind. Anton, der in der Grundschule immer sehr gute Noten hatte und sich auf die neue Schule besonders freut, hofft, dass das Klassenzimmer der 5c, der er zugewiesen wurde, in einem der blauen Gebäude liegen wird.

Schlüsselwörter: *Schule,* ____________________

____

AUFGABE 2 Beantworte zu dem Text aus Aufgabe 1 die folgenden Fragen.

Wie heißt der Junge, um den es geht?	____________
Weshalb wechselt er nach den Ferien die Schule?	____________
Welchen Beruf hatte Herr Scheffel?	____________
In welche Klasse wird Anton gehen?	____________
Mit welchen Gefühlen sieht Anton der neuen Schule entgegen?	____________

AUFGABE 3 Am ersten Schultag erhält Anton ein Blatt von seinem Klassenlehrer. Er liest:

Das Scheffel-Gymnasium verpflichtet sich pädagogisch-humanistischen Werten. Die Ausbildung von Empathie und gegenseitiger Rücksichtnahme, der Respekt vor unseren Mitschülern und Mitschülerinnen und deren Leistungen sind für uns unverzichtbar.

Bist du über schwierige Wörter im Text gestolpert? Überlege, was sie bedeuten könnten. Schlage sie dann nach und schreibe ihre Bedeutung auf.

pädagogisch	____________
humanistisch	*aus der Antike abgeleitet, Toleranz und Würde betonend*
Empathie	____________
Respekt	____________

Aufgabe 4 Beantworte nun Antons Fragen:

1 Bedeutet das, dass es den Lehrern an der Schule wichtig ist, uns so zu erziehen wie die alten Römer oder Griechen?

____

2 Heißt es, dass wir z. B. lernen sollen zu erkennen, wenn sich jemand schlecht oder traurig fühlt, und ihn dann zu unterstützen?

____

3 Habe ich das richtig verstanden, dass wir uns so verhalten sollen, dass unsere Klassenkameraden uns für gute Menschen halten?

____

4 Respekt, meint man damit, dass man keine Geheimnisse ausplaudert, nicht lügt, prügelt und auch sonst keine Gemeinheiten begeht?

____

5 Bedeutet der letzte Teil des Satzes, dass den Lehrern, Eltern und Schülern an dieser Schule nichts wichtiger ist als das hier?

____

Aufgabe 5 Anton hat auch einige Informationen bekommen, die ihm helfen sollen, sich in der großen Schule zurechtzufinden. Lies sie dir durch und streiche dann die falschen Aussagen durch.

Am Scheffel-Gymnasium gibt es ein Gebäude (A), in dem alle Klassenzimmer untergebracht sind. Die Räume in diesem blauen Haus sind mit A01, A02 usw. bezeichnet. Klassenzimmer im ersten Obergeschoss heißen A11, A12 usw. Solche im zweiten Obergeschoss heißen A21 oder A22. In dem anderen blauen Gebäude befinden sich das Lehrerzimmer und die Fachklassenräume, also die Biologiesäle, Kunsträume, der Computerraum usw. Sie führen den Buchstaben B. Das rote Gebäude (C) enthält das Sekretariat und die Mensa, einige Aufenthaltsräume sowie die Bibliothek.

1 Der Fahrradraum trägt die Nummer C02. Er ist in einem blauen / roten Gebäude untergebracht und befindet sich im Erdgeschoss / 1. Obergeschoss / 2. Obergeschoss.
2 Für den Deutsch- und Mathematikunterricht muss die Klasse 5c in das A-Gebäude / B-Gebäude / C-Gebäude gehen.
3 Der Kunstunterricht findet in einem roten / blauen Gebäude statt.
4 Der Unterricht im Fach Naturphänomene ist in Zimmer B23. Anton muss also in dasselbe Haus, in dem auch die Mensa ist / der Biologieunterricht stattfindet / sein Klassenzimmer liegt.

Aufgabe 1

<u>Die Schule</u>, die Anton nach den Sommerferien besuchen wird, <u>liegt in einem ruhigen Wohngebiet</u>, das man gut mit dem Fahrrad, aber auch mit dem Bus erreichen kann. <u>Sie heißt Scheffel-Gymnasium</u>, weil sie nach einem bekannten Dichter benannt wurde, <u>und verteilt sich</u>, wenn man die Turnhalle nicht mitzählt, <u>auf drei Gebäude</u>, von denen zwei in einem hübschen Blau, das dritte aber in einem strahlenden Rot, das im Sonnenschein regelrecht leuchtet, gestrichen sind. <u>Anton</u>, der in der Grundschule immer sehr gute Noten hatte und sich auf die neue Schule besonders freut, <u>hofft</u>, dass das Klassenzimmer der 5c, der er zugewiesen wurde, in einem der blauen Gebäude liegen wird.

Schlüsselwörter: Schule - Anton - besuchen - Scheffel-Gymnasium - verteilt sich auf drei Gebäude - zwei in Blau, das dritte in Rot - Anton - sehr gute Noten - freut - hofft - Klassenzimmer 5c - blauen Gebäude.

Aufgabe 2

Er heißt Anton.
Er hat die Grundschule beendet.
Herr Scheffel war ein Dichter.
Anton wird in die 5c gehen.
Er freut sich auf die neue Schule.

Aufgabe 3

pädagogisch	erzieherisch
Empathie	Einfühlungsvermögen, Mitgefühl; Fähigkeit, sich in andere hineinzuversetzen
Respekt	Achtung, Wertschätzung; die Haltung, dass man jemanden für wichtig hält und es ihm auch zeigt

Aufgabe 4

1 Nein, es heißt, dass ihnen bestimmte Werte wie Offenheit und Toleranz besonders wichtig sind.
2 Ja, genau.
3 Wir sollen uns so verhalten, dass sie wissen, dass sie sich auf uns verlassen können.
4 Ja, im Grunde stimmt das.
5 Ja, in dem Sinn, dass dies die Grundsätze für den Alltag sind.

Aufgabe 5

1 Der Fahrradraum trägt die Nummer C02. Es ist in einem ~~blauen~~ / roten Gebäude untergebracht und befindet sich im Erdgeschoss / ~~1. Obergeschoss~~ / ~~2. Obergeschoss.~~
2 Für den Deutsch- und Mathematikunterricht muss die Klasse 5c in das A-Gebäude / ~~B-Gebäude~~ / ~~C-Gebäude~~ gehen.
3 Der Kunstunterricht findet in einem ~~roten~~ / blauen Gebäude statt.
4 Der Unterricht im Fach Naturphänomene ist in Zimmer B23. Anton muss also in dasselbe Haus, in dem auch ~~die Mensa ist~~ / der Biologieunterricht stattfindet / ~~sein Klassenzimmer liegt~~.

LÖSUNGEN LÖSUNGEN LÖSUNGEN

9 Erzähltexte: Märchen

Märchen sind **kürzere Erzählungen** in denen etwas Wundersames oder Unerklärliches geschieht. Sie wurden früher **mündlich** weitergegeben. Die Zuhörer oder Leser sollten etwas für ihr Leben lernen. Man spricht daher auch von der **Lehre** eines Märchens.
Die Forscher **Jacob und Wilhelm Grimm** haben vor ungefähr 200 Jahren als Erste, Märchen gesammelt, überarbeitet und als Buch herausgegeben. Dies sind die bekannten **„Kinder- und Hausmärchen“** der Gebrüder Grimm.

Was kennzeichnet Märchen?

Märchen haben oft (aber nicht immer) die folgenden Merkmale:

- **formelhafter Anfang** („Es war einmal ...“) und **Schluss** („Und wenn sie nicht gestorben sind, so leben sie noch heute.“ oder „Und sie lebten vergnügt bis an ihr Lebensende.“)

Es war einmal ein Prinz, der wollte eine Prinzessin heiraten. Es sollte eine wirkliche Prinzessin sein. Nun reiste er in der ganzen Welt umher, um so eine zu finden, doch überall war etwas auszusetzen. *(Auszug aus:* Hübsch, Martina: *Die Schatzkiste. Märchen, Fabeln, Reime und Lieder. Könemann, Köln 2000, S. 119.)*

Zwei ihrer Tränen aber fielen auf seine Augen, da wurden sie wieder klar und er konnte damit sehen wie vorher. Er führte sie in sein Reich, wo er mit Freude empfangen wurde, und sie lebten noch lange glücklich und zufrieden. *(Auszug aus: Ebd., S. 171.)*

- **festes Muster im Handlungsablauf,** z. B. Kampf Gut gegen Böse. Das Gute siegt dabei fast immer. Dadurch ergibt sich für den Leser eine Lehre.

„Aber die beiden gottlosen Mädchen da, das sind doch zarte Bissen für euch, fett wie junge Wachteln, die fresst in Gottes Namen.“ Aber der Bär kümmerte sich nicht um seine Worte. Er versetzte dem boshaften Geschöpf mit seiner Tatze einen einzigen Schlag, sodass es sich nicht mehr regte. *(Auszug aus: Ebd., S. 159f.)*

- **alles ist möglich** (z. B. sprechende Tiere, hundertjähriger Schlaf, fabelhafte Wesen, Hexen, Zauberer)

Als Rotkäppchen in den Wald kam, begegnete ihm der Wolf. Rotkäppchen aber wusste nicht, was das für ein böses Tier war, und fürchtete sich nicht vor ihm. „Guten Tag, Rotkäppchen“, sprach der Wolf. „Schönen Dank, Wolf.“ „Wo willst du so früh hin?“ „Zur Großmutter.“ *(Auszug aus: Ebd., S. 235.)*

- Es kommen oft die **magischen Zahlen** drei oder sieben vor.

Einst lebten drei Bären miteinander im Haus. Es waren der riesige Papa Bär, der große Mama Bär und der kleine Baby Bär. *(Auszug aus: Ebd., S. 193.)*

Da sah es ein kleines Haus und ging hinein, um sich auszuruhen. In dem Häuschen war alles sehr klein, aber so zierlich und reinlich, dass es nicht zu beschreiben ist. Da stand ein weiß gedecktes Tischlein mit sieben kleinen Tellern. Neben jedem Tellerlein lagen Löffelchen, ferner sieben Messerlein und Gäbelein und sieben Becherlein. An der Wand standen sieben Bettlein nebeneinander und schneeweiße Laken waren darüber gedeckt. *(Auszug aus: Ebd., S. 259.)*

Gebrüder Grimm, *Rumpelstilzchen*

Es war einmal ein Müller, der war arm, aber er hatte eine schöne Tochter. Nun traf es sich, dass er mit dem König zu sprechen kam, und zu ihm sagte: „Ich habe eine Tochter, die kann Stroh zu Gold spinnen.“ Dem König, der das Gold lieb hatte, gefiel die Kunst gar wohl, und er befahl, die Müllerstochter sollte alsbald vor ihn gebracht werden. Dann führte er sie in eine Kammer, die ganz voll Stroh war, gab ihr Rad und Haspel, und sprach: „Wenn du diese Nacht durch bis morgen früh dieses Stroh nicht zu Gold versponnen hast, so musst du sterben“. Darauf wurde die Kammer verschlossen, und sie blieb allein darin.

Da saß nun die arme Müllerstochter, und wusste um ihr Leben keinen Rat, denn sie verstand gar nichts davon, wie das Stroh zu Gold zu spinnen war, und ihre Angst wurde immer größer, dass sie endlich zu weinen anfing. Da ging auf einmal die Türe auf, und es trat ein kleines Männchen herein und sprach: „Guten Abend, Jungfer Müllerin, warum weint sie so sehr?“ „Ach“, antwortete das Mädchen, „ich soll Stroh zu Gold spinnen, und verstehe das nicht.“ Sprach das Männchen: „Was gibst du mir, wenn ich dirs spinne?“ „Mein Halsband“, sagte das Mädchen. Das Männchen nahm das Halsband, setzte sich vor das Rädchen, und schnurr, schnurr, schnurr, dreimal gezogen, war die Spule voll. Dann steckte es eine andere auf, und schnurr, schnurr, schnurr, dreimal gezogen, war auch die zweite voll: und so ging‘s fort bis zum Morgen, da war alles Stroh versponnen, und alle Spulen waren voll Gold. Als der König kam und nachsah, da erstaunte er und freute sich, aber sein Herz wurde nur noch begieriger, und er ließ die Müllerstochter in eine andere Kammer voll Stroh bringen, die noch viel größer war, und befahl ihr, das auch in einer Nacht zu spinnen, wenn ihr das Leben lieb wäre. Das Mädchen wusste sich nicht zu helfen und weinte, da ging abermals die Türe auf, und das kleine Männchen kam und sprach: „Was gibst du mir, wenn ich dir das Stroh zu Gold spinne?“ „Meinen Ring von dem Finger“, antwortete das Mädchen. Das Männchen nahm den Ring, und fing wieder an zu schnurren mit dem Rade, und hatte bis zum Morgen alles Stroh zu glänzendem Gold gesponnen. Der König freute sich über die Maßen bei dem Anblick, war aber noch immer nicht Goldes satt, sondern ließ die Müllerstochter in eine noch größere Kammer voll Stroh bringen und sprach: „Die musst du noch in dieser Nacht verspinnen; wenn dir das gelingt, sollst du meine Gemahlin werden«. „Denn“, dachte er, „eine reichere Frau kannst du auf der Welt nicht haben.“ Als das Mädchen allein war, kam das Männlein zum dritten Mal wieder, und sprach: „Was gibst du mir, wenn ich dir noch diesmal das Stroh spinne?“ „Ich habe nichts mehr, das ich geben könnte“, antwortete das Mädchen. „So versprich mir, wenn du Königin wirst, dein erstes Kind.“ „Wer weiß wie das noch geht“, dachte die Müllerstochter, und wusste sich auch in der Not nicht anders zu helfen, und versprach dem Männchen was es verlangte; dafür spann das Männchen noch einmal das Stroh zu Gold. Und als am Morgen der König kam, und alles fand wie er gewünscht hatte, so hielt er Hochzeit mit ihr, und die schöne Müllerstochter wurde eine Königin.

Nach einem Jahr brachte sie ein schönes Kind zur Welt, und dachte gar nicht mehr an das Männchen, da trat es in ihre Kammer und sprach: „Nun gib mir, was du versprochen hast“. Die Königin erschrak, und bot dem Männchen alle Reichtümer des Königreichs an, wenn es ihr das Kind lassen wollte, aber das Männchen sprach: „Nein, etwas Lebendes ist mir lieber als alle Schätze der Welt“. Da fing die Königin so an zu jammern und zu weinen, dass das Männchen Mitleid mit ihr hatte, und sprach: „Drei Tage will ich dir Zeit lassen, wenn du bis dahin meinen Namen weißt, so sollst du dein Kind behalten.“

Nun dachte die Königin die ganze Nacht über an alle Namen, die sie jemals gehört hatte, und schickte einen Boten über Land, der sollte sich erkundigen weit und breit nach neuen Namen. Als am andern Tag das Männchen kam, fing sie an mit Caspar, Melchior, Balzer, und sagte alle Namen, die sie wusste, nach der Reihe her, aber bei jedem sprach das Männlein: „So heiß ich nicht.“ Den zweiten Tag ließ sie herumfragen bei allen Leuten, und sagte dem Männlein die ungewöhnlichsten und seltsamsten vor, Rippenbiest, Hammelswade, Schnürbein, aber es blieb dabei: „So heiß ich nicht.“ Den dritten Tag kam der Bote wieder zurück, und erzählte: „Neue Namen habe ich keinen einzigen finden können, aber wie ich zu der Lichtung kam, wo Fuchs und Hase sich gute Nacht sagen, so sah ich da ein kleines Haus, und vor dem Haus brannte ein Feuer, und um das Feuer sprang ein gar zu lächerliches Männchen, hüpfte auf einem Bein, und schrie:

„Heute back ich, morgen brau ich,
übermorgen hol ich der Königin ihr Kind;
ach, wie gut, dass niemand weiß
dass ich Rumpelstilzchen heiß!“

Da war die Königin ganz froh, dass sie den Namen wusste, und als bald hernach das Männlein kam, und sprach: „Nun, Frau Königin, wie heiß ich?“, fragte sie erst »Heißest du Kunz?“ „Nein.“ „Heißest du Heinz?“ „Nein.“ „Heißt du etwa Rumpelstilzchen?“

„Das hat dir der Teufel gesagt, das hat dir der Teufel gesagt“, schrie das Männlein, und stieß mit dem rechten Fuß vor Zorn so tief in die Erde, dass es bis an den Leib hineinfuhr, dann packte es in seiner Wut den linken Fuß mit beiden Händen, und riss sich selbst mitten entzwei.

Quelle: www.maerchen-sammlung.de/Grimms-Maerchen_15/page/3 (Rumpelstilzchen (Version 1); zuletzt aufgerufen am 11.3.12; geändert)

Aufgabe 1 Welche Märchen-Merkmale erkennst du in dem Märchen „Rumpelstilzchen“? Kreuze sie an. Gib auch die jeweilige Zeile mit an, wenn du fündig geworden bist.

	ja	Zeile	nein
formelhafter Anfang			
sprechende Tiere			
magische Zahl 3			
magische Zahl 7			

	ja	Zeile	nein
Kampf Gut gegen Böse			
formelhafter Schluss			
am Schluss siegt das Gute			
hundertjähriger Schlaf			

Aufgabe 2 Unterstreiche bitte die treffendsten Aussagen. Der Müller erzählt dem König, dass seine Tochter Stroh zu Gold machen kann. Er tut das, weil

- er nur ein bisschen angeben will.
- es ihm langweilig ist.
- er seine Tochter für den König interessant machen will.
- er ein Freund von Rumpelstilzchen ist.

Aufgabe 3 Warum lässt der König die Müllerstochter dreimal Gold spinnen?

Aufgabe 4 Finde heraus, warum das kleine Männchen beim dritten Mal um das Kind der Königin bittet. Kreuze die richtigen Antworten an.

Die Müllerstochter kann ihm sonst nichts Wertvolles anbieten.	
Das Männchen möchte gerne etwas Lebendiges.	
Das Männchen hofft, dass es dann kein Gold mehr machen muss.	
Dem Männchen fehlt ein Helfer zum Goldmachen.	

Aufgabe 5 Finde im Text die Stelle, an der sich das kleine Männchen selbst um seinen Lohn bringt und unterstreiche sie.

Aufgabe 6 Welche der beiden Lehren passt deiner Meinung nach besser zu diesem Märchen? Begründe deine Entscheidung.

a Wer lügt und damit durchkommt, braucht seine Versprechen später nicht zu halten.

b Man sollte nichts versprechen, was man nicht erfüllen kann.

Aufgabe 1

	ja	Zeile	nein
formelhafter Anfang	✗	1	
sprechende Tiere			✗
magische Zahl 3	✗	35	
magische Zahl 7			✗
Kampf Gut gegen Böse			(✗)
formelhafter Schluss			✗
am Schluss siegt das Gute	✗	55	
hundertjähriger Schlaf			✗

Der Kampf Gut gegen Böse kommt hier nicht explizit vor. Wir haben die Lösung eingeklammert, da es im übertragenen Sinn natürlich auch um diese Auseinandersetzung geht. Wenn du dieses Märchen mit Hänsel und Gretel vergleichst, findest du dort einen tatsächlichen Kampf zwischen Gut und Böse, als die Hexe in den Ofen geschubst wird.

Aufgabe 2

Der Müller erzählt dem König, dass seine Tochter Stroh zu Gold machen kann. Er tut dies, weil

- er nur ein bisschen angeben will.
- es ihm langweilig ist.
- er seine Tochter für den König interessant machen will.
- er ein Freund von Rumpelstilzchen ist.

Aufgabe 3

Zunächst glaubt er dem Müller nicht, nach der ersten Nacht wird er dann habgierig und will immer mehr Gold.

Aufgabe 4

Die Müllerstochter kann ihm sonst nichts Wertvolles anbieten.	✗
Das Männchen möchte gerne etwas Lebendiges.	✗
Das Männchen hofft, dass es dann kein Gold mehr machen muss.	
Dem Männchen fehlt ein Helfer zum Goldmachen.	

Aufgabe 5

und Hase sich gute Nacht sagen, so sah ich da ein kleines Haus, und vor dem Haus brannte ein Feuer, und um das Feuer sprang ein gar zu lächerliches Männchen, hüpfte auf einem Bein, und schrie:

„Heute back ich, morgen brau ich,
übermorgen hol ich der Königin ihr Kind;
ach, wie gut, dass niemand weiß
dass ich Rumpelstilzchen heiß!“ (Z. 44–49)

Aufgabe 6

Die Lehre **b** passt, denn Märchen sollen die Menschen zu besserem Verhalten erziehen.

LÖSUNGEN LÖSUNGEN LÖSUNGEN

10 Erzähltexte: Kinderroman

Bausteine eines Erzähltextes

Erzähltexte, wie Erzählungen und Romane, dienen deiner Unterhaltung. Sie wollen dich im Gegensatz zu Sachtexten nicht über einen Sachverhalt informieren. Es soll dir vor allem einfach Spaß bringen, die Geschichten zu lesen.
Da jeder einen anderen Lesegeschmack hat, gibt es ganz unterschiedliche Themen und Richtungen. Alle Erzähltexte, z. B. Fantasiegeschichten, Abenteuerromane oder Liebesgeschichten bestehen aus den gleichen Bausteinen. Diese werden nur jeweils anders ausgestaltet.

Erzählschritte

Jeder Autor möchte, dass seine Geschichte spannend und unterhaltsam wird. Dazu überlegt er sich einen **Spannungsbogen.** Dieser wird durch verschiedene **Erzählschritte** umgesetzt. Du kannst unterschiedliche Schritte erkennen, indem du auf folgende Aspekte achtest:

- Tritt eine **neue Person** auf?
- Ändert sich der **Handlungsort**?
- Ändert sich die **Zeit**? (Manchmal finden Zeitsprünge in die Vergangenheit oder Zukunft statt.)

Äußere und innere Handlung

Es gibt in Erzähltexten zwei Möglichkeiten, Handlung darzustellen. Man unterscheidet zwischen der **äußeren** Handlung und der **inneren** Handlung.

- Unter der äußeren Handlung versteht man alles, was eine Figur tatsächlich macht und sagt. Diese Handlungsform kann von jeder anderen Figur im Text wahrgenommen werden.
- Die innere Handlung gibt das wieder, was eine Figur fühlt und denkt. Die Handlung spielt sich also ausschließlich im Inneren einer Figur ab und bleibt somit für alle anderen Figuren im Text verborgen. Hier hast du gegenüber den übrigen Figuren einen Vorteil, da du als Leser Einblick in das Innere der Figur hast.

Der Erzähler

Der Autor schreibt zwar das Buch, tritt aber in der Regel im Roman nicht selbst als Erzähler auf. Was heißt das? Der Autor entscheidet sich für eine Erzählform, aus deren Sicht die Geschichte erzählt wird. Üblich sind der **Er-Erzähler** und der **Ich-Erzähler.**

- Der Ich-Erzähler ist Teil der Geschichte und gibt diese aus seiner Perspektive wieder, allerdings kann er z. B. nicht wissen, was im Inneren der anderen Figuren (=innere Handlung) vorgeht.
- Der Er-Erzähler beschreibt die Erlebnisse anderer. Er kann sich dafür entscheiden, ein allwissender Erzähler zu sein, der über alle Figuren und deren Gedanken Bescheid weiß. Er kann sich auch eine Figur wählen, aus deren Sicht er die Geschichte in der Er-Form erzählt.

Oksa Pollock. Die Unverhoffte (Romanauszug)

Anne Plichota und Cendrine Wolf

Um neun Uhr schleppten sie sich zum Physikraum. Gus ging als Erster hinein und begrüßte Mr McGraw. Der schlug gerade einen Nagel in die Wand.

„Setzt euch leise auf eure Plätze! Wenn ihr das überhaupt könnt", sagte er.

Während sich alle setzten, hängte er zum Erstaunen der Schüler eine kleine holografische Darstellung einer seltsamen Spirale an den Nagel. Nachdem McGraw sich vergewissert hatte, dass das Bild fest hing, drehte er sich um und musterte jeden seiner Schüler nacheinander mit einem finsteren Blick, als wäre er auf der Suche nach einem Schwerverbrecher. Dieser Mann schien alle ständig eines Vergehens zu verdächtigen, ohne dass man wusste, warum. Nach der frostigen Inspektion kehrte er ihnen wieder den Rücken zu und schrieb die Anweisungen für den heutigen Tag an die Tafel. Plötzlich wurde das angespannte Schweigen durch das Geräusch eines herunterfallenden Stifts unterbrochen.

McGraw hielt inne. Ohne sich auch nur umzudrehen, stieß er böse hervor: „Zelda Beck! Brauchst du Hilfe, um am frühen Morgen deinen Füller festzuhalten, oder schaffst du es allein?"

„Es tut mir leid, Mr McGraw", stotterte Zelda und bückte sich, um ihren Stift aufzuheben.

Einige Schüler warfen sich erstaunte Blicke zu, andere senkten betreten den Kopf. Oksa lächelte Zelda aufmunternd zu. Diese warf ihre langen dunklen Haare nach hinten und schaute mit ihren großen braunen Augen verzweifelt zurück.

„Nehmt eure Hefte", befahl der Lehrer, „und schreibt die Aufgabe ab."

Er stand immer noch an der Tafel und schrieb weiter. Zwei Minuten später unterbrach er sich erneut. Er drehte sich um und fixierte Zelda, der vor lauter Nervosität die Tasche von der Stuhllehne gerutscht war.

„Da du meinen Unterricht unentwegt störst, Zelda, greife ich nun ebenfalls in deinen Zeitplan ein. Zwei Stunden nachsitzen!"

„Aber Mr McGraw, das habe ich doch nicht mit Absicht gemacht", sagte Zelda mit Tränen in den Augen.

„Du glaubst doch wohl nicht, dass ich mich von deinem Gejammer erweichen lasse. Da beißt du bei mir auf Granit."

„Ein wahres Wort ...", murmelte Oksa.

McGraw wandte sich ihr zu.

„Oksa Pollock! Möchtest du uns etwas sagen?"

Oksa war überrascht. Sie zögerte, doch dann holte sie tief Luft und sagte mutig: „Ich finde zwei Stunden nachsitzen wegen einer hinuntergefallenen Tasche ein bisschen streng."

Ein unbehagliches Schweigen trat ein, das der Lehrer genüsslich auskostete, bevor er zu einer Antwort ansetzte.

„So heldenhaft dein Beitrag auch ist, Oksa, du kannst ihn dir sparen", entgegnete er scharf. „Zwei Stunden Nachsitzen sind berechtigt, und es ist nicht deine Aufgabe, das infrage zu stellen. Und nun weiter mit dem Stoff, die Unterbrechung hat lange genug gedauert."

Er drehte sich um und schrieb weiter, seine Erregung mühsam im Zaum haltend.

Der spinnt ja total, dachte Oksa. Was der sich einbildet!

McGraws schroffe Art machte sie wütend. Und eigentlich standen ihr ja durchaus Mittel zur Verfügung, ihn zu provozieren... Sie könnte ihm zum Beispiel die Tafel auf den Kopf fallen lassen oder die Blätter des Buches auf seinem Pult aufwirbeln. Einmal gefasst, ließ der Gedanke sie nun natürlich nicht mehr los.

Und plötzlich passierte es: McGraw sprang wie von Zauberhand der Stift aus der Hand, flog gegen die Zimmerdecke und fiel herunter. Zufall oder Absicht? McGraw erstarrte. Alle hielten gebannt den Atem an. Oksa rutschte triumphierend auf ihrem Stuhl hin und her, sodass die vier Metallfüße auf dem gebohnerten Parkett quietschten. Gus warf ihr einen warnenden Blick zu, doch zu spät.

Der Lehrer brüllte in ohrenbetäubender Lautstärke los: „OKSA POLLOCK!"

Oksa rutschte das Herz in die Hose. McGraw kehrte ihnen immer noch den Rücken zu, doch keiner brauchte sein Gesicht zu sehen, um zu wissen, dass er außer sich war vor Wut.

„Oksa Pollock!", wiederholte er mit donnernder Stimme. „Verlass auf der Stelle den Raum!"

Oksas Lächeln wich einem Ausdruck von Panik. Ihre Mitschüler sahen sie verständnislos an. Keiner begriff, warum McGraw seine Wut an ihr ausließ. Oksa versuchte, sich ihre zunehmende Verwirrung nicht anmerken zu lassen, und ging aus dem Klassenzimmer, ohne den schrecklichen Lehrer auch nur eines Blickes zu würdigen. Sie war wütend, aber auch geschockt, weil sie hinausgeworfen worden war. Eine Weile irrte sie durch die Gänge, an den Klassenzimmern vorbei. McGraw hatte sie rausgeworfen, aber sie wusste nicht, wohin sie gehen sollte. Und alles nur wegen eines quietschenden Stuhls...

Der spinnt doch, dachte sie empört. Sie fand, dass er eindeutig zu weit ging.

Aus: Plichota, Anne und Cendrine Wolf: *Oksa Pollock. Die Unverhoffte.* Oetinger, Hamburg 2011, S. 57–60.

Aufgabe 1 Der vorliegende Auszug lässt sich in vier Erzählschritte gliedern. Markiere die einzelnen Abschnitte. Achte darauf, wann eine Figur in den Mittelpunkt gerückt wird und ob die Handlung immer am gleichen Ort stattfindet.

Aufgabe 2 Um eine Geschichte abwechslungsreich zu erzählen, wechseln sich äußere und innere Handlung ab. Unterstreiche die Stellen, bei denen innere Handlung dargestellt ist. Beginne ab Zeile 28.

Aufgabe 3 Finde heraus, um welche Erzählform es sich handelt und kreuze entsprechend an. Begründe anschließend deine Entscheidung.

Ich-Erzähler	
Er-Erzähler, der alle Figuren und deren Gedanken kennt	
Er-Erzähler, der aus der Sicht einer Figur die Geschichte wiedergibt	

____

____

Aufgabe 4 Lies den Auszug noch einmal und konzentriere dich dabei auf die Figur des Lehrers McGraw. Welche der negativen Adjektive treffen auf ihn zu? Umkreise sie.

besserwisserisch arrogant chaotisch jähzornig

manipulierend ungerecht fies zynisch

wütend unsympathisch desinteressiert launisch

Aufgabe 5 Mr McGraw hat auch in dieser Physikstunde wieder ein Schüleropfer gefunden: Zelda Beck. Der Erzähler versucht die Schülerin durch gezielte Wortwahl als Opfer darzustellen. Suche in den Zeilen 11 – 26 nach solchen Wörtern und schreibe sie heraus. Nenne die jeweilige Zeile. Achte besonders auf Adjektive und Verben.

____

____

Aufgabe 6 Auch Oksa Pollock bekommt Mr McGraws Unmut (Z. 32 f.) deutlich zu spüren. Erkläre kurz, was sie gemacht hat und was dies über ihren Charakter aussagt. Schreibe den Text in dein Übungsheft.

Aufgabe 7 Jede Klasse braucht einen Klassensprecher, der manchmal auch als Vermittler zwischen einem Lehrer und einer Schülergruppe auftreten kann. Welches der beiden Mädchen Zelda und Oksa wäre wohl geeigneter für diese Aufgabe? Begründe deine Entscheidung. Schreibe den Text in dein Übungsheft.

Aufgabe 1

1. Erzählschritt: Z. 1 - 9 → Einführung, allgemeine Charakteristik
2. Erzählschritt: Z. 9 - 24 → Zelda Becks Missgeschicke und die Reaktion des Lehrers Mr McGraw
3. Erzählschritt: Z. 25 - 43 → Oksa Pollock greift ein
4. Erzählschritt: Z. 44 - 54 → Oksas Rauswurf

Aufgabe 2

Unterstrichene Textstellen sind:

(Z. 28) Oksa war überrascht. Sie zögerte ...

(Z. 36 - 39) Der spinnt ja total, dachte Oksa. Was der sich einbildet! McGraws schroffe Art machte sie wütend. Und eigentlich standen ihr ja durchaus Mittel zur Verfügung, ihn zu provozieren... Sie könnte ihm zum Beispiel die Tafel auf den Kopf fallen lassen oder die Blätter des Buches auf seinem Pult aufwirbeln. Einmal gefasst, ließ der Gedanke sie nun natürlich nicht mehr los.

(Z. 45) Oksa rutschte das Herz in die Hose.

(Z. 49 - 50) Oksa versuchte, sich ihre zunehmende Verwirrung nicht anmerken zu lassen ...

(Z. 51) Sie war wütend, aber auch geschockt, weil sie hinausgeworfen worden war.

(Z. 52 - 53) ... sie wusste nicht, wohin sie gehen sollte.

(Z. 54) Der spinnt doch, dachte sie empört. Sie fand, dass er eindeutig zu weit ging.

Aufgabe 3

Er-Erzähler, der aus der Sicht einer Figur die Geschichte wiedergibt.
Begründung: Es handelt sich um diese Erzählform, da die Geschichte in der dritten Person erzählt wird, der Erzähler Einblick in die Figur der Oksa hat und auch ihre Gefühle und Gedanken wiedergeben kann. Über die Gedanken der anderen Figuren erfahren wir in diesem Ausschnitt nichts. Selbst was Mr McGraw denkt, als ihm der Stift herunterfällt, bleibt uns als Leser verborgen.

Aufgabe 4

ungerecht, fies, zynisch, wütend , arrogantm jähzornig

Aufgabe 5

stotterte (Z. 13), verzweifelt (Z. 16), Nervosität (Z. 19), mit Tränen in den Augen (Z. 22)

Aufgabe 6 individuelle Lösungen, Beispiel:

Oksa hat ihrem Lehrer gesagt, dass sie die angekündigte Strafe als ungerecht empfindet. Die Tatsache, dass sie ihre Mitschülerin vor ihrem Lehrer verteidigt, zeigt, dass Oksa selbstsicher ist und ein Gerechtigkeitsempfinden hat.

Aufgabe 7 individuelle Lösungen, Beispiel:

Oksa wäre wahrscheinlich die bessere Klassensprecherin, da sie sich gegebenenfalls auch traut, einem Lehrer zu widersprechen und sie sich für die Interessen der Schüler einsetzen könnte. Mr McGraw gegenüber hat sie höflich ihre Meinung geäußert, ohne ihn dabei zu beleidigen. Zelda dagegen lässt sich sehr schnell von McGraws ruppiger Art einschüchtern. Sie würde sich vermutlich nicht trauen, einem Lehrer die Kritik der Klasse zu übermitteln, aber das gehört zu den Aufgaben eines Klassensprechers dazu.

11 Erzähltexte: Alltagsgeschichten

Was sind Alltagsgeschichten?

Was hast du gestern Spannendes erlebt? Nichts? Eigentlich nichts Besonderes? Macht nichts, denn auch das Alltägliche und Normale hat seinen Reiz. Davon erzählen auch Alltagsgeschichten: **Geschichten von ganz normalen Leuten,** die keine Superhelden sind, keine übernatürlichen Kräfte haben, nicht in einen spannenden Kriminalfall verwickelt sind und auch nicht über Nacht zum Star werden. Ihre kleinen Erfahrungen und Erlebnisse sind dennoch lesenswert und unterhaltsam.

Warum liest man Alltagsgeschichten?

Der Alltag, der uns umgibt, ist für uns selbstverständlich. Es scheint uns nichts Besonderes dabei, wenn jemand im Supermarkt einkauft oder mit dem Bus fährt. Alltagsgeschichten sind aber **dann interessant, wenn**

- wir uns als Leser in den Erzähler hineinversetzen können und unser eigenes Leben in seiner Geschichte wiedererkennen,
- die Geschichten in einem anderen Land, einer anderen Kultur oder einer anderen Zeit spielen, von der wir nur wenig wissen.

Was weißt du zum Beispiel darüber, wie die Menschen in der DDR lebten? Kannst du dir vorstellen, wie es in einem Haushalt in Uruguay beim Frühstück zugeht? Was würde wohl einen Außerirdischen an deinem Leben interessieren?
Die Tatsachen über fremde Länder und vergangene Zeiten kann man in Geschichtsbüchern nachlesen. Sie sagen einem aber nichts darüber, wie sich das Leben für Leute an einem ganz gewöhnlichen Tag abspielt. Alltagsgeschichten können das: Sie machen Vergangenheit **lebendig** und Fremdes **vorstellbar.**

Wer schreibt Alltagsgeschichten?

Häufig sind diese Geschichten nicht von demjenigen niedergeschrieben, der sie erlebt hat. Sie beruhen dann beispielsweise auf **mündlich weitergegebenen Erinnerungen.** Manche Autoren versuchen auch, sich sehr gründlich über eine **vergangene Epoche** zu **informieren,** indem sie alles lesen, was sie dazu finden können. Sie erfinden dann Alltagsgeschichten, die niemand beobachtet hat und die vielleicht nicht genau so geschehen sind. Es ist aber sehr wahrscheinlich, dass sich ähnliche Episoden in jener Zeit immer wieder abgespielt haben.
Eine neuere Form der Alltagsgeschichten findet sich in so genannten **Blogs.** Das ist eine Abkürzung für *Weblog,* was etwa so viel bedeutet wie Internet-Tagebuch. Hier erzählen ganz normale Leute auf ihren Webseiten von ihrem Leben: was sie erlebt haben, wem sie begegnet sind, welchen Film sie gesehen haben, welche Schuhe sie gekauft haben und was sie gerade bewegt. Dazu können sie auch Videos oder Fotos einbinden. Auch hier geht es nicht um Weltbewegendes, sondern einfach darum, ganz **normale Alltagserlebnisse mit anderen zu teilen.**

TEXT Anne C. Voorhoeves Buch *Lilly unter den Linden* spielt 1988. Damals war Deutschland noch in einen westlichen Teil, die Bundesrepublik Deutschland (BRD), und einen östlichen Teil, die Deutsche Demokratische Republik (DDR), aufgeteilt. Die dreizehnjährige Lilly fährt nach dem Tod ihrer Mutter heimlich zu ihrer Tante Lena in die DDR. Dort erlebt sie, wie das Leben in beiden Teilen Deutschlands einerseits ganz ähnlich sein kann, andererseits aber auch bemerkenswert unterschiedlich. In der folgenden Textstelle zeigt Lillys Vetter Till ihr voller Stolz seine Stadt Jena.

„Schau Lilly, da kommt die Elektrische!"

Ich sah mich alarmiert um. Ein durchdringendes Quietschen und Schleifen näherte sich von der nächsten Straßenecke her, als wären Kettenfahrzeuge losgeschickt worden, um Witterung von mir aufzunehmen. Sekunden später entpuppte sich die „Elektrische" als eine winzige gelbe Straßenbahn, die wie eine Leihgabe von einem Kinderkarussell aussah, und schepperte mit einem Höllenlärm auf uns zu.

„Da sollen wir mit den Rädern reinpassen?", fragte ich ungläubig und manövrierte mein Fahrrad, das ich fluchtbereit herumgerissen hatte, etwas verschämt wieder zurück.

„Also, du kannst Fragen stellen", sagte Till kopfschüttelnd.

Die „Elektrische" war sogar noch billiger als eine Fahrt auf dem Kinderkarussell. Sie kostete ganze 10 Pfennig für jeden von uns, Fahrrad inklusive, und fuhr uns dafür einige Kilometer aus der Stadt heraus in die malerisch gelegenen Vororte. [...]

In einer nicht enden wollenden, schweißtreibenden Tour hatte ich bergan zu keuchen und mir dämmerte bald, warum Lena mich vor Tills Ausdauer gewarnt hatte. Als Bewohnerin des norddeutschen Flachlands war ich schon nach dem ersten Anstieg völlig außer Atem, während mein Cousin gleichmäßig wie ein Uhrwerk in die Pedale trat und dabei noch ununterbrochen quasseln konnte. Dass ich immer weiter zurückfiel und ihn zum Schluss gar nicht mehr hören konnte, störte ihn überhaupt nicht, und ehrlich gesagt war mir auch innerhalb kürzester Zeit völlig egal, was aus Till wurde. Ich hatte nur noch Augen für den Hügel mit seinem Aussichtsturm, der mal zum Greifen nahe schien, mal für längere Zeit aus dem Blickfeld verschwand. Immer wenn ich ihn über den Baumwipfeln wieder entdecken konnte, war ich mir sicher, dass wir weiter davon entfernt waren als zu Beginn unserer Tour. Mir hing buchstäblich die Zunge aus dem Hals, als wir endlich oben ankamen.

Aus: Voorhoeve, Anne C.: *Lilly unter den Linden.* Ravensburger Verlag, Ravensburg 2004, S. 190 f.

AUFGABE 1 Fasse in einem Satz zusammen, was in diesem Abschnitt geschieht.

____

____

____

AUFGABE 2 Schreibe drei Dinge heraus, die für Lilly ungewohnt sind.

1 ______________________________

2 ______________________________

3 ______________________________

Aufgabe 3 Wie könnte die Geschichte weitergehen? Schreibe eine Fortsetzung in dein Heft und verwende dabei diese Wörter:

Turm - Schild - Metalltreppe - Wind - Häusermeer - sprachlos - grinsen - Abfahrt

Aufgabe 4 Worüber wird Lilly wohl noch berichten? Kreuze in der Tabelle an, welche Geschehnisse zu dem Romanausschnitt passen würden und welche eher nicht. Überlege dir, weshalb du dich so entscheidest.

	Geschehnis	passt	passt nicht
1	Lilly geht mit ihrer Tante einkaufen und wundert sich über die Waren, die Verpackungen, das Geld und das Schlangestehen.		
2	Gangster aus Moskau entführen Till, und Lilly muss ihn retten.		
3	Lilly bekommt Streit mit ihrer Cousine, weil Lilly von den Eltern in ihrem Zimmer einquartiert wird, aber die Cousine ihr eigenes Reich möchte.		
4	Lilly lässt sich von ihrer Tante erzählen, wie ihre Mutter als Kind war, und versucht sich vorzustellen, wie die beiden Schwestern zusammen aufwuchsen.		
5	Beim Spazierengehen begegnet Lilly einem Fernsehstar, der sich sofort in sie verliebt. Sie darf in den nächsten Folgen seiner Serie seine Freundin spielen und erhält dafür einen berühmten Fernsehpreis.		

Aufgabe 5 Lies den Text aus dem Blog. Warum hat Tabea wohl diesen Eintrag in ihren Blog aufgenommen? Stelle Vermutungen an und schreibe sie in dein Übungsheft.

Diese Lehrer

Hey!

Diese Woche hab ich wieder Schule... Und heute habe ich gleich morgens im Bus eine meiner Kontaktlinsen verloren. Ich bin also den ganzen Tag mit nur einer Kontaktlinse rumgelaufen... Das Doofe daran war, ich habe praktisch alles verschwommen gesehen. Und wenn ich in der Schule was abschreiben musste, hab ich immer das rechte Auge zumachen müssen.

Ich glaub, mein Mathelehrer hat gedacht, ich hätte ihm zugezwinkert. Ist irgendwie peinlich, aber eigentlich ist es mir egal.

Denn diesen Lehrer mag ich sowieso nicht besonders ... Das liegt vor allem daran, dass er mich grundsätzlich morgens aufruft, wenn ich noch gar nix weiß. Später, wenn meine Intelligenz auch aufgewacht ist, werde ich gar nicht mehr aufgerufen ... tz ... Naja, solange sich das nicht auf die Note auswirkt, macht's ja eigentlich nichts.

Grüße Tabea

Gefunden unter: http://tabea.over-blog.de am 24. 02. 12; Eintrag vom 25. 03. 2009; orthografisch bearbeitet

Aufgabe 6 In Blogs kann man meistens eigene sogenannte Kommentare hinzufügen. Verfasse eine Antwort, in der du von einem Ereignis berichtest, das dir zu Tabeas Erlebnis einfällt. Schreibe den Text in dein Übungsheft.

Aufgabe 1 Beispiellösung

Lilly und Till machen einen Ausflug zu einem Aussichtsturm, wobei sie für den ersten Teil der Fahrt ihre Fahrräder in der Straßenbahn mitnehmen, im zweiten Teil dann einen recht steilen Berg hinauffahren.

Aufgabe 2

Ungewohnt sind für Lilly:

- der Name der Straßenbahn „Elektrische“
- das Aussehen und die Geräusche der „Elektrischen“
- der billige Preis einer Fahrt (nur zehn Pfennige)
- die anstrengende Fahrt mit dem Fahrrad einen Berg hinauf
- die Landschaft und der Aussichtsturm
- Tills Ausdauer, seine Kondition

Aufgabe 3 individuelle Lösungen

Hier sind deiner Fantasie kaum Grenzen gesetzt. Vermutlich würde aber Folgendes geschehen:

- Lilly, die ohnehin schon atemlos ist, sieht den Turm, der ihr noch einmal furchtbar hoch vorkommt, und möchte nach einer kleinen Pause hinaufsteigen.
- Auf einem Schild neben der Tür des Turmes steht: „Vorsicht, Rutschgefahr!“ oder „Von Sonnenaufgang bis Sonnenuntergang geöffnet“ oder „Besteigen des Turmes auf eigene Gefahr“ oder ...
- Lilly und Till steigen auf einer Metalltreppe (die rostig, glatt, quietschend, grau, wackelig ... sein kann) auf den Turm hinauf.
- Oben macht sie nicht nur der Wind sprachlos, der ihnen kalt um die Ohren pfeift, sondern auch der Blick auf die Stadt, die sich aus der Entfernung in ein Häusermeer verwandelt hat; vielleicht können die beiden Tills Haus sehen oder den Bahnhof oder eine große Kirche?
- Till muss grinsen, weil Lilly so außer Atem und beeindruckt von der Aussicht ist; er verspricht ihr, dass die Abfahrt nicht so anstrengend sein wird wie der Hinweg.

Aufgabe 4

1 passt **2** passt nicht **3** passt **4** passt **5** passt nicht

Es geht um Alltagserfahrungen, nicht um Kriminalfälle oder traumhafte, aber unwahrscheinliche Zufälle.

Aufgabe 5 Beispiellösung

Sie fand es lustig, dass ihr Lehrer wohl dachte, sie würde ihm zuzwinkern, und sie wollte andere Menschen daran teilhaben lassen, sodass diese auch darüber lachen können.

Aufgabe 6 individuelle Lösungen

Am besten passen wohl Erlebnisse, die mit Missverständnissen zwischen dir und deinen Lehrern oder Lehrerinnen zu tun haben. Vielleicht hast du dir so etwas Ähnliches ausgedacht wie das hier?

„Oh ja, das kenn ich auch! Neulich erst wollte ich mit meinem Freund Paul etwas zurufen, der auf dem Pausenhof war. Ich hatte Tafeldienst und war in unserem Klassenzimmer am Fenster. Als ich meinen Freund draußen sah, brüllte ich also „Hey, Paule, komm mal her!“ Ich hatte aber nicht gesehen, dass unser Sportlehrer gerade Hofaufsicht machte und direkt unter unserem Fenster stand. Und rate mal, wie der heißt? Herr Krämer, und mit Vornamen.... Paul! Der hat sich dann also zu mir umgedreht und sah ziemlich überrascht aus... Mann, war das peinlich! Glücklicherweise kam mein Freund dann angelaufen. Sonst hätte ich wahrscheinlich ganz schon lange erklären müssen, warum ich so mit meinem Lehrer spreche!“

Oder so etwas:

„Hey Tabea, du kannst ja noch von Glück sagen, dass dein Verstand überhaupt noch in der Schule aufwacht. Manchmal hab ich das Gefühl, vor der großen Pause ist mein Kopf noch zu müde und danach ist er schon wieder müde. Gestern ist mir da auch so was passiert: Mitten in der Englischstunde, so gegen neun, ...“

LÖSUNGEN LÖSUNGEN LÖSUNGEN

TEST: Umgang mit Erzähltexten

AUFGABE 1 Entscheide im folgenden Text für die fett gedruckten Stellen, ob sie typisch für ein Märchen sind oder nicht. Begründe deine Antworten bitte kurz.

1	**Es war einmal** ein König.
2	Der hatte **fünf** Töchter, von denen immer eine hübscher als die andere war. Am allerschönsten jedoch war die jüngste.
3	Eines Tages kam ein Schuster des Weges, der sah die hübsche Königstochter und verliebte sich sofort in sie. Er wusste aber, dass der stolze König sie ihm niemals zur Frau geben würde. Daher nähte er ein Paar **Schuhe, das die Fähigkeit hatte, die Trägerin des Schuhs sofort zu ihm zu bringen, wenn er nur „Springzumir" sagte.**
4	Der Schuster begehrte also Einlass ins Schloss und bot dort seine Waren feil. Die älteste Königstochter verliebte sich sofort in ihn. Sie hatte aber ein **böses Wesen,** war ungestalt und bei niemandem beliebt. Als sie bemerkte, dass der Schuster mit Wohlgefallen auf ihre jüngste Schwester blickte, ersann sie **einen tückischen Plan.**
5	Sie sprach also zum Schuster: „Diese Schuhe gefallen wir wohl, aber sie sind mir zu groß. Wenn du mir nicht bis zum Morgen **sieben** Paar Schuhe machst, die mir passen wie angegossen, so hast du dein Leben verwirkt."
6	Der Schuster in seiner Not arbeitete die ganze Nacht hindurch, aber **es gelang ihm nicht,** die Schuhe fertigzustellen. Die älteste Tochter **ließ ihn daher den Bären vorwerfen.**

1 ____________________

____

2 ____________________

____

3 ____________________

____

4 ____________________

____

5 ____________________

____

6 ____________________

____

6 P

Aufgabe 2 Wähle bei den folgenden Sätzen diejenige Möglichkeit aus, die am besten passt und unterstreiche sie. Wenn dir das gelingt, erhältst du Sätze, die tatsächlich aus verschiedenen Märchen der Brüder Grimm stammen.

Der Wolf / Das Schaf / Der Floh aber ging geradewegs nach dem Haus der Großmutter und klopfte an die Tür. (Aus: Grimm, Jacob und Wilhelm: Ausgewählte Kinder- und Hausmärchen. Reclam, Stuttgart 1997, S. 86)

Der Königssohn sprach: „Ich habe dich lieber als alles auf der Welt; komm mit mir in meines Vaters Schloss, du sollst meine Köchin / Lieblingsschwester / Gemahlin werden." (Ebd., S. 124)

Da ging der Wolf fort zu einem Krämer und kaufte sich ein großes Stück Torte / Ananas / Kreide: die aß er und machte damit seine Stimme fein. (Ebd., S. 25)

Er aber stellte sein hölzernes Tischchen mitten in die Stube und sprach: „Tischchen, deck dich." Augenblicklich war es mit Speisen / Goldstücken / Fliegen besetzt. (Ebd., S. 188)

4 P

Aufgabe 3 Lies dir den folgenden Text gründlich durch und schlage alle fett gedruckten Wörter in einem Wörterbuch nach. Schreibe ihre Bedeutung auf.

Skorpione: seit dem **Silur** bekannte, heute mit über 600 Arten v.a. in den **Tropen** und **Subtropen** verbreitete Ordnung bis 18 cm langer Spinnentiere; **primitive** Tiere, deren Körper äußerlich in drei Abschnitte gegliedert ist. [...] Skorpione sind **nachtaktive** Tiere, die versteckt vorwiegend in trockenen, wasserarmen Gebieten (z. B. Sand- und Steinwüsten, **Steppen**) leben. Sie ernähren sich vor allem von Insekten u. a. **Gliederfüßern,** die mit den **Pedipalpenscheren** zerquetscht oder durch einen Giftstich getötet werden.

Meyers großes Taschenlexikon in 24 Bänden. Mannheim, Wien, Zürich, [3]1990. Band 20, S. 210.

Silur: ______________________________

Tropen: ______________________________

Subtropen: ______________________________

primitiv: ______________________________

nachtaktiv: ______________________________

Steppe: ______________________________

Gliederfüßer: ______________________________

Pedipalpenscheren: ______________________________

6 P

Aufgabe 4 Richtig oder falsch? Entscheide dich, ob die folgenden Sätze sich aus dem Text aus Aufgabe 3 ableiten lassen. Gib jeweils die Zeile an, aus der du das ableiten kannst.

	Behauptung	richtig	falsch	Zeile
1	Am meisten Beute machen die Skorpione tagsüber.			
2	In Grönland kommen keine Skorpione natürlich vor.			
3	Bei großer Trockenheit geraten sie in Bedrängnis.			
4	Skorpione fressen große Mengen an Würmern.			
5	Skorpione sind natürliche Feinde von Insekten.			
6	Skorpione produzieren ein für Insekten tödliches Gift.			
7	Die Scheren der Skorpione dienen nur als Schmuck.			

7 P

Aufgabe 5 Zeichne eine Skizze von dem Raum, der hier beschrieben wird und beschrifte sie anschließend.

Am Fußende des sich links hinter der Zimmertür befindlichen Bettes steht ein großer Schrank, gegenüber der Balkontür, aber von ihr durch einen riesigen Sitzsack getrennt. Der Schrank dient gleichzeitig als Raumteiler und seine Türen lassen sich auf der dem Bett abgewandten Seite öffnen. An der in den Raum hineinragenden Schmalseite des Schrankes ist nur wenig Platz zum Hindurchgehen, da sich genau gegenüber von ihm ein Schreibtischstuhl befindet. Dieser steht am geräumigen Schreibtisch, der direkt vor dem Fenster platziert wurde. So hat derjenige, der an diesem Schreibtisch arbeitet, die Zimmertür zu seiner Rechten und die Balkontür zur Linken.

8 P

Auswertung Trage rechts deine Gesamtpunktzahl ein und vergleiche.

☺ 31 - 16 Punkte	😐 15 - 7 Punkte	☹ 6 - 0 Punkte

Gesamt 31 P

Aufgabe 1

1 Ja, das ist eine typische Formulierung für den Beginn.
2 Nein, typisch wären drei, sieben oder zwölf Töchter.
3 Ja, alles ist möglich, denn die Gegenstände haben magische Kräfte.
4 Ja, der Kampf des Guten gegen das Böse beginnt.
5 Ja, die Zahl sieben ist typisch.
6 Nein, ein Märchen geht normalerweise damit aus, dass das Gute siegt, aber hier stirbt der arme Held.

Aufgabe 2 Richtig ist:

Der Wolf (aus *Rotkäppchen*)
Gemahlin (aus *Schneewittchen*)
Kreide (aus *Der Wolf und die sieben Geißlein*)
Speisen (aus *Tischchendeckdich, Goldesel und Knüppel aus dem Sack*)

Aufgabe 3

Silur: ein Abschnitt in der Zeitgeschichte vor ca. 444 bis 416 Millionen Jahren
Tropen: die Klimazone der Erde zwischen den Wendekreisen der Sonne
Subtropen: die Klimazonen, die sich nach Norden und Süden an die Tropen anschließen
primitiv: schlicht, einfach, kunstlos; hier: ursprünglich, vor langer Zeit bereits entwickelt und unverändert
nachtaktiv: in der Nacht wach und tätig, am Tag schlafend
Steppe: eine baumlose Graslandschaft, die vor allem im Sommer sehr trocken ist
Gliederfüßer: ein Stamm des Tierreichs; diese Tiere haben einen in Teile gegliederten Körper, wie zum Beispiel Ameisen oder Spinnen
Pedipalpenscheren: Pedipalpen sind das zu Greiforganen umgeformte vorderste Beinpaar der Skorpione, das vorne eine Art Schere aufweist

Aufgabe 4

1 Falsch, denn sie sind nachtaktiv. (Z. 4)
2 Richtig, denn Grönland liegt weit weg von den Tropen und Subtropen. (Z. 1–2)
3 Falsch, denn Skorpione bevorzugen trockene Gegenden. (Z. 4)
4 Falsch, denn Würmer sind keine Gliederfüßer, welche die Hauptnahrungsquelle der Skorpione darstellen. (Z. 5–6)
5 Richtig, denn Insekten zählen zur beliebtesten Beute. (Z. 6)
6 Richtig (Z. 7)
7 Falsch, denn mit ihnen ergreifen und töten die Skorpione ihre Beute. (Z. 6)

Aufgabe 5

LÖSUNGEN LÖSUNGEN LÖSUNGEN

12 Sachtexte: mit Lesetechniken den Text erschließen

Skimming

Das kennst du bestimmt auch: Manchmal möchtest du möglichst rasch wissen, worum es in einem Text geht. Es gibt eine **Lesetechnik,** die dir dabei hilft. Diese Methode nennt sich ***Skimming.*** Das Wort kommt aus dem Englischen und bedeutet, dass man erst einmal versucht, ganz **grob** zu **verstehen,** worum es in einem Text geht. Das kann viel Zeit sparen. Mit der Methode kannst du bereits beim ersten Lesen einiges über den Inhalt eines Textes erfahren, bevor du mit dem genauen Lesen anfängst.

Wie mache ich das?

- **Die Überschrift verstehen.** Zuerst schaust du dir die Überschrift an. Sie gibt dir einen Hinweis auf den Inhalt.
- **Schlüsselbegriffe finden.** Als nächstes kannst du nach Bildern, Zwischenüberschriften, fettgedruckten Wörtern oder Schlüsselbegriffen Ausschau halten. Schlüsselbegriffe sind Wörter, die für das Verständnis eines bestimmten Absatzes sehr wichtig sind.
- **Absatzanfänge lesen.** Es kann hilfreich sein, beim ersten Lesen die Absätze nicht immer komplett zu lesen. Lies zuerst nur die Anfänge der einzelnen Abschnitte.

Wenn du mit dieser Technik arbeitest, hast du nach dem ersten Lesen eine grobe Vorstellung davon, was im Text behandelt wird. Es wird dir anschließend leichter fallen, dich auf Detailinformationen zu konzentrieren.

Scanning

Häufig sollst du einem Text genaue Informationen zu einem bestimmten Sachverhalt entnehmen. Es genügt dann nicht mehr, diesen Text ausschließlich mit der *Skimming*-Methode zu bearbeiten. Um Antworten auf eine gestellte Frage zu finden, musst du dich auf die **passende Stelle** im Text konzentrieren und diese dann **ganz genau lesen.** Dieses Verfahren nennt man ***Scanning.***

Wie mache ich das?

- **Verstehen, was die Frage ist.** Lies dir zunächst die gestellten Fragen ganz genau durch und unterstreiche die wichtigen Stichpunkte bereits in der Fragestellung. So stellst du sicher, dass du dir die Frage auch ganz bewusst durchgelesen hast und weißt, was von dir verlangt wird.
- **Die richtigen Textstellen im Text finden.** Als nächstes gehst du zurück zum Text und liest diesen langsam durch. Sobald du im Text auf ein Stichwort stößt, das zu der gestellten Frage passt, liest du diesen Absatz sorgfältig und prüfst, ob du mit der gefunden Textstelle die Frage beantworten kannst.
- **Stichworte unterstreichen, dann Antwort formulieren.** Es kann oft hilfreich sein, dir auch im Text die wichtigen Punkte zu unterstreichen, bevor du deine Antwort formulierst.

Leonardo da Vinci

Ein Mann, den das Beobachten der Natur besonders faszinierte, war der Italiener Leonardo da Vinci. „Da Vinci" ist kein richtiger Nachname, sondern bedeutet „aus Vinci", denn dort wurde Leonardo 1452, also vor über 500 Jahren, geboren. Leonardo da Vinci war ein unglaublich neugieriger Mensch. Er war Naturforscher, Maler, Erfinder, Architekt, Künstler und interessierte sich sehr für Medizin. Da er so viele unterschiedliche Interessen und Talente hatte, bezeichnen wir ihn heute als Universalgenie. Das bedeutet: Er war einfach in allem gut!

Leonardo untersuchte die Dinge, indem er sie zeichnete und malte, das wissen wir aus unzähligen Zeichnungen, die bis heute erhalten sind.

So bekam er einen sehr guten Blick für Details und erkannte besser als manch andere, wie technische Geräte und Lebewesen genau funktionieren. Leonardo war zudem sehr gebildet und kannte alle möglichen Bücher und Schriften über frühere Erfindungen anderer Personen. Deshalb war nicht alles, was er gezeichnet hat, auch wirklich eine neue Idee von ihm selbst. Vieles hat er aus Büchern zusammengetragen und sich dann weitere Funktionen für diese Erfindungen ausgedacht.

Das wohl berühmteste Bild von Leonardo da Vinci ist die Mona Lisa mit ihrem geheimnisvollen Lächeln. Aber noch erstaunlicher sind seine detaillierten Zeichnungen des Menschen: Er versuchte zu verstehen, wie der menschliche Körper und die einzelnen Körperteile aufgebaut sind, wie sie zusammenspielen und in welchen Abhängigkeiten sie zueinander stehen. Muskeln, Proportionen, Gesichtsausdruck - alles betrachtete er mit den Augen eines Zeichners und machte zahlreiche Skizzen davon. Leonardo erkannte bereits, dass alle Bewegungen und Veränderungen der Körperhaltung durch das Zusammenspiel von Muskulatur, Bändern, Bindegewebe und Knochen geschehen. Jede noch so kleine Gewichtsverlagerung gleicht unser Körper sofort aus. Das ist eine wichtige Grundlage dafür, dass wir uns überhaupt aufrecht halten können. Erstaunlicherweise sind seine sehr alten Zeichnungen schon so exakt, dass sie heute noch ihre Gültigkeit haben.

Patenter Trick

Leonardo da Vinci war übrigens Linkshänder und schrieb zudem meist in Spiegelschrift, also von rechts nach links. Das war zum einen gut, weil er so die Tinte auf dem Papier beim Schreiben nicht verschmierte und zum anderen waren seine Erklärungen auf diese Art und Weise nicht sofort für jedermann lesbar!

Vor 500 Jahre gab es natürlich noch kein Patentamt. Leonardo wollte sich vielleicht durch diese besondere Weise zu schreiben davor schützen, dass seine Erfindungen nachgebaut wurden. Angeblich hat Leonardo sogar kleine Fehler in seine Zeichnungen gemacht, zum Beispiel ein falsch konstruiertes Zahnrad, damit das Gerät nicht funktionieren würde, falls es jemand nachbaute. Nur Leonardo wusste, was man beim Bau seiner Geräte zu beachten hatte. Damit machte er sich und sein Wissen für die technische Umsetzung seiner Ideen unentbehrlich.

Der erste Bioniker

Leonardo da Vinci verbrachte viel Zeit damit, in der Natur alles genau zu beobachten. Seine Gehilfen mussten oft stundenlang mit ihm am Teich sitzen, während er fasziniert zuschaute, wie sich Libellen, Käfer und andere Tiere bewegten und wie sie lebten.

Aufgrund seiner Beobachtungen dachte er sich die unglaublichsten Gerätschaften aus. Unter anderem inspirierten ihn sicherlich die Flügel der Fledermaus zu eindrucksvollen Plänen für ein fliegendes Gerät, denn Form und Aufbau der Flügel ähneln sich deutlich.

Das Gerät sollte nach Leonardos Plänen durch die Muskelkraft eines einzelnen Menschen zum Fliegen gebracht werden. Mit Armen und Beinen sollte der Pilot gleichmäßig an Seilen und Stangen ziehen und drücken, so dass die Flügel sich auf und ab bewegen. Ob das funktioniert hätte, was meinst du?

Aus: Belzer, Sigrid: *Die genialsten Erfindungen der Natur. Bionik für Kinder.* Fischer, Frankfurt/Main 2010, S. 42–46.

Aufgabe 1 Lies dir bitte den Text nach der *Skimming*-Methode durch und schreibe fünf Schlüsselwörter auf. Gib jeweils eine Zeilenangabe mit an.

Schlüsselwort	______	______	______	______	______
Zeilenangabe	______	______	______	______	______

Aufgabe 2 Nachdem du dir überlegt hast, welche Informationen wichtig sind, schaffst du es jetzt bestimmt, die einzelnen Abschnitte des Textes in ein bis zwei Sätzen zusammenzufassen. Benutze dazu deine eigenen Worte. Los geht's!

1. Absatz (Zeile 1–25)

____

____

____

2. Absatz (Zeile 26–36)

____

____

____

3. Absatz (Zeile 37–47)

____

____

____

Aufgabe 3 Was ist ein Universalgenie? Lies den ersten Absatz des Artikels genau, um alle Angaben zu dem Begriff zu finden. Ordne deine Ergebnisse in einer Mindmap.

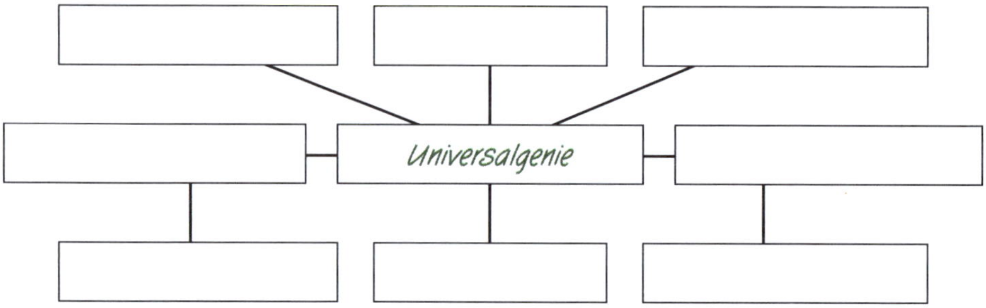

Aufgabe 4 Ein geschickter Plan oder eine Eigenart des Künstlers? Erkläre, warum Leonardo seine Aufzeichnungen oft in Spiegelschrift anfertigte. Nenne zwei Gründe.

____

____

____

____

____

____

Aufgabe 5 Leonardo ließ sich so einiges einfallen, um zu verhindern, dass seine Ideen einfach von anderen Menschen nachgebaut werden konnten. Finde im Text die Stelle, die beschreibt, was Leonardo genau gemacht hat. Unterstreiche sie.

Aufgabe 6 Du bist nun mit dem Text schon recht vertraut. Prüfe jetzt die folgenden Aussagen auf ihre Richtigkeit. Falls du noch unsicher bist, wende die *Scanning*-Methode an: Suche dir dazu das wichtigste Stichwort aus der Behauptung heraus und schaue ganz gezielt nach diesem im Artikel. Gib bitte an, wo du im Text fündig geworden bist.

		richtig	falsch	Zeile(n)
1	Leonardo hatte nur begrenztes Interesse an der Natur.			
2	Da Vinci war ein sehr oberflächlicher Mann, dessen Interesse an verschiedenen Themen sehr schnell wechselte.			
3	Leonardo lieh bzw. klaute sich manchmal Ideen von früheren Erfindungen.			
4	Da er sich sehr für Medizin interessierte, gelangte er zu einem umfassenden Wissen über den menschlichen Körper.			
5	Es ist wichtig, dass der menschliche Körper Gewichtsverlagerungen ausgleichen kann.			
6	Auch zu Leonardos Lebzeiten gab es schon Behörden, die aufpassten, dass niemand die Ideen eines anderen einfach als seine eigenen ausgeben konnte.			
7	Bioniker sind Menschen, die die Natur ganz genau beobachten, um die gewonnenen Erkenntnisse dann anschließend für neue Erfindungen zu verwenden.			

Aufgabe 7 Den Traum vom Fliegen träumten vor Leonardo schon viele Menschen. Beschreibe kurz, wie Leonardos Fluggerät vom Menschen bedient werden sollte oder versuche, es zu zeichnen. Nutze dazu dein Übungsheft.

LÖSUNGEN LÖSUNGEN LÖSUNGEN

Aufgabe 1

Schlüsselwörter sind:
Universalgenie, Z. 6
gebildet, Z. 10
Zeichnungen, Z. 16
Linkshänder/ Spiegelschrift, Z. 27
Beobachtungen, Z. 41
Richtig sind auch folgende Schlüsselwörter: Idee, Mona Lisa, Körper, Natur, Gerät

Aufgabe 2

1. Absatz
Leonardo da Vinci war ein vielseitig begabter Mensch, der sich ein umfangreiches Wissen erarbeitete, indem er seine Umwelt sehr genau beobachtete und zeichnete.
2. Absatz
Um seine Erfindungen zu schützen, fertigte er seine Aufzeichnungen in Spiegelschrift an und baute wahrscheinlich sogar kleine Fehler mit in die Zeichnungen ein.
3. Absatz
Leonardo versuchte ein Fluggerät für den Menschen zu bauen, indem er den Flug der Fledermaus ganz genau beobachtete.

Aufgabe 3

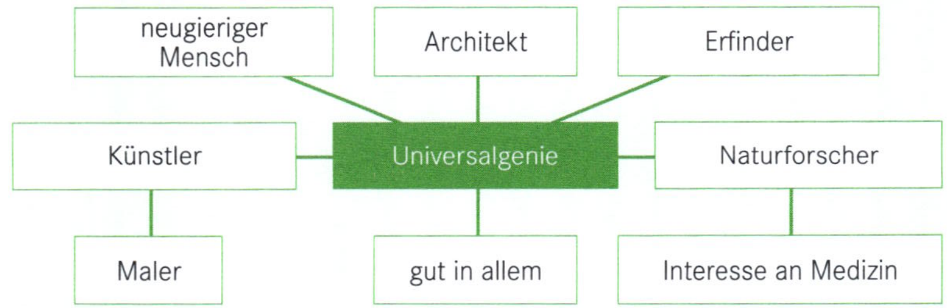

Aufgabe 4

Leonardo fertigte seine Aufzeichnungen aus zwei Gründen in Spiegelschrift an. Da er Linkshänder war, war es ihm zum einen so möglich, von rechts nach links zu schreiben, ohne ständig über die noch feuchte Tinte zu wischen. Zum anderen schützte er dadurch seine Ideen, da sie nicht jeder sofort lesen konnte.

Aufgabe 5

Unterstrichene Textstellen: (Z. 33 - 35)
Angeblich hat Leonardo sogar kleine Fehler in seine Zeichnungen gemacht, zum Beispiel ein falsch konstruiertes Zahnrad, damit das Gerät nicht funktionieren würde, falls es jemand nachbaute. Nur Leonardo wusste, was man beim Bau seiner Geräte zu beachten hatte.

Aufgabe 6

		richtig	falsch	Zeile(n)
1	Leonardo hatte nur begrenztes Interesse an der Natur.		✗	1
2	Da Vinci war ein sehr oberflächlicher Mann, dessen Interesse an verschiedenen Themen sehr schnell wechselte.		✗	3–6
3	Leonardo lieh bzw. klaute sich manchmal Ideen von früheren Erfindungen.	✗		11–14
4	Da er sich sehr für Medizin interessierte, gelangte er zu einem umfassenden Wissen über den menschlichen Körper.		✗	16–20
5	Es ist wichtig, dass der menschliche Körper Gewichtsverlagerungen ausgleichen kann.	✗		22–23
6	Auch zu Leonardos Lebzeiten gab es schon Behörden, die aufpassten, dass niemand die Ideen eines anderen einfach als seine eigenen ausgeben konnte,		✗	31
7	Bioniker sind Menschen, die die Natur ganz genau beobachten, um die gewonnenen Erkenntnisse dann anschließend für neue Erfindungen zu verwenden.	✗		41–43

Aufgabe 7 individuelle Lösungen, Beispiel:
Leonardos Fluggerät sollte den Flügeln einer Fledermaus ähneln. Um zu fliegen, sollte der Mensch mit Armen und Beinen an verschiedenen Stangen und Seilen ziehen, damit sich die Flügel dann auf und ab bewegen können.

LÖSUNGEN LÖSUNGEN LÖSUNGEN

13 Sachtexte: mit Sinnabschnitten das Textverständnis erleichtern

Zwischenüberschriften erleichtern das Lesen und das Textverständnis eines Sachtextes. Nun hat aber nicht jeder Sachtext Zwischenüberschriften. Am besten suchst du dann selbst nach **Sinnabschnitten** im Text und gibst diesen auch Überschriften.

Sinnabschnitte finden

Wie finde ich Sinnabschnitte in einem nicht gegliederten Text? Es gibt einige Punkte, die dir das Erkennen von Sinnabschnitten erleichtern. Du kannst folgende **Sachverhalte prüfen:**

- Wird ein **neues Thema** behandelt? (vgl. Z. 7 im Beispiel)
- Treten **neue Personen** auf? (vgl. Z. 12 im Beispiel)
- Findet ein **Ortswechsel** statt?
- Ändert sich das **Tempus** (Zeitform)?

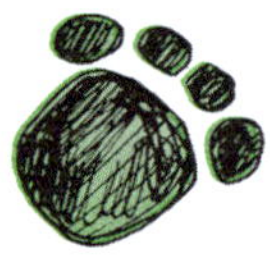

Beispiel: Wo ist bloß der Wolf?

Markus Bathen hat keine Angst vor Wölfen. Gerade erst hat er sich ein 200 Jahre altes Bauernhaus samt Wald gekauft – mitten im Wolfsgebiet. [...] Vor etwa zehn Jahren sind hier erstmals seit langer Zeit Wölfe gesichtet worden. Sie kamen aus Polen, sind geblieben und haben sich prächtig vermehrt. Mittlerweile leben acht Wolfsfamilien hier. Auf Markus' Grundstück streifen sie nachts umher. Man sieht sie nicht, man hört sie nicht, aber sie sind da. Dafür hat Markus Beweise. Hinter seinem Haus hat er eine „Fotofalle“, eine versteckte Kamera, aufgestellt. Und auf den Bildern waren schon Wölfe zu sehen. Es gibt immer noch viele Leute, die glauben, dass Wölfe böse seien, wie es im Märchen erzählt wird. „Quatsch!“, sagt Markus. Er arbeitet für den Naturschutzbund Deutschland (kurz Nabu) und leitet ein Projekt, das den Menschen die Angst vor den Tieren nehmen soll. Dafür spricht Markus mit Jägern und Bauern in der Gegend und erklärt ihnen, dass Mensch und Wolf friedlich nebeneinander leben können. Um das Verhalten der Tiere zu studieren, streift Markus außerdem regelmäßig durchs Wolfsgebiet. Heute nimmt er uns mit. Dass wir dabei einen Wolf sehen werden, ist leider höchst unwahrscheinlich. In den letzten acht Jahren ist Markus das nur zwei Mal passiert. „Beide Male war der Wolf so schnell, als wäre er vorbeigeflogen“, sagt Markus. Wölfe sind sehr scheu. Um etwas über sie zu erfahren, muss man deshalb nach ihren Spuren suchen: Pfotenabdrücke (genannt Fährten), Kot und Beuteresten.

Aus: Hamm, Magdalena: *Wo ist bloß der Wolf?* In: *ZeitLeo. Das Magazin für Kinder.* Ausgabe 5/2011, S. 22–26.

Überschriften finden

Du hast bereits Sinnabschnitte im Text gefunden. Nun kannst du nach **passenden Überschriften für jeden dieser Absätze** suchen. Mit Zwischenüberschriften gliederst du den Text. Außerdem helfen sie dir, den Text zu verstehen.
Oft wird in Tests von dir verlangt, dass du die treffendste Überschrift aus mehreren Vorschlägen bestimmst. Wenn du dir selbst schon mal Überschriften überlegt hast, fällt dir diese Aufgabe dann sicherlich viel leichter.

Um eine passende Überschrift zu finden, ist es wichtig, dass du dich fragst, worum es in diesem Absatz denn wirklich ganz genau geht. Was ist die **Hauptaussage?** Achte darauf, dass du dich nicht zu sehr auf Nebensächlichkeiten konzentrierst.

Wo ist bloß der Wolf? (Fortsetzung)

Mit dem Geländewagen fahren wir in das Revier des Nochtener Rudels, einer der ältesten Wolfsfamilien in der Lausitz. Das Revier liegt auf einem Truppenübungsplatz der Bundeswehr und wird von einer Schnellstraße zerschnitten, auf der die Autos rasen. Das ist eine große Gefahr für die Wolfswelpen, die jetzt im Herbst gerne kleine Ausflüge unternehmen. Seit 2007 sind schon sechs Welpen überfahren worden. Die Mutterwölfin hat nur ein Auge und hinkt seit einigen Jahren. Bevor wir losmarschieren, schaltet Markus das GPS-Gerät ein. Damit zeichnet er den Weg nach und markiert Stellen, an denen wir Spuren entdecken – wenn wir denn welche entdecken. Markus streift seinen Rucksack über, pfeift seinen Hund Tapo herbei, und los geht's. Der Wald ist nicht besonders dicht, die Erde sandig. „Sobald ich im Gelände bin, hefte ich meine Augen auf den Boden", sagt Markus, „damit ich keine Spur übersehe." Wir bleiben auf dem Weg, es gibt keinen Grund, sich durchs Unterholz zu schlagen. „Wenn Wölfe Wege vorfinden, nutzen sie die." Nach kaum fünf Minuten finden wir die erste Tierspur: lang gezogene Furchen in der Mitte des Weges. Ein Wildschwein hat mit seiner Nase das Gras vom Boden abgehoben, um darunter nach Käferlarven zu suchen. Der dazugehörige Hufabdruck ist größer als Markus' Faust. „Vor Wildschweinen muss man sich mehr fürchten als vor Wölfen", sagt er. „Das sind richtige Fleischberge mit messerscharfen Zähnen." Trotzdem zählen die Schweine zu den Beutetieren der Wölfe, genau wie Rehe und Hirsche, deren zarte Hufabdrücke wir ein paar Meter weiter entdecken. „Viele Jäger behaupten, es gebe weniger Wildtiere, seit die Wölfe da sind. Aber anhand der vielen Spuren, die ich auf meinen Rundgängen finde, kann ich das widerlegen." Wir kommen an eine Weggabelung, an der sich Markus genauer umschaut. „Wölfe markieren ihr Revier mit Kot, den legen sie an gut sichtbaren Plätzen ab, zum Beispiel mitten auf solch einer Kreuzung." Aber heute ist keine Markierung zu entdecken. Schade, denn so ein Kothaufen birgt eine Menge Informationen. Wenn man ihn im Labor untersucht, verrät er das Geschlecht des Tiers, mit welchen anderen Wölfen es verwandt ist und, besonders spannend, was der Wolf gefressen hat. Markus kann so beweisen, dass nur ein geringer Anteil der Beute Nutztiere wie Schafe oder Ziegen sind. Damit kann er die Bauern beruhigen, die im Wolfsgebiet leben. Plötzlich wird Tapo unruhig, der Hund beginnt zu schnüffeln und kriecht schließlich unter die tief liegenden Äste einer Waldkiefer. Markus krabbelt hinterher: „Na, Tapo, was hast du gefunden?" Leider keine Wolfsspur, es ist nur eine Sasse, eine flache Kuhle, in der Feldhasen schlafen. Wir verlassen den Wald und laufen über die offene Dünenlandschaft. An einem kleinen Teich sind frische Spuren von allerlei Tieren, die zum Trinken hier gewesen sind – doch wieder ist keine Wolfsfährte dabei. Allmählich frischt der Wind auf, am Himmel sind dicke graue Wolken. Wenn es zu regnen anfinge, würden alle Spuren verwischen. Wir suchen weiter, die Augen starr auf den Boden gerichtet. Und dann endlich: Da, im feuchten Sand ist er deutlich zu erkennen, der Abdruck einer Wolfspfote, neuneinhalb Zentimeter lang. Als wir genauer hinsehen, entdecken wir weitere Abdrücke. Kein Zweifel, hier ist ein Wolf entlanggetrabt, „vielleicht erst vor ein paar Stunden", sagt Markus. Er holt Zollstock und Kamera aus seinem Rucksack und fotografiert die Fährte. Gebückt läuft er einige Meter an der Spur entlang, bis sie sich am Rand des Birkenwaldes verliert. Markus markiert den Fundort in seinem GPS-Gerät, später wird er ein Protokoll von unserem Rundgang erstellen.

Aus: Hamm, Magdalena: *Wo ist bloß der Wolf?* In: *ZeitLeo. Das Magazin für Kinder.* Ausgabe 5/2011, S. 22–26.

AUFGABE 1 Unterteile den vorliegenden Text in verschiedene Sinnabschnitte. Du kannst sie mit einem Stift farbig kennzeichnen. Wenn du nicht mehr genau weißt, worauf du dabei achten musst, lies noch einmal auf S. 72 nach.

Aufgabe 2 Hier ist der letzte Absatz des Artikels abgedruckt. Finde die Überschrift, die diesen am besten zusammenfasst und kreuze sie an.

„Ich freue mich schon auf den Winter", sagt er. „Wenn Schnee liegt, kann man anhand der Spuren einen ganzen Wolfstag nachverfolgen." Wölfe durchstreifen ein großes Revier. An kalten Wintertagen macht Markus sich frühmorgens auf den Weg, ohne zu wissen, wo er landen wird. Dann kann es passieren, dass es schon dunkel ist und er mitten im Wald steht, wenn er die Fährte verliert. Mit der Taschenlampe in der Hand und Tapo an seiner Seite macht er sich dann auf den Rückweg – natürlich ohne jede Spur von Angst. (Aus: Ebd.)

Markus' Freude auf den Winter	
Markus und Tapo - zwei Freunde im Wald	
Furchtlos auch im Dunkeln	
Markus' Alltag im Winter	

Aufgabe 3 Nenne zwei Gründe, warum die Lage des Wolfsreviers nicht optimal geeignet ist. Antworte bitte in ganzen Sätzen.

Aufgabe 4 Jäger und Bauern können Markus' Faszination für Wölfe nicht immer teilen. Dabei geht von Wölfen eine viel geringere Gefahr aus als oftmals vermutet. Wie könnte Markus sie davon überzeugen? Der Text gibt Antworten. Nenne bitte auch die Zeilen, in denen du die Antworten findest.

Jäger

Bauern

Aufgabe 5 Was macht Markus, als er endlich auf eine Wolfsspur stößt? Untersteiche die Passage im Artikel.

Aufgabe 1

1. Sinnabschnitt

Mit dem Geländewagen fahren wir in das Revier des Nochtener Rudels, einer der ältesten Wolfsfamilien in der Lausitz. Das Revier liegt auf einem Truppenübungsplatz der Bundeswehr und wird von einer Schnellstraße zerschnitten, auf der die Autos rasen. Das ist eine große Gefahr für die Wolfswelpen, die jetzt im Herbst gerne kleine Ausflüge unternehmen. Seit 2007 sind schon sechs Welpen überfahren worden. Die Mutterwölfin hat nur ein Auge und hinkt seit einigen Jahren.

2. Sinnabschnitt

Bevor wir losmarschieren, schaltet Markus das GPS-Gerät ein. Damit zeichnet er den Weg nach und markiert Stellen, an denen wir Spuren entdecken – wenn wir denn welche entdecken. Markus streift seinen Rucksack über, pfeift seinen Hund Tapo herbei, und los geht's. Der Wald ist nicht besonders dicht, die Erde sandig. „Sobald ich im Gelände bin, hefte ich meine Augen auf den Boden", sagt Markus, „damit ich keine Spur übersehe." Wir bleiben auf dem Weg, es gibt keinen Grund, sich durchs Unterholz zu schlagen. „Wenn Wölfe Wege vorfinden, nutzen sie die."

3. Sinnabschnitt

Nach kaum fünf Minuten finden wir die erste Tierspur: lang gezogene Furchen in der Mitte des Weges. Ein Wildschwein hat mit seiner Nase das Gras vom Boden abgehoben, um darunter nach Käferlarven zu suchen. Der dazugehörige Hufabdruck ist größer als Markus' Faust. „Vor Wildschweinen muss man sich mehr fürchten als vor Wölfen", sagt er. „Das sind richtige Fleischberge mit messerscharfen Zähnen." Trotzdem zählen die Schweine zu den Beutetieren der Wölfe, genau wie Rehe und Hirsche, deren zarte Hufabdrücke wir ein paar Meter weiter entdecken. „Viele Jäger behaupten, es gebe weniger Wildtiere, seit die Wölfe da sind. Aber anhand der vielen Spuren, die ich auf meinen Rundgängen finde, kann ich das widerlegen."

4. Sinnabschnitt

Wir kommen an eine Weggabelung, an der sich Markus genauer umschaut. „Wölfe markieren ihr Revier mit Kot, den legen sie an gut sichtbaren Plätzen ab, zum Beispiel mitten auf solch einer Kreuzung." Aber heute ist keine Markierung zu entdecken. Schade, denn so ein Kothaufen birgt eine Menge Informationen. Wenn man ihn im Labor untersucht, verrät er das Geschlecht des Tiers, mit welchen anderen Wölfen es verwandt ist und, besonders spannend, was der Wolf gefressen hat. Markus kann so beweisen, dass nur ein geringer Anteil der Beute Nutztiere wie Schafe oder Ziegen sind. Damit kann er die Bauern beruhigen, die im Wolfsgebiet leben.

5. Sinnabschnitt

Plötzlich wird Tapo unruhig, der Hund beginnt zu schnüffeln und kriecht schließlich unter die tief liegenden Äste einer Waldkiefer. Markus krabbelt hinterher: „Na, Tapo, was hast du gefunden?" Leider keine Wolfsspur, es ist nur eine Sasse, eine flache Kuhle, in der Feldhasen schlafen. Wir verlassen den Wald und laufen über die offene Dünenlandschaft. An einem kleinen Teich sind frische Spuren von allerlei Tieren, die zum Trinken hier gewesen sind – doch wieder ist keine Wolfsfährte dabei. Allmählich frischt der Wind auf, am Himmel sind dicke graue Wolken. Wenn es zu regnen anfinge, würden alle Spuren verwischen. Wir suchen weiter, die Augen starr auf den Boden gerichtet. Und dann endlich: Da, im feuchten Sand ist er deutlich zu erkennen, der Abdruck einer Wolfspfote, neuneinhalb Zentimeter lang. Als wir genauer hinsehen, entdecken wir weitere Abdrücke. Kein Zweifel, hier ist ein Wolf entlanggetrabt, „vielleicht erst vor ein paar Stunden", sagt Markus. Er holt Zollstock und Kamera aus seinem Rucksack und fotografiert die Fährte. Gebückt läuft er einige Meter an der Spur entlang, bis sie sich am Rand des Birkenwaldes verliert. Markus markiert den Fundort in seinem GPS-Gerät, später wird er ein Protokoll von unserem Rundgang erstellen.

Aufgabe 2

Markus' Freude auf den Winter	
Markus und Tapo - zwei Freunde im Wald	
Furchtlos auch im Dunkeln	
Markus Alltag im Winter	✗

Aufgabe 3

Die Lage des Wolfsreviers ist nicht optimal geeignet, da sowohl das Bundeswehrgelände als auch die Schnellstraße ein großes Risiko für die Wölfe darstellen.

Aufgabe 4

Jäger	Die Jäger könnte Markus anhand der zahlreichen gefundenen Spuren, die von Wildtieren stammen, überzeugen, dass sich die Zahl der Wildtiere nicht reduziert hat, seit die Wölfe in diesem Gebiet leben. (Zeile 18–19)
Bauern	Durch eine Untersuchung des Wolfskots kann man im Labor ganz genau untersuchen, was der Wolf zuvor alles gefressen hat. So kann Markus auch die Bauern überzeugen, dass Wölfe nur selten Nutztiere reißen. (Zeile 24–26)

Aufgabe 5

Und dann endlich: Da, im feuchten Sand ist er deutlich zu erkennen, der Abdruck einer Wolfspfote, neuneinhalb Zentimeter lang. Als wir genauer hinsehen, entdecken wir weitere Abdrücke. Kein Zweifel, hier ist ein Wolf entlanggetrabt, „vielleicht erst vor ein paar Stunden", sagt Markus. Er holt Zollstock und Kamera aus seinem Rucksack und fotografiert die Fährte. Gebückt läuft er einige Meter an der Spur entlang, bis sie sich am Rand des Birkenwaldes verliert. Markus markiert den Fundort in seinem GPS-Gerät, später wird er ein Protokoll von unserem Rundgang erstellen.

LÖSUNGEN LÖSUNGEN LÖSUNGEN

TEST: Umgang mit Sachtexten

Von Beruf: Hund

Trude soll einen Verbrecher fangen, aber noch weiß sie davon nichts. Sie hockt neben drei Polizisten, die sich über einen Stadtplan beugen. „Dort“, sagt einer von ihnen und tippt mit dem Bleistift auf eine Straßenecke. „Da lassen wir den Flüchtenden in den Schrebergarten abbiegen.“ Trude sitzt geduldig daneben. Sie kann keinen Stadtplan lesen, und sie hat keine Ahnung, was die drei Polizisten da bereden. Aber sie spürt: Gleich wird irgendetwas passieren, und wahrscheinlich wird es ihr Spaß machen. Sie ist schlank, braun und hat Schlappohren: eine Bayerische Gebirgsschweißhündin, ein Jahr alt. Und sie lernt gerade, eine richtige Polizeihündin zu werden. Einer der drei Beamten wird gleich einen Verbrecher auf der Flucht spielen, Trude soll ihn aufspüren. Später soll sie einmal richtige Gangster jagen können - oder Vermisste finden. Dass Hunde den Menschen bei der Arbeit helfen, ist keine neue Idee. Als Jagdhunde spüren sie Wild auf, als Schäferhunde hüten sie Schafe, als Hofhunde verteidigen sie Haus und Bewohner. Polizisten nehmen seit gut 110 Jahren Hunde mit auf Streife. „Heute gibt es in ganz Deutschland rund 450 Diensthunde“, sagt Klaus Münkner, der Leiter der Hamburger Diensthundeschule. 18 solcher Schulen gibt es in Deutschland. Sie gehören der Polizei, dem Zoll und der Bundeswehr. Im Laufe der Jahre sind immer mehr Hunde-Jobs entstanden, dafür gibt es private Hundetrainer. Manche von ihnen bilden Blindenführhunde aus oder trainieren künftige Therapiehunde, die Kranken oder Behinderten helfen. Es gibt Rettungshunde, die nach Erdbeben oder Lawinen Verschüttete suchen, und Schauspielhunde, die in Kino- und Fernsehfilmen wie „Da kommt Kalle“, „Lassie“ oder „Kommissar Rex“ mitspielen.

Die Arbeit eines echten Polizeihundes hat aber nur wenig mit dem zu tun, was Polizeihunde im Fernsehen so erledigen. Echte Polizeihunde holen ihrem Besitzer niemals das Fax aus dem Faxgerät, zum Beispiel. Stattdessen verlassen sich die Polizisten auf die Dinge, die der Hund einfach besser kann als der Mensch: laufen, hören und riechen.

Und Zähne fletschen: Polizeihunde halten beispielsweise Randalierer in Schach. Ein Hund schüchtert manchmal mehr ein als ein Mensch. „Die Grundausbildung zum Polizeihund dauert etwa zwölf Wochen“, sagt Kai Rottmann, der als Ausbildungsleiter in der Diensthundeschule Hamburg arbeitet. „Wir unterrichten aber nicht nur die Hunde, sondern auch deren Besitzer, also die Polizisten.“ Denn jeder Hund gehört nur zu einer Person, die ihn abends auch mit zu sich nach Hause nimmt. Nach der Ausbildung gehen Polizist und Hund als Team auf Streife.

Am Anfang, sagt Rottmann, müssen die Diensthunde erst einmal lernen zu gehorchen, also auf Kommando Sitz oder Platz zu machen, bellen oder bei Fuß gehen. Sie dürfen aber nur auf ihr Herrchen oder Frauchen hören und sich nicht von anderen Leuten streicheln oder füttern lassen. „Ein Polizeihund soll nicht denken, dass alle seine Kumpel sind“, sagt Rottmann. Wenn der Hund irgendwann einmal einem Verbrecher gegenübersteht, darf er sich schließlich nicht mit netten Worten oder einer Wurst bestechen lassen.

Anschließend bekommen viele Diensthunde noch eine Extra-Schulung. Sie werden zu Spezialisten ausgebildet. Der eine kann danach besonders gut Verletzte oder Leichen aufspüren, ein anderer kann Sprengstoff finden, der nächste ist auf Brandsätze trainiert oder sogar auf geschmuggeltes Bargeld.

Mit ihren bis zu 220 Millionen Riechzellen können die Tiere problemlos jeder kleinsten Geruchsspur folgen. Damit sind sie den Menschen, die gerade einmal über rund 30 Millionen Riechzellen verfügen, eindeutig überlegen. Nur: Man muss den Hunden beibringen, ihre Fähigkeiten auch einzusetzen.

„Wir trainieren die Hunde, indem wir sie mit Leckerli oder einem Spiel belohnen“, sagt Rottmann. Wenn ein Hund beispielsweise später Drogen finden soll, nehmen seine Ausbilder ein Spielzeug, etwa ein Rohr, das wie ein dicker Stock aussieht, und stecken Drogen hinein. Die Aufgabe des

Hundes ist es, sein Spielzeug zu finden, egal ob der Polizist es am Körper trägt, in einem Möbelstück versteckt oder in eine Wiese geworfen hat.

Später im Einsatz, wenn die Tiere richtigen Drogenschmugglern das Handwerk legen sollen, ist das für sie so, als würden sie ihr Spielzeug suchen - sie folgen einfach dem Duft, den sie damit verbinden. „Auf diese Weise kann man Hunde auf alle möglichen Jobs vorbereiten“, erklärt der Hundeausbilder Rottmann.

Dass die guten Riecher der Hunde sehr nützlich sein können, haben längst auch andere Branchen entdeckt: Krebs-Schnüffelhunde können etwa am Atem eines Menschen erriechen, ob dieser an Lungenkrebs erkrankt ist. Borkenkäfer-Spürhunde melden Förstern, welche Bäume von den Schädlingen befallen sind. Schimmel-Suchhunde warnen Baugutachter vor Schimmel, der sich unter einer Tapete verbirgt, und Artenschutzhunde spüren am Flughafen heimlich eingeschmuggelte Tiere oder Felle auf. Im Herbst will die Tier- und Naturschutzorganisation World Wide Fund For Nature (WWF) damit beginnen, Tropenholz-Schnüffelhunde auszubilden. Die sollen helfen, den illegalen Holzschmuggel einzudämmen.

„Im Prinzip“, sagt Kai Rottmann, „ist das alles die gleiche Ausbildung. Man muss halt wissen, was man dem Hund beibringen, also auf welchen Stoff er reagieren soll.“ Dann heißt es für alle arbeitenden Hunde nur noch: Immer der Nase nach.

Aus: Frank, Alexandra: *Von Beruf: Hund,* in: Dein Spiegel. Einfach mehr wissen. *Was Tiere fühlen* Ausgabe 7/2011, S. 38–41.

AUFGABE 1 Lies den gesamten Artikel nach der Skimming-Methode und versuche in einem Satz zu sagen, worum es in diesem Text geht.

4 P

AUFGABE 2 Im Artikel sind leider von Zeile 1 – 19 alle Absätze gelöscht worden. Deine Aufgabe ist es nun, diese wieder einzufügen. Markiere die einzelnen Sinnabschnitte direkt im Text.

4 P

AUFGABE 3 Welche Überschrift passt am besten? Lies dir bitte die Passagen 20–35 und 36–52 nochmals durch und kreuze die treffendste Überschrift an.

Zeile 20–35	Polizist und Hund - ein unschlagbares Team	
	Polizeihunde - Angst einflößend und einschüchternd	
	Ausbildung zum Polizeihund	
	Polizist und Hund - beides Schüler	
Zeile 36–52	Auf die richtige Nase kommt es an	
	Polizeihunde lernen, ihre Fähigkeiten gezielt einzusetzen	
	Polizist und Hund beim gemeinsamen Spiel	
	Polizeihunde legen Drogenschmugglern das Handwerk	

4 P

Aufgabe 4 Finde nun selbst eine passende Überschrift für den Absatz von Zeile 53–60.

2 P

Aufgabe 5 Erkläre, warum es für die Arbeit eines Polizisten so wichtig ist, dass sein Diensthund ausschließlich auf seine Anweisungen reagiert.

2 P

Aufgabe 6 Richtig oder falsch? Prüfe die Aussagen im Text. Ergänze bitte auch die Zeile (bzw. die Zeilen), in der du die Antwort gefunden hast.

	richtig	falsch	Zeile(n)
Die Ausbildung zum Polizeihund beginnt direkt nach der Geburt der Hunde.			
Hunde helfen der Polizei schon seit mehreren hundert Jahren.			
Sobald die Ausbildung abgeschlossen ist, begleitet der Hund den Polizisten im Dienst. Nach Dienstschluss bleiben die Tiere auf dem Revier.			
Hunde können aufgrund ihres ausgeprägten Riechvermögens von Natur aus Stoffe wie z. B. Drogen aufspüren.			

8 P

Auswertung Trage rechts deine Gesamtpunktzahl ein und vergleiche.

☺ 24–13 Punkte	12–8 Punkte	☹ 7–0 Punkte

Gesamt 24 P

Aufgabe 1 individuelle Lösungen

Der Artikel informiert darüber, wie ein Hund zum Polizeihund ausgebildet wird und welche anderen Aufgaben Hunde aufgrund ihres Riechorgans übernehmen können.

Hier geht es nicht darum, dass du die Antwort wörtlich so wiedergibst. Es sollten allerdings die beiden unterstrichenen Teile in irgendeiner Variante erwähnt werden.

Aufgabe 2

Trude soll einen Verbrecher fangen, aber noch weiß sie davon nichts. Sie hockt neben drei Polizisten, die sich über einen Stadtplan beugen. „Dort“, sagt einer von ihnen und tippt mit dem Bleistift auf eine Straßenecke. „Da lassen wir den Flüchtenden in den Schrebergarten abbiegen.“ Trude sitzt geduldig daneben. Sie kann keinen Stadtplan lesen, und sie hat keine Ahnung, was die drei Polizisten da bereden. Aber sie spürt: Gleich wird irgendetwas passieren, und wahrscheinlich wird es ihr Spaß machen. Sie ist schlank, braun und hat Schlappohren: eine Bayerische Gebirgsschweißhündin, ein Jahr alt. Und sie lernt gerade, eine richtige Polizeihündin zu werden. Einer der drei Beamten wird gleich einen Verbrecher auf der Flucht spielen, Trude soll ihn aufspüren. Später soll sie einmal richtige Gangster jagen können - oder Vermisste finden.

Dass Hunde den Menschen bei der Arbeit helfen, ist keine neue Idee. Als Jagdhunde spüren sie Wild auf, als Schäferhunde hüten sie Schafe, als Hofhunde verteidigen sie Haus und Bewohner. Polizisten nehmen seit gut 110 Jahren Hunde mit auf Streife. „Heute gibt es in ganz Deutschland rund 450 Diensthunde“, sagt Klaus Münkner, der Leiter der Hamburger Diensthundeschule. 18 solcher Schulen gibt es in Deutschland. Sie gehören der Polizei, dem Zoll und der Bundeswehr.

Im Laufe der Jahre sind immer mehr Hunde-Jobs entstanden, dafür gibt es private Hundetrainer. Manche von ihnen bilden Blindenführhunde aus oder trainieren künftige Therapiehunde, die Kranken oder Behinderten helfen.

Es gibt Rettungshunde, die nach Erdbeben oder Lawinen Verschüttete suchen, und Schauspielhunde, die in Kino- und Fernsehfilmen wie „Da kommt Kalle“, „Lassie“ oder „Kommissar Rex“ mitspielen.

Die Absätze sind also in Z. 9 und Z. 17. Nach dem ersten Absatz kommt ein neues Thema, nämlich die allgemeineren Aufgaben von Hunden. Nach dem zweiten Absatz geht es mit den privaten Hundeschulen weiter.

Aufgabe 3

Zeile 20–35	Ausbildung zum Polizeihund	✗
Zeile 36–52	Polizeihunde lernen, ihre Fähigkeiten gezielt einzusetzen	✗

Aufgabe 4 individuelle Lösungen

Mögliche Überschriften sind:

- Die Riechzellen der Hunde können noch viel mehr entdecken
- Vielfältige Einsatzmöglichkeiten auch in anderen Bereichen

Auch hier geht es nicht darum, dass dir identisch die gleiche Überschrift eingefallen ist. Vergleiche deine Lösung und entscheide dann, ob sie den Vorschlägen ähnlich ist.

Aufgabe 5

Es ist für einen Polizisten zwingend nötig, dass sein Diensthund ausschließlich auf seine Anweisungen reagiert, da sich der Hund sonst eventuell auch von Verbrechern Befehle erteilen lassen würde, statt sie in Schach zu halten.

Aufgabe 6

	richtig	falsch	Zeile(n)
Die Ausbildung zum Polizeihund beginnt nicht gleich nach der Geburt der Hunde.	✗		7–8
Hunde helfen der Polizei schon seit mehreren hundert Jahren.		✗	11–12
Sobald die Ausbildung abgeschlossen ist, begleitet der Hund den Polizisten im Dienst. Nach Dienstschluss bleiben die Tiere auf dem Revier.		✗	28–29
Hunde können aufgrund ihres ausgeprägten Riechvermögens von Natur aus Stoffe wie z. B. Drogen aufspüren.		✗	45–48

14 Gedichte: formale und sprachliche Aspekte

Gedichte unterscheiden sich von Alltagstexten. Ihre **Sprache** ist **bildhaft**, sehr **verdichtet** und dadurch **rätselhaft.** Aber du kannst sie entschlüsseln und verstehen. Das wird immer einfacher, je mehr Gedichte du kennst.

Aufbau und Reimschema eines Gedichts

Wie bei jedem Rätsel gibt es einige grundlegende Dinge, die du beachten musst: Ein Gedicht ist in **gebundener Sprache** geschrieben. Es besteht also aus einzelnen **Gedichtzeilen.** Diese Zeilen heißen **Verse.** Oft werden die Verse, die inhaltlich zusammengehören, im Schriftbild zusammengefasst. Diese Versgruppen nennt man **Strophen.** Schau dir einmal den Aufbau des Gedichts *Uhu* an:

Warum fliegt doch der Uhu in finsterer Nacht?	erster Vers	
Ich möchte wohl wissen was dann er noch macht?	zweiter Vers	→ erste Strophe
Er könnte wie andere Leute ja ruhn,	dritter Vers	
Er fände bei Tage genug auch zu tun.	vierter Vers	
„Wie ein Dieb muss ich leben in finsterer Nacht,	fünfter Vers	
Dann geh ich mit Frau und mit Kind auf die Jagd.	sechster Vers	→ zweite Strophe
Des Tages erlaubt es die Sonne ja nicht,	siebter Vers	
Drum scheuen der Dieb und der Uhu ihr Licht."	achter Vers	

Hoffmann von Fallersleben, August Heinrich: *Uhu,* in: Evelyne Polt-Heinzl, Christine Schmidjell (Hrsg.), *Das ABC der Tiere. Gedichte.* Reclam, Stuttgart 2003, S. 110.

Viele Gedichte sind gereimt. Als **Reim** bezeichnet man den Gleichklang zweier Wörter normalerweise am Ende der Verse vom letzten betonten Vokal an.
Das Reimschema eines Gedichts ist eine Art Plan darüber, wie die Reime am Ende der Verse verteilt sind. Für das erste Reimwort verwendet man den Buchstaben a. Alle anderen Versenden, die sich darauf reimen, heißen ebenfalls a. Der nächste Reim heißt dann b, und so weiter bis zum Ende des Gedichts. Typische Reimschemata sind:

- ***abab*** **Kreuzreim**
- ***aabb*** **Paarreim**
- ***aab ccb*** **Schweifreim**
- ***abba*** **umarmender Reim**

Es war einmal ein Rabe	Reim *-abe*	a
Ein schlauer alter Knabe		a
Dem sagte ein Kanari, der	Reim *-er*	b
In seinem Käfig sang: Schau her		b
Von Kunst	Reim *-unst*	c
Hast du keinen Dunst.		c
Der Rabe sagte ärgerlich:	Reim *-ich*	d
Wenn du nicht singen könntest		e
Wärst du so frei wie ich.		d

Brecht, Bertolt: *Tierverse*, in: Ebd., S.95.

Aufgabe 1 Finde Reime zu den folgenden Wörtern. Benutze dazu den Wortspeicher am Ende der Übung. Die Wörter, die man gar nicht verwenden kann, notierst du extra.

Butter	Raster	Baum	Kuchen	Qual
______	______	______	______	______
______	______	______	______	______
______	______	______	______	______
______	______	______	______	______

WORTSPEICHER

Saum	Kutter	Laster	See	buchen
kuscheln	Tal	Traum	Mutter	Hund
suchen	Flaum	Pflaster	Buch	Saal
Futter	Raum	Schnabel	final	schauen

Übrig gebliebene Wörter: ______________________________

Aufgabe 2 Oh weh, in der Druckerei ist etwas schief gelaufen. Hässliche Kleckse sind auf das Gedicht getropft. Welche Reimwörter könnten hier passen? Es handelt sich hier übrigens um einen Paarreim. Bei den ersten beiden Reimwörtern hilft dir der Anfangsbuchstabe noch, dann schaffst du es sicher alleine.

Die Schnupftabaksdose

Es war eine Schnupftabaksdose,
Die hatte Friedrich der Gr…e — G ______________
Sich selbst geschnitzelt aus Nußbaumholz. — ______________
Und darauf war sie natürlich st… — S ______________
Da kam ein Holzwurm gekrochen. — ______________
Der hatte Nußbaum … — ______________
Die Dose erzählte ihm lang und breit — ______________
Von Friedrich dem Großen und seiner Z… — ______________
Sie nannte den alten Fritz generös. — ______________
Da aber wurde der Holzwurm ne… — ______________
Und sagte, indem er zu bohren be…n: — ______________
„Was geht mich Friedrich der Große an!“ — ______________

Ringelnatz, Joachim: *Die Schnupftabakdose,* in: Fritz Pratz, *Lyrikbuch. Gedichte und Balladen für die Sekundarstufe I.* Diesterweg, Frankfurt am Main 1983, S. 61.

Aufgabe 3 Zu diesen Wörtern findest du bestimmt ganz leicht Reime, auch wenn du keinen Wortspeicher hast. Ergänze den Ideenstern. Wenn dir noch mehr Reimwörter dazu einfallen, füge einfach noch mehr Striche hinzu.

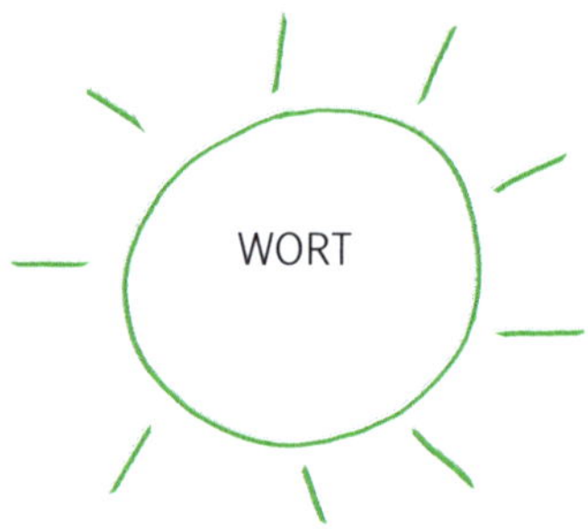

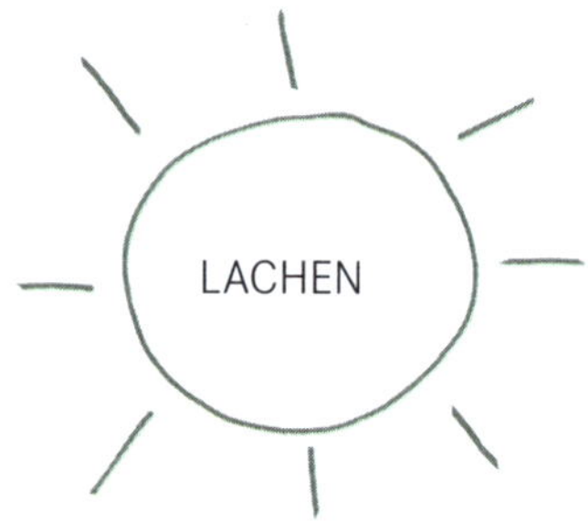

Aufgabe 4 Lies dir bitte das Gedicht *Der Panther* sorgfältig durch. Beschreibe den formalen Aufbau des Gedichts.

Der Panther

Im Jardin des Plantes, Paris

Sein Blick ist vom Vorübergehn der Stäbe
so müd geworden, dass er nichts mehr hält.
Ihm ist, als ob es tausend Stäbe gäbe
und hinter tausend Stäben keine Welt.

Der weiche Gang geschmeidig starker Schritte,
der sich im allerkleinsten Kreise dreht,
ist wie ein Tanz von Kraft um eine Mitte,
in der betäubt ein großer Wille steht.

Nur manchmal schiebt der Vorhang der Pupille
sich lautlos auf –. Dann geht ein Bild hinein,
geht durch der Glieder angespannte Stille –
und hört im Herzen auf zu sein.

Rilke, Rainer Maria: *Der Panther*, in: Ebd., S. 45.

Anzahl der Verse: ______________________

Anzahl der Strophen: ______________________

Reimabfolge: ______________________

Welches Reimschema liegt bei diesem Gedicht also vor?

____

____

Aufgabe 5 Kannst du im Gedicht *Der Panther* mindestens zwei Adjektive (Eigenschaftswörter) finden, die darauf hinweisen, dass es dem Panther in Gefangenschaft nicht gut geht? Gib auch gleich den Vers mit an, in dem du fündig geworden bist.

____

____

____

____

Aufgabe 1

Butter	Raster	Baum	Kuchen	Qual
Kutter	Laster	Saum	buchen	Tal
Mutter	Pflaster	Traum	suchen	Saal
Futter		Flaum		final
		Raum		

Übrig gebliebene Wörter: See, kuscheln, Hund, Buch, Schnabel, schauen

Aufgabe 2

Die gesuchten Reimwörter sind fettgedruckt.

E war eine Schnupftabaksdose,
Die hatte Friedrich der **Große**
Sich selbst geschnitzelt aus Nußbaumholz.
Und darauf war sie natürlich **stolz.**
Da kam ein Holzwurm **gekrochen.**
Der hatte Nußbaum **gerochen.**
Die Dose erzählte ihm lang und breit
Von Friedrich dem Großen und seiner **Zeit.**
Sie nannte den alten Fritz generös.
Da aber wurde der Holzwurm **nervös**
Und sagte, indem er zu bohren **begann:**
„Was geht mich Friedrich der Große an!"

Ringelnatz, Joachim: *Die Schnupftabakdose,* in: Fritz Pratz, *Lyrikbuch. Gedichte und Balladen für die Sekundarstufe I.* Diesterweg, Frankfurt am Main 1983, S. 61.

Aufgabe 3

Wort: Hort, Nord, fort, dort, Ort , Mord ...
Lachen: krachen, Sachen, machen, Drachen ...

Aufgabe 4

Anzahl der Verse: 12
Anzahl der Strophen: 3
Reimabfolge: abab cdcd efef
Es handelt sich um einen Kreuzreim.

Aufgabe 5

müd (Vers 2), betäubt (Vers 8), angespannte (Vers 11)

Die bekannte deutsche Schriftstellerin Ulla Hahn hat das Gedicht vom Panther nachgedichtet. Dabei hat sie nur ganz wenige Wörter verändert, es kommt aber ein völlig anderes Gedicht heraus. Der Panther hier ist stark und findet sich mit seinem Schicksal nicht ab. Um dir zu zeigen, wie wichtig bei Gedichten jedes einzelne Wort sein kann, haben wir die Nachdichtung hier für dich abgedruckt.

Ulla Hahn, Das verborgene Wort

Der Panther
Im Jardin des Plantes, Paris

Sein Blick ist vom Vorübergehn der Stäbe
so wach geworden, dass er nichts mehr hält.
Ihm ist, als ob es keine Stäbe gäbe
und hinter keinen Stäben seine Welt.

Der weiche Gang geschmeidig starker Schritte,
der sich im allerkleinsten Kreise dreht,
ist wie ein Tanz von Kraft um eine Mitte,
in der erwacht ein großer Wille steht.

Auf einmal hebt der Vorhang der Pupille
sich lautlos auf -. Dann geht ein Bild hinein,
fährt in das Tier. Sein angespannter Wille -
bricht aus dem Käfig in sein wahres Sein.

Hahn, Ulla: *Das verborgene Wort.* DVA, München 2001. S. 525 ff.

LÖSUNGEN LÖSUNGEN LÖSUNGEN

15 Gedichte: inhaltliche Aspekte

Im Modul 14 hast du Gedichte unter **formalen Aspekten** (Vers, Strophe und Reim) untersucht. Neben diesen Aspekten existiert bei jedem Gedicht eine **inhaltliche Ebene,** denn der Autor möchte dir mit einem Gedicht in irgendeiner Form etwas mitteilen. Auch hier bist du wieder als eine Art Detektiv gefordert, der diese oft **verborgenen Mitteilungen** finden soll.

Vorgehensweise

Gedichte sind beim ersten Lesen nicht immer leicht zu verstehen. Du kannst dir einen **Fragenkatalog** zurechtlegen, den du bei jedem Gedicht anwendest.

Finde Folgendes heraus:

- **Wer spricht in dem Gedicht?** Man nennt den Sprecher in einem Gedicht **lyrisches Ich.** Dieses entspricht nicht dem Autor! Das lyrische Ich kann z. B. ein junges Mädchen sein, während der Autor eventuell ein älterer Mann ist.
- **Worum geht es in dem Gedicht?** Wird eine kleine Geschichte erzählt, geht es um eine allgemeine Beobachtung? Wie kann man den Inhalt mit eigenen Worten zusammenfassen?
- **Wen spricht das lyrische Ich an?** Gibt es einen direkten **Adressaten,** an den sich das Gedicht wendet? Oder ist jeder Leser angesprochen?
- **Gibt es Orts- oder Zeitangaben?** Wo spielt das Gedicht? Kann man auf Jahreszeiten, Tageszeiten oder ein bestimmtes Jahrhundert schließen?
- **Verändern sich die Gedanken oder Einstellungen** des lyrischen Ichs im Laufe des Gedichts? Ist es z. B. am Anfang traurig und wird dann später wieder fröhlich?

Bildhafte Sprache

Es gibt verschiedene Möglichkeiten des **bildhaften Sprechens** in der Lyrik. Manche sind für dich leichter zu entschlüsseln als andere. Man spricht hierbei von Stilmitteln.

Wesentliche Elemente des bildhaften Sprechens sind:

- **Vergleich:** Ein Mensch, eine Situation oder ein Gefühl wird mit etwas anderem verglichen. Man kann es sich dann besser vorstellen. *Blonde Haare* ist relativ ungenau. *Haare so blond wie Stroh* ist aussagekräftiger. Beim Vergleich gibt es immer eine sogenannte Vergleichspartikel, z. B. *wie, als*.
- **Metapher:** uneigentlicher Vergleich. Eine Metapher kommt ohne Vergleichspartikel aus. Sie verbindet zwei Begriffe lediglich gedanklich. Eine Brille wird so zum *Nasenfahrrad,* jemand, der gerne liest, wird zum *Bücherwurm.*
- **Personifikation:** Einer Sache (oder einem Tier) werden menschliche Eigenschaften zugesprochen. Da wir Menschen diese am besten kennen, können wir uns die beschriebene Situation dann auch sehr gut vorstellen. Man sagt z. B. *Der Sturm brüllt*, obwohl ein Sturm gar nicht brüllen kann.

Aufgabe 1 Lies dir das Gedicht *Der Weg zur Schule* bitte genau durch und versuche, die Fragen zum lyrischen Ich zu beantworten.

A Unterstreiche bitte die Stelle, an der das lyrische Ich zum ersten Mal vorkommt. Handelt es sich bei dem lyrischen Ich um einen

- Wanderer?
- Lehrer?
- Spaziergänger?
- Schüler?

Der Weg zur Schule

Im Winter, wenn es frieret,
Im Winter, wenn es schneit,
dann ist der Weg zur Schule
fürwahr noch mal so weit.

Und wenn der Kuckuck rufet,
dann ist der Frühling da,
dann ist der Weg zur Schule
fürwahr noch mal so nah.

Wer aber gerne lernet,
dem ist kein Weg zu fern:
im Frühling wie im Winter
geh' ich zur Schule gern.

Hoffmann von Fallersleben, August Heinrich: *Der Weg zur Schule,* in: Rita Harenski (Hrsg.), *Zauberwort. Die schönsten Gedichte für Kinder aus vier Jahrhunderten.* Arena, Würzburg 2004, S. 53.

B Versuche bitte, deine Entscheidung mit einer Verszeile aus dem Gedicht zu begründen.

____

____

Aufgabe 2 Was denkt das lyrische Ich in den einzelnen Strophen über die Länge des Schulwegs? Begründe bitte, warum sich die Einstellung zum Schulweg in der dritten Strophe verändert.

1. Strophe: ______________________________

____

2. Strophe: ______________________________

____

3. Strophe: ______________________________

____

Aufgabe 3 Auch zu Ort und Zeit lassen sich Angaben machen. Notiere sie.

Ortsangaben: ______________________________

Zeitangaben: ______________________________

Aufgabe 4 In dem folgenden Gedicht hat der Autor mehrere Personifikationen verwendet, d.h. er hat Dingen menschliche Eigenschaften zugeordnet. Versuche diese Stellen im Gedicht zu finden und zu notieren.

Mein Glück

Draußen kreischt
die Eisenbahn.
Drüben grölt
ein Blödian.
Über mir
tobt ein Klavier,
nebenan
ein Hundetier.
Unten dröhnt das Radio,
und das Wasser
rauscht im Klo.
In der Küche
pfeift der Topf,
und ein Hammer
übt Klopf-Klopf.
Doch mir macht das
gar nichts aus,
denn ich bin ja nicht
zu Haus!

Kruse, Max: *Mein Glück,* in: Barbara Bartos-Höppner (Hrsg.), *Kindergedichte unserer Zeit.* Arena, Würzburg 1984, S. 87.

Personifikation	Vers

Aufgabe 5 Das Gedicht *Die drei Spatzen* ist völlig aus den Fugen geraten. Der Computer hat alle Absätze gelöscht. Bringe das Gedicht wieder in seine ursprüngliche Form. Schreibe das Gedicht in dein Übungsheft.

Das Gedicht ist im Paarreim verfasst.

In einem leeren Haselstrauch, da sitzen drei Spatzen, Bauch an Bauch. Der Erich rechts und links der Franz und mittendrin der freche Hans. Sie haben die Augen zu, ganz zu, und obendrüber, da schneit es, hu! Sie rücken zusammen dicht an dicht. So warm wie der Hans hat's niemand nicht. Sie hör'n alle drei ihrer Herzlein Gepoch. Und wenn sie nicht weg sind, so sitzen sie noch.

Morgenstern, Christian: *Die drei Spatzen,* in: Rita Harenski (Hrsg.), *Zauberwort. Die schönsten Gedichte für Kinder aus vier Jahrhunderten.* Würzburg: Arena 2004, S. 88.

Aufgabe 1a und b

Das lyrische Ich kommt erst in dem letzten Vers vor. Da es in Vers 9 davon spricht, dass es gerne lernt, kann man davon ausgehen, dass es als Schüler in die Schule geht. Das ist ein schönes Beispiel dafür, dass lyrisches Ich und Autor nicht verwechselt werden dürfen. Der Autor August Heinrich Hoffmann von Fallersleben war zu dem Zeitpunkt, als er das Gedicht schrieb, nämlich sicher schon lange kein Schüler mehr.

Aufgabe 2

1. Strophe: In der Kälte des Winters erscheint der Schulweg als sehr weit.
2. Strophe: Wenn aber der Frühling kommt, dann kommt einem der Schulweg viel kürzer vor, vielleicht auch, weil es mehr Ablenkung gibt, z. B. durch den Kuckuck.
3. Strophe: Hier begreift das lyrische Ich, dass es zum Lernen gerne in die Schule geht, und dass die (gefühlte) Länge des Schulwegs daher völlig egal ist.

Aufgabe 3

Ortsangabe: Es handelt sich um den Weg von zu Hause zur Schule.
Zeitangabe: Es werden Winter und Frühling miteinander verglichen.

Aufgabe 4

Die Eisenbahn „kreischt“	Vers 1 und 2
Das Klavier „tobt“	Vers 5 und 6
Der Topf in der Küche „pfeift“	Vers 12 und 13
Ein Hammer „übt“	Vers 14 und 15

Alle diese Gegenstände können die ihnen zugeschriebene Eigenschaft nicht wirklich ausüben, da beispielsweise eine Eisenbahn nicht wirklich kreischen kann. Dieses Verb wird wie alle anderen Beispiele *(toben, pfeifen, üben)* nur im übertragenen Sinn verwendet.

Aufgabe 5

Wenn du den Paarreim richtig erkannt hast, müsstest du auf folgende ursprüngliche Gedichtform gekommen sein.

Die drei Spatzen

In einem leeren Haselstrauch,
da sitzen drei Spatzen, Bauch an Bauch.

Der Erich rechts und links der Franz
und mittendrin der freche Hans.

Sie haben die Augen zu, ganz zu,
und obendrüber, da schneit es, hu!

Sie rücken zusammen dicht an dicht.
So warm wie der Hans hat's niemand nicht.

Sie hör'n alle drei ihrer Herzlein Gepoch.
Und wenn sie nicht weg sind, so sitzen sie noch.

Morgenstern, Christian: *Die drei Spatzen,* in: Rita Harenski (Hrsg.), Zauberwort. Die schönsten Gedichte für Kinder aus vier Jahrhunderten. Arena, Würzburg 2004, S. 88.

LÖSUNGEN LÖSUNGEN LÖSUNGEN

16 Sprechen: informieren und mündlich erzählen

Wozu sprechen wir eigentlich?

Sprechen hat viele verschiedene Funktionen. Wir reden,

- weil wir etwas erfahren wollen.
- um Auskunft zu geben.
- weil wir uns dadurch mit unseren Mitmenschen enger verbunden fühlen.
- weil wir zeigen müssen oder wollen, was wir wissen - zum Beispiel im Unterricht oder in Prüfungen.
- weil wir etwas erlebt haben, das wir unbedingt mit jemandem teilen wollen.
- um etwas zu bekommen - ein Brötchen beim Bäcker, eine Taschengelderhöhung bei den Eltern oder einen Gefallen von der Freundin.

> Was glaubst du, wie viele Wörter ein Mensch durchschnittlich am Tag spricht? Wissenschaftler haben nachgezählt und kamen auf etwa 16 000 Wörter.
> Sprache umgibt uns ständig. Im Deutschunterricht sind dabei unter anderem zwei Arten des Sprechens wichtig: das **Informieren** und **das mündliche Erzählen.**

Informieren

Beim informierenden Sprechen geht es darum, **jemandem etwas so mitzuteilen,** dass er oder sie

- es genau versteht,
- alle wichtigen Informationen dazu erhält,
- aber nicht durch Einzelheiten verwirrt wird, die für ihn oder sie nicht wichtig sind.

Das bedeutet, dass man sich als Sprecher auf die **Sache** konzentrieren muss, die man vermitteln möchte. Man muss auch berücksichtigen, **wem** man diese Informationen gibt.

Mündliches Erzählen

Hier geht es im Vergleich zum Informieren weniger um die reinen Tatsachen, sondern eher darum, **wie eine Geschichte interessant, spannend oder lustig erzählt werden kann.** Der Zuhörer erfährt auch hier Neues, aber diese Information braucht er nicht unbedingt, sondern er möchte sie gerne erfahren. Wenn es gut gelingt, dann hat der Zuhörer Spaß an dem, was man ihm erzählt. Er kann sich in die Situation hineinversetzen und mit den Personen mitfühlen. Man muss sich also Folgendes fragen:

- Was will ich erzählen?
- Ist es eine aufregende, eine komische oder eine traurige Begebenheit?
- Wie kann ich es für meinen Zuhörer besonders interessant erzählen?

Sicherlich hast du schon einmal eine Erlebniserzählung oder eine Bildergeschichte geschrieben. Für das mündliche Erzählen gelten ganz ähnliche Regeln, zum Beispiel diese:

- Die Geschichte hat einen **Anfang,** einen **Hauptteil** und einen **Schluss.**
- Die Geschichte hat einen **Höhepunkt,** der besonders aufmerksam erzählt wird.
- Die Geschichte muss **verständlich** und **abwechslungsreich** formuliert werden. Dabei helfen vor allem Adjektive (Eigenschaftswörter).

Aufgabe 1 Hier findest du einige Gesprächsfetzen, die wir für dich aufgeschnappt haben. Entscheide jeweils, ob informiert oder erzählt wird.

	informiert	erzählt
... Das Pferd gehört zur Gattung der Säugetiere. Man kann zwischen Kaltblütern, Warmblütern und Vollblütern unterscheiden ...		
... Als ich das Zimmer betrat, war mir schon ganz unheimlich zumute. Es war so dunkel und da war ein komischer Geruch, den ich nicht zuordnen konnte. Ich versuchte, mich schnell an die Dunkelheit zu gewöhnen ...		
... Juri wohnt nämlich in der Neubausiedlung hinten am Fluss. Vor seinem Haus parkt immer ein großer blauer Van. Wenn Juri aus seinem Fenster schaut, sieht er genau darauf. Und am letzten Freitag, da ...		
... Bei der SMV-Sitzung gestern wurde uns gesagt, dass wir den hinteren Teil des Schulhofes, also ab der runden Sitzbank bis zur Sporthalle, nicht mehr betreten dürfen. Dort werden nämlich ab nächster Woche die Bäume geschnitten und dann ist es zu gefährlich für uns. ...		
... Wenn man mit der Spielfigur auf das blaue Feld kommt, dann muss man eine Karte von diesem Stapel nehmen und das tun, was drauf steht. Zum Beispiel muss man drei Felder vorrücken oder ...		
... Sie hat ihn Wuschel genannt, und das passt auch sehr gut, weil er so ein wildes Fell hat und immer so schnell und aufgeregt durch die Wohnung rennt. Er ist wirklich goldig, auch wenn ich Hunde sonst nicht so wahnsinnig süß finde. Jana ist total verrückt nach ihm. Morgens ...		

Aufgabe 2 Jacob soll seine Mitschüler kurz über eine neue AG informieren. Er hat am ersten Treffen teilgenommen und sich Notizen gemacht. Streiche die Informationen durch, die er nicht verwenden sollte.

TISCHTENNIS-AG
LEITER: SIMON AUS DER 9. KLASSE UND FRAU BEHRENDS
IMMER DONNERSTAGS UM 14 UHR
SIMON WOHNT IN DER MOZARTSTRASSE, WIE MEINE OMA
WER EINEN SCHLÄGER HAT, SOLL IHN MITBRINGEN, MAN KANN IHN ABER AUCH LEIHEN
FRAU BEHRENDS HAT EINEN BLAUEN SCHLÄGER UND SIMON EINEN ROTEN
TURNSCHUHE SIND PFLICHT
HATTE GESTERN KEINE MIT, MIT SOCKEN WAR ES RUTSCHIG UND KALT
EMIL AUS DER 5C WAR AUCH DA
ES GIBT KEINE NOTEN FÜR DIE AG

Aufgabe 3 Was hat Jacob vergessen? Schreibe auf, welche ganz wichtigen Informationen den Mitschülern noch fehlen.

1 ____________________

2 ____________________

Aufgabe 4 Da Jacob nichts vergessen möchte, schreibt er sich den Text auf. Hilfst du ihm? Bringe alles in eine sinnvolle Reihenfolge und schreibe es in dein Übungsheft.

Aufgabe 5 Fabienne hat etwas Aufregendes erlebt und erzählt es nun ihrer Mutter. Weil sie aber noch ganz durcheinander ist, gerät auch ihre Geschichte etwas wirr. Bringe die Abschnitte in eine sinnvolle Reihenfolge, indem du sie in der Tabelle nummerierst.

Dann kam die Polizei und hat den Mann verhaftet.	
Im Bus war es noch ziemlich leer, weil ich heute so früh dran war. Ich habe sogar noch den um 7.35 Uhr bekommen.	
Montags kommt doch immer die Müllabfuhr so früh und deshalb war ich schon um halb sieben wach.	1
Da war jedenfalls ein Mann, der Leute anrempelte, um denen ihren Geldbeutel zu klauen.	
Aber eine Frau hat es gemerkt und von ihrem Handy aus die Polizei gerufen.	
Sie hat sich aber vor dem Dieb nichts anmerken lassen, sondern ihn nur ganz genau beobachtet.	
Der Mann ist also einmal durch den Bus gegangen, von ganz vorne bis ganz hinten, und dann saß er in der letzten Bank.	
Am Weiherweg ist er aufgestanden und zur hinteren Tür gegangen. Und dabei hat er mich eben geschubst. Aber zum Glück hatte ich meinen Geldbeutel ja um den Hals gehängt, da kam der Dieb nicht dran.	
Die Polizei hatte dem Busfahrer per Funk gesagt, dass er die Tür erst aufmachen soll, wenn die Streife da ist.	
Daher stand der Dieb also erst mal etwas dumm vor der geschlossenen Bustür und konnte nicht raus.	
Er wurde ganz blass und hat sich, ohne Ärger zu machen, abführen lassen.	
Stell dir mal vor, ich hätte den späteren Bus genommen! Da hätte ich heute wirklich was verpasst!	

Aufgabe 6 Welche Ausdrücke können den Schluss von Fabiennes Geschichte noch spannender machen? Wähle die passendsten fünf aus der Liste aus und unterstreiche sie.

KLAMMHEIMLICH - VERSCHLAFEN - NERVÖS - MIT KLOPFENDEM HERZEN - GELANGWEILT - MIT QUIETSCHENDEN REIFEN - MIT BLINKENDEM BLAULICHT - FRÖHLICH - KÄMPFERISCH - VERSTOHLEN - AUSGELASSEN - ZU TODE BETRÜBT - HYSTERISCH

Aufgabe 7 Erzähle die Geschichte nun selbst. Bestimmt findest du jemanden, der gerne zuhört und dir hinterher sagt, was besonders gut an deiner Erzählung war.

Aufgabe 1

	informiert	erzählt
... Das Pferd gehört ...	✗	
... Als ich das Zimmer betrat, ...		✗
... Juri wohnt nämlich ...		✗
... Bei der SMV-Sitzung ...	✗	
... Wenn man mit der Spielfigur ...	✗	
... Sie hat ihn Wuschel genannt ...		✗

Aufgabe 2

TISCHTENNIS-AG
LEITER: SIMON AUS DER 9. KLASSE UND FRAU BEHRENDS
IMMER DONNERSTAGS IN DER 8. STUNDE
~~SIMON WOHNT IN DER MOZARTSTRASSE, WIE MEINE OMA~~
WER EINEN SCHLÄGER HAT, SOLL IHN MITBRINGEN, MAN KANN IHN ABER AUCH LEIHEN
~~FRAU BEHRENDS HAT EINEN BLAUEN SCHLÄGER UND SIMON EINEN ROTEN~~
TURNSCHUHE SIND PFLICHT
~~HATTE GESTERN KEINE MIT, MIT SOCKEN WAR ES RUTSCHIG UND KALT~~
~~EMIL AUS DER 5C WAR AUCH DA~~
ES GIBT KEINE NOTEN FÜR DIE AG

Aufgabe 3 1. Wo findet die AG statt? 2. Wie lange dauert sie?

Aufgabe 4 Der Text sollte ungefähr so aussehen:

Ich möchte euch über die Tischtennis-AG informieren, die von einem Schüler aus der 9. Klasse zusammen mit Frau Behrends geleitet wird. Die AG findet immer donnerstags von 14 bis 15 Uhr in der Turnhalle 2 statt, und wie immer in der Turnhalle muss man Turnschuhe tragen. Außerdem soll man, wenn man schon einen Tischtennisschläger hat, diesen mitbringen. Wer aber noch keinen eigenen Schläger hat, kann auch einen ausleihen. Noten gibt es für die AG übrigens keine.

Aufgabe 5

Dann kam die Polizei und hat den Mann verhaftet.	10
Im Bus war es noch ziemlich leer, ...	2
Montags kommt doch immer die Müllabfuhr ...	1
Da war jedenfalls ein Mann, ...	3
Aber eine Frau hat es gemerkt ...	4
Sie hat sich aber vor dem Dieb nichts ...	5
Der Mann ist also einmal durch den Bus gegangen, ...	7
Am Weiherweg ist er aufgestanden	8
Die Polizei hat dem Busfahrer per Funk ...	6
Daher stand der Dieb also ...	9
Er wurde ganz blass ...	11
Stell dir mal vor,...	12

Aufgabe 6

KLAMMHEIMLICH - VERSCHLAFEN - NERVÖS - MIT KLOPFENDEM HERZEN - GELANGWEILT - MIT QUIETSCHENDEN REIFEN - MIT BLINKENDEM BLAULICHT - FRÖHLICH - KÄMPFERISCH - VERSTOHLEN - AUSGELASSEN - ZU TODE BETRÜBT - HYSTERISCH

Aufgabe 7 individuelle Lösung

Diese Stichworte können dir beim Erzählen helfen:
- heute besonders früh wach
- einen Bus früher als sonst
- ein Mann, der andere anrempelt
- eine Frau merkt, dass er stiehlt
- ruft Polizei und bleibt ganz ruhig
- Busfahrer wird informiert
- Dieb will aussteigen
- Busfahrer macht aber Tür erst auf, als Polizei da ist
- Dieb wird verhaftet
- wehrt sich nicht, geht brav mit Polizei mit

LÖSUNGEN LÖSUNGEN LÖSUNGEN

17 Substantive und Artikel: Genus, Numerus und Kasus

Die meisten Wörter unserer Sprache sind **Substantive** (Hauptwörter) und werden immer **groß** geschrieben. Sie bezeichnen:

- **Personen und Eigennamen:** *Bruder, Frau Busse, Wiener Würstchen*
- **andere Lebewesen:** *Katze, Pflanze*
- **Gegenstände:** *Auto, Tasche*
- **Gefühle oder etwas Abstraktes:** *Liebe, Freude, Glück*

Substantive und Artikel

Der wichtigste Begleiter von Substantiven ist der Artikel. Artikel und Substantive stimmen in der Form **Genus/Geschlecht, Kasus/Fall** und **Numerus/Anzahl** überein:
die Katze, die Katzen, den Katzen.
Es gibt **bestimmte Artikel** *(der, die, das)* und **unbestimmte Artikel** *(ein, eine).*
Wenn ein Artikel vor ein Wort gestellt werden kann, dann handelt es sich um ein Substantiv (Artikelprobe): *der Hund, eine Tasche, im Zimmer (in dem Zimmer).*

Substantive und Genus

Substantive haben ein **grammatikalisches Geschlecht,** das Genus. Du erkennst es am Begleiter, dem bestimmten Artikel:
der Junge ist **männlich (m = Maskulinum)**
die Frau ist **weiblich (f = Femininum)**
das Auto ist **sächlich (n = Neutrum)**

Substantive und Numerus

Substantive gibt es im **Singular** (Einzahl) und im **Plural** (Mehrzahl): *der Frosch / die Frösche; die Tasche / die Taschen; das Pferd / die Pferde.* Numerus ist der Oberbegriff für Singular und Plural.

Substantive und Kasus

Im Satz nimmt das Substantiv unterschiedliche Formen an: Es steht in einem bestimmten **Kasus** (Fall). Das nennt man **deklinieren.** Der Kasus ist an der Endung und dem Artikel des Substantivs zu erkennen. Du kannst den Kasus mit bestimmten Fragen ermitteln. In der Tabelle siehst du, wie die vier Fälle heißen und wie du sie erfragst.

Fall	*Beispielsatz*	**Frage**	**Antwort**
Nominativ (1. Fall)	*Der Affe klettert den Baum hinauf.*	**Wer oder was** klettert den Baum hinauf?	der Affe
Genitiv (2. Fall)	*Der Mensch ist der Freund des Affen.*	**Wessen** Freund ist der Mensch?	des Affen
Dativ (3. Fall)	*Der Zoowärter gibt dem Affen eine Banane.*	**Wem** gibt der Zoowärter eine Banane?	dem Affen
Akkusativ (4. Fall)	*Die Kinder lieben die Affen im Zoo.*	**Wen oder was** lieben die Kinder im Zoo?	die Affen

AUFGABE 1 Finde zu jedem abgebildeten Tier oder Gegenstand ein Substantiv im Maskulinum, Femininum oder Neutrum. Schreibe das Substantiv mit dem bestimmten Artikel in die Tabelle.

Maskulinum	Femininum	Neutrum
der Hund		

AUFGABE 2 Ergänze: Dekliniere die eingetragenen Formen für jeden Kasus im Singular und im Plural (im Singular mit bestimmtem und unbestimmtem Artikel).

Kasus	Singular	Plural
Nominativ	der, ein Affe	die Affen
Genitiv	des	der
Dativ	dem	den
Akkusativ	den	die

Kasus	Singular	Plural
Nominativ	die, eine Katze	die Katzen
Genitiv	der	der
Dativ		
Akkusativ		

Kasus	Singular	Plural
Nominativ	das, ein Küken	
Genitiv		
Dativ		
Akkusativ		

Aufgabe 3 Bestimme das Genus der folgenden Substantive: m = Maskulinum, f = Femininum, n = Neutrum. Bilde dazu zunächst den Singular.

die Tische	der Tisch (m)	die Taschen	___	die Berge	___
die Häuser	___	die Messer	___	die Mäntel	___
die Scheren	___	die Bücher	___	die Bilder	___

Aufgabe 4 Welches Substantiv passt zu den folgenden Verben? Schreibe es mit dem passenden Artikel in die Tabelle.

lehren	___	schlafen	___
träumen	___	singen	___
springen	___	schmecken	___
fahren	___	kaufen	___

Aufgabe 5 Einige Substantive haben schwierige Pluralformen. Finde sie heraus und trage die bestimmten Artikel sowie die Pluralformen in die Tabelle ein.

Du kannst auch ein Wörterbuch benutzen.

Artikel	Singular	Plural	Artikel	Singular	Plural
___	Album	___	___	Kaktus	___
___	Museum	___	___	Prinzip	___
___	Atlas	___	___	Rhythmus	___
___	Konto	___	___	Thema	___

Aufgabe 6 Manche Substantive gibt es nur im Plural oder im Singular. Finde jeweils Ergänzungen oder andere Substantive, mit denen man den Singular oder Plural ausdrücken kann.

Substantive	Singular	Substantive	Plural
die Eltern	der Elternteil	das Obst	die Obstsorten
die Geschwister	___	die Butter	___
die Leute	___	der Staub	___
die Möbel	___	der Pfeffer	___
die Ferien	___	der Speicher	___

Aufgabe 1

Maskulinum	Femininum	Neutrum
der Hund	die Kuh	das Pferd
der Fisch	die Katze	das Schwein
der Tisch	die Tasse	das Geld
der Computer	die Tasche	das Hemd

Aufgabe 2

Kasus	Singular	Plural
Nominativ	der, ein Affe	die Affen
Genitiv	des, eines Affen	der Affen
Dativ	dem, einem Affen	den Affen
Akkusativ	den, einen Affen	die Affen

Kasus	Singular	Plural
Nominativ	die, eine Katze	die Katzen
Genitiv	der, einer Katze	der Katzen
Dativ	der, einer Katze	den Katzen
Akkusativ	die, eine Katze	die Katzen

Kasus	Singular	Plural
Nominativ	das, ein Küken	die Küken
Genitiv	des, eines Kükens	der Küken
Dativ	dem, einem Küken	den Küken
Akkusativ	das, ein Küken	die Küken

Aufgabe 3

der Tisch (m), die Tasche (f), der Berg (m), das Haus (n), das Messer (n), der Mantel (m), die Schere (f), das Buch (n), das Bild (n)

Aufgabe 4

die Lehre, der Schlaf, der Traum, der Gesang, der Sprung, der Geschmack, die Fahrt, der Kauf

Aufgabe 1 ✪

Artikel	Singular	Plural
das	Album	die Alben
das	Museum	die Museen
der	Atlas	die Atlanten
das	Konto	die Konten

Artikel	Singular	Plural
der	Kaktus	die Kakteen
das	Prinzip	die Prinzipien
der	Rhythmus	die Rhythmen
das	Thema	die Themen

Aufgabe 6

Substantive	Singular
die Eltern	der Elternteil
die Geschwister	der Bruder / die Schwester
die Leute	die Person
die Möbel	das Möbelstück
die Ferien	der Ferientag

Substantive	Plural
das Obst	die Obstsorten
die Butter	die Butterpakete
der Staub	die Staubschichten
der Pfeffer	die Pfefferkörner
der Speicher	die Speicherorte

LÖSUNGEN LÖSUNGEN LÖSUNGEN

18 Verben: Konjugation und Imperativ

Verben geben an, was geschieht (Vorgang: *Es schneit.*) oder was jemand tut (Tätigkeit: *Er geht.*). Die Grundform eines Verbs hat immer die Endung *(e)n*, z. B. *lach**en**, sing**en**, arbeit**en**.* Diese Form nennt man Infinitiv.

Die Personalform bilden

Wenn du Verben in Sätzen verwendest, bildest du aus dem Infinitiv die Personalform des Verbs: *gehen → er geht, du gehst*. Dies nennt man konjugieren (beugen). Es gibt jeweils drei Personen im **Singular** und drei im **Plural**. Die **Personalformen** unterscheiden sich durch ihre **Endungen**, die an den Stamm angehängt werden.

Singular		Beispiel: *lach-**en***	Plural		Beispiel: *lach-**en***
1. Person	**ich**	*lach-**e***	1. Person	**wir**	*lach-**en***
2. Person	**du**	*lach-**st***	2. Person	**ihr**	*lach-**t***
3. Person	**er/sie/es**	*lach-**t***	3. Person	**sie**	*lach-**en***

Es gibt Verben, bei denen in der 2. und 3. Person Singular der Vokal wechselt. Beispiele: *sehen → du siehst, er sieht; sprechen → du sprichst, er spricht.*

Singular		Beispiel: *geb-**en**, les-**en**, ess-**en***	Plural		Beispiel: *geb-**en**, les-**en**, ess-**en***
1. Person	**ich**	*geb-**e**, les-**e**, ess-**e***	1. Person	**wir**	*geb-**en**, les-**en**, ess-**en***
2. Person	**du**	*geb-**st**, **ie**s-**t**, **i**ss-**t***	2. Person	**ihr**	*geb-**t**, les-**t**, ess-**t***
3. Person	**er/sie/es**	*geb-**t**, **ie**s-**t**, **i**ss-**t***	3. Person	**sie**	*geb-**en**, les-**en**, ess-**en***

Den Imperativ bilden

Die Aufforderungs-/Befehlsform des Verbs nennt man **Imperativ**. Mit dem Imperativ kannst du einzelne oder auch mehrere Personen auffordern, etwas zu tun.

- Der **Imperativ Singular** wird durch den Stamm des Verbs gebildet. Manchmal wird auch die Endung **-e** angehängt: *schreiben → Schreib!* Oder: *Schreib**e**!* Bei einigen Verben ändert sich auch hier der Vokal: *geben → Gib!*
- Der **Imperativ Plural** wird in der Regel gebildet, indem man an den Stamm des Verbs die Endung ***-t*** anhängt: *erzählen → Erzählt!*

Der Imperativ wird verwendet, um

- einen Rat zu erteilen: *Lernt die Regeln!*
- eine höfliche Bitte auszudrücken: *Hilf mir bitte!*
- einer Aufforderung Nachdruck zu verleihen: *Seid still!*
- einen Befehl zu erteilen: *Putz die Tafel!*

Aufgabe 1 Welche der folgenden Wörter sind Verben? Unterstreiche sie. Alle Verben stehen hier im Infinitiv. Sie sind daran zu erkennen, dass man sie konjugieren kann. Probiere es mündlich aus.

HEIZUNG SCHRIFT BILD REDEN KALT
RECHNEN SCHLAF RIESIG NIESELREGEN

Aufgabe 2 Konjugiere die Verben aus Aufgabe 1. Ergänze auch die Personalpronomen.

	Singular	Verb 1	Verb 2	Plural	Verb 1	Verb 2
1. Person	*ich* ___	___	___	*wir* ___	___	___
2. Person	___	___	___	___	___	___
3. Person	___ */sie/* ___	___	___	___	___	___

Aufgabe 3 Nur ein Verb! Finde es im folgenden Text, bestimme die Personalform und schreibe den Infinitiv dazu.

VERRAT
FRÜHER ODER / SPÄTER / VERRÄT / DER VERRÄTER / DES VERRÄTERS /
DEM VERRÄTER / DEN VERRÄTER. / FRÜHER ODER / SPÄTER
Josef Reding: *Verrat*, in: bundes deutsch. Hg. von R. O. Wiemer Hammer Verlag, Wuppertal 1974, S. 78.

*ver*______________: _____ Person ______________ Infinitiv: ____________________

Aufgabe 4 Ein Geheimnis? Du kommst zu einer Gruppe Jungen und Mädchen, die leise tuscheln. Wie bekommst du heraus, worüber? Du könntest ...

... sie höflich bitten: *Verrat*__ *ihr mir* _______ *euer Geheimnis?*

... einfach so tun, als ob dich das gar nicht interessiert: *Verrat*__ *mir bloß nicht, worum es geht!*

... später nur einen von ihnen ansprechen: *Verrat*__ *mir bitte mal, was da los war!*

Aufgabe 5 Konjugiere die Verben, indem du die richtigen Buchstaben in die Lücken einsetzt. Bestimme die Personalform der markierten Verben und schreibe den jeweiligen Infinitiv dazu. Unterstreiche die Imperative, wenn einer benutzt wird.

1 Wenn ich schlecht *träum*__ dann, ...

Personalform: ______________ Infinitiv: ______________________________

2 *Erleb*__ du das auch manchmal?

Personalform: ______________ Infinitiv: ______________________________

3 Der Wecker *klingel*__, kaum dass mein erster Traum begonnen hat.

Personalform: ______________ Infinitiv: ______________________________

4 Der Regen *prassel*__ laut gegen das Fenster.

Personalform: ____________________ Infinitiv: ______________________

5 Oder *kling*__ das nicht eher wie Wellenrauschen?

Personalform: ______________ Infinitiv: ______________________________

6 Statt weiter am Strand zu liegen, *hör*__ ich immer lauter: „*Steh*__ auf!"

Personalform: ______________ Infinitiv: ______________________________

Personalform: ______________ Infinitiv: ______________________________

7 Für einen kühlen Regentag ist mir eigentlich zu warm. Ich *schwitz*__ ein bisschen.

Personalform: ______________ Infinitiv: ______________________________

8 *Lieg*__ ich im Bett oder im heißen Sand?

Personalform: ______________ Infinitiv: ______________________________

9 „Jetzt *steh*__ auf und *komm*__ endlich ins Wasser", *ruf*__ Max und Kai. „*Träum*__ nicht!"

Personalform: ______________ Infinitiv: ______________________________

Personalform: ______________ Infinitiv: ______________________________

Personalform: ______________ Infinitiv: ______________________________

Personalform: ______________ Infinitiv: ______________________________

AUFGABE 6 Achtung, Ausnahmen! Hier wechselt der Vokal in der 2. und 3. Person von ***e*** zu__. Was passiert beim Imperativ Singular?

Infinitiv	2. Person Singular	Imperativ Singular	3. Person Singular
lesen	*du liest*	*lies!*	*er liest*
essen	______________	______________	______________
geben	______________	______________	______________
helfen	______________	______________	______________
nehmen	______________	______________	______________
sprechen	______________	______________	______________
vergessen	______________	______________	______________

Aufgabe 1
Die Verben sind *reden, rechnen.*

Aufgabe 2

	Singular	1. Verb/2. Verb	Plural	1. Verb/2. Verb
1. Person	ich	rede / rechne	wir	reden / rechnen
2. Person	du	redest / rechnest	ihr	redet / rechnet
3. Person	er/sie/es	redet / rechnet	sie	reden / rechnen

Verben, die ein *-e-* in der Endung der 2. Person Singular haben, weisen dies auch in der 3. Person Singular sowie der 2. Person Plural auf.

Aufgabe 3
verrät: 3. Person Singular Infinitiv: verraten

Aufgabe 4
- Verratet ihr mir bitte euer Geheimnis?
- Verratet mir bloß nicht, worum es geht!
- Verrate mir bitte mal, was da los war!

Aufgabe 5
1 träume; Personalform: 1. Singular; Infinitiv: träumen
2 erlebst; Personalform: 2. Singular; Infinitiv: erleben
3 klingelt; Personalform: 3. Singular; Infinitiv: klingeln
4 prasselt; Personalform: 3. Singular; Infinitiv: prasseln
5 klingt; Personalform: 3. Singular Infinitiv: klingen
(Achtung, anders als in Satz 3 *klingeln.*)
6 höre; Personalform: 1. Singular; Infinitiv: hören;
steh auf; Personalform: Imperativ Singular; Infinitiv: aufstehen
Die Vorsilbe *auf-* steht im Infinitiv am Verbanfang. Aber in allen konjugierten Formen steht sie als eigenständiges Wort hinter dem Verb (am Ende des Satz). Also: *ich stehe auf, du stehst auf* usw., und *steh auf! steht auf!*
7 schwitze; Personalform: 1. Singular; Infinitiv: schwitzen
8 liege; Personalform: 1. Singular; Infinitiv: liegen
9 steh auf; Personalform: Imperativ Singular; Infinitiv: aufstehen;
komm; Personalform: Imperativ Singular; Infinitiv: kommen;
ruft; Personalform: 3. Singular; Infinitiv: rufen;
träum; Personalform: Imperativ Singular; Infinitiv: träumen

Aufgabe 6
Hier wechselt der Vokal in der 2. und 3. Person von *e* zu *i* (bzw. *ie*).

Infinitiv	2. Person Singular	Imperativ Singular	3. Person Singular
lesen	du liest	lies!	er liest
essen	du isst	iss!	er isst
geben	du gibst	gib!	er gibt
helfen	du hilfst	hilf!	er hilft
nehmen	du nimmst	nimm!	er nimmt
sprechen	du sprichst	sprich!	er spricht
vergessen	du vergisst	vergiss!	er vergisst

LÖSUNGEN LÖSUNGEN LÖSUNGEN

19 Verben: Tempusformen

Verben sagen uns, **wann** etwas passiert und werden dafür in verschiedene **Zeitformen (Tempora, Einzahl: Tempus)** gesetzt. Die Tabelle zeigt die Tempusformen.

Zeit	Beispielsatz
Präsens	*ich lerne / ich gehe*
Perfekt	*ich habe gelernt / ich bin gegangen*
Präteritum/Imperfekt	*ich lernte / ich ging*
Plusquamperfekt	*ich hatte gelernt / ich war gegangen*
Futur 1	*ich werde lernen / ich werde gehen*
Futur 2	*ich werde gelernt haben / ich werde gegangen sein*

Das Präsens

Verben im **Präsens (Gegenwart)** drücken aus, was

- **gerade** geschieht: *Ich lerne (gerade) die Zeitformen.*
- **immer** wieder geschieht: *Koalabären leben in Australien.*
- **in der Zukunft** geschieht (nur mit Zeitangaben): *Morgen komme ich zurück.*

Partizip I und II

Neben dem Infinitiv gibt es noch zwei ungebeugte Formen des Verbs:

- **Partizip I** → *lachend, weinend*
- **Partizip II** → *gemacht, gelesen*

Das Partizip II brauchst du, um bestimmte Zeitformen in der Vergangenheit und der Zukunft zu bilden.

Die Zeitformen der Vergangenheit

Wenn du über Vergangenes berichten und erzählen willst, dann verwendest du Verbformen des Perfekts, Präteritums oder Plusquamperfekts.

- Das **Perfekt** verwendest du in **Gesprächen** und beim **mündlichen Erzählen.**

Perfekt mit *haben* + Partizip II: *Ich habe gelesen. (= Ich weiß jetzt mehr.)*
Perfekt mit *sein* + Partizip II: *Ich bin gegangen. (= Ich bin jetzt fort.)*

- Verben im **Präteritum** sagen, **was** bereits **geschehen ist.** Das **Präteritum** verwendest du beim **schriftlichen Erzählen** und **Berichten,** z. B. wenn du einen Unfallbericht schreibst.

Bei den meisten Verben bildest du das Präteritum, indem du an den Wortstamm die **Endung *-te*** anhängst. Bei der Konjugation verändert sich der Stammvokal nicht: *schauen → er schau-**te**, spielen → sie spiel-**te**.* Diese Verben nennt man **schwache** Verben.
Manche Verben **verändern** im Präteritum den **Stammvokal:** *kommen/kam, fallen/fiel, schneiden/schnitt, gehen/ging, reiten/ritt.* Diese Verben sind **starke** Verben.

- Das **Plusquamperfekt** bezeichnet ein Geschehen, das **vor** einem anderen, bereits vergangenen Ereignis stattgefunden hat. Man nennt diese Zeitform deshalb auch **Vorvergangenheit.**

Das **Plusquamperfekt** besteht aus **zwei Teilen:** einer **Präteritumsform** der Hilfsverben ***haben*** oder ***sein*** und dem **Partizip II:** *sie hatte geschrieben, er war gegangen.*

Die Zeitformen der Zukunft

- Das **Futur I** drückt eine **Ankündigung, Absicht, Aufforderung** oder **Vermutung in der Zukunft** aus.

Das **Futur I** besteht aus **zwei Teilen:** einer **Präsensform** des Hilfsverbs ***werden*** und dem **Infinitiv:** *Ich werde schreiben. Sie werden ein Buch lesen.*

- Das **Futur II** drückt eine **in der Zukunft abgeschlossene Handlung** aus.

Das **Futur II** besteht aus **drei Teilen:** einer **Präsensform** des Hilfsverbs ***werden,*** einem **Partizip** und dem **Infinitiv** der Hilfsverben ***haben*** oder ***sein*** – *Der Regen wird dann aufgehört haben.*

AUFGABE 1 Du möchtest deine Ferien in einem Zeltlager verbringen. Find drei Verben für das, was du dort tun kannst.

Ich kann: ______________________ ______________________

______________________ ______________________

Die Ferientätigkeiten hast du mit Verben benannt. Du hast diese in der Grundform aufgeschrieben. Diese Grundform nennt man ______________________.

Die Verbform drückt aus, wer etwas wann tut. Wenn du ein Verb in die Personalform setzt *(ich zelte, du zeltest, ...),* ______________________ du es.

AUFGABE 2 In der Tabelle findest du drei Infinitive. Konjugiere nun die Verben im Präsens.

Person	*laufen*	*schwimmen*	*ankommen*
ich	*laufe*		*komme an*
du	*läufst*		
er/sie/es		*schwimmt*	
wir			
ihr			
sie			

Aufgabe 3 Finde die Partizipien heraus und trage sie in die Tabelle ein. Bilde zu jedem Partizip auch den passenden Infinitiv. Ordne gleich nach Partizip I und II.

1 Der Musiker verdient sein Geld spielend.
2 Der reißende Strom ist gewaltig.
3 Wir waren zum Ausflug in den Zoo gegangen.
4 Gemaltes Obst hat keinen Geruch.
5 Weinend rannte das Kind zu seiner Mutter.
6 Der bellende Hund freut sich über den Hundeknochen.
7 Corinne hat einen Brief geschrieben.

	Partizip I	Partizip II	Infinitiv
1			
2			
3			
4			
5			
6			
7			

Aufgabe 4 Finde die richtigen Stammformen.

gehen	*ging*	*gegangen*	nehmen		
tun			essen		
singen			tragen		
geben			suchen		

Aufgabe 5 Schreibe die folgenden Verben im Perfekt auf. Achte auf den richtigen Stammvokal im Partizip II und das richtige Hilfsverb.

gehen	*ich bin gegangen*	schreiben	*wir*
bleiben	*du*	gehen	*ihr*
denken	*er*	singen	*sie (Pl.)*
rennen	*sie (Sg.)*	nehmen	*sie (Pl.)*

Aufgabe 6 Finde die Präteritumsformen zu den angegebenen Infinitiven.

wir (beginnen) ____________	ich (sein) ____________
ich (schimpfen) ____________	wir (widersprechen) ____________
ihr (bedrohen) ____________	wir (reiten) ____________
du (haben) ____________	er (packen) ____________
du (schreiben) ____________	er (verstehen) ____________

Aufgabe 7 Verfasse zu den folgenden Bildern Wetterberichtsvorhersagen. Benutze dazu das Futur I.

Morgen wird es sonnig sein und

20 Grad geben.

Am Wochenende ____________

____

In den nächsten Tagen ____________

____

Zum Wochenanfang ____________

____

Aufgabe 8 Unterstreiche die zum Plusquamperfekt gehörenden Verbformen in folgenden Sätzen.

1 Vor dem Unfall hatte sie mit dem Handy telefoniert.

2 Sabine hatte den Sonnenaufgang gesehen.

3 Tarek war damals krank geworden.

Aufgabe 9 Bilde zu den folgenden Sätzen das Futur II.

Wir gewinnen.	*Wir werden gewonnen haben.*
Sie hatten gesprochen.	
Ich lerne die Vokabeln.	
Hast du Tina gesehen?	
Er schnarcht.	

Aufgabe 10 Bestimme das Tempus der folgenden Verbformen. Kreuze an, ob sie ein Hilfsverb enthalten oder nicht.

	Tempus	Hilfsverb?
er ging	*Präteritum*	*–*
er hat gelesen		
wir schreiben		
ihr seid weggefahren		
sie werden verreisen		
ich laufe		
du wirst gewonnen haben		
sie hatte telefoniert		

Aufgabe 1 individuelle Lösungen
Beispiele: malen, reiten, Fußball spielen.
Diese Grundform nennt man **Infinitiv.**
Wenn du ein Verb in die Personalform setzt, **konjugierst/beugst** du es.

Aufgabe 2

Person	laufen	schwimmen	ankommen
ich	laufe	schwimme	komme an
du	läufst	schwimmst	kommst an
er/sie/es	läuft	schwimmt	kommt an
wir	laufen	schwimmen	kommen an
ihr	lauft	schwimmt	kommt an
sie	laufen	schwimmen	kommen an

ankommen ist ein trennbares Verb, d. h. seine Vorsibe *an-* kann als eigenständiges Wort stehen. Beim Konjugieren wandert *an* ans Ende des Satzes: *Ich komme morgen an.*

Aufgabe 3

	Partizip I	Partizip II	Infinitiv
1	spielend		spielen
2	reißende		reißen
3		gegangen	gehen
4		gemaltes	malen
5	weinend		weinen
6	bellende		bellen
7		geschrieben	schreiben

Aufgabe 4
gehen: ging/gegangen
tun: tat/getan
singen: sang/gesungen
geben: gab/gegeben
nehmen: nahm/genommen
essen: aß/gegessen
tragen: trug/getragen
suchen: suchte/gesucht

Aufgabe 5
ich bin gegangen
du bist geblieben
er hat gedacht
sie ist gerannt
wir haben geschrieben
ihr seid gegangen
sie haben gesungen
sie haben genommen

Aufgabe 6 wir begannen, ich war, ich schimpfte, wir widersprachen, ihr bedrohtet, wir ritten, du hattest, er packte, du schriebst, er verstand

Aufgabe 7
Am Wochenende wird es regnen.
In den nächsten Tagen wird es kalt und windig.
Zum Wochenanfang wird es schneien.

Aufgabe 8 **1** hatte telefoniert **2** hatte gesehen **3** war geworden

Aufgabe 9
Sie werden gesprochen haben.
Ich werde Vokabeln gelernt haben.
Wirst du Tina gesehen haben?
Er wird geschnarcht haben.

Aufgabe 10

	Tempus	Hilfsverb?
er hat gelesen	Perfekt	✗
wir schreiben	Präsens	—
ihr seid weggefahren	Perfekt	✗
sie werden verreisen	Futur I	✗
ich laufe	Präsens	–
du wirst gewonnen haben	Futur II	✗
sie hatte telefoniert	Plusquamperfekt	✗

LÖSUNGEN LÖSUNGEN LÖSUNGEN

20 Adjektive: Deklination und Steigerung

Adjektive beschreiben Personen, Tiere und Gegenstände genauer und nennen ihre **Eigenschaften:** *das **blaue** Meer, die **flauschige** Katze, ein **hungriger** Wolf.* Deshalb werden sie auch **Eigenschaftswörter** genannt. Sie werden **kleingeschrieben.**

Adjektivdeklination

Wenn Adjektive vor einem Substantiv stehen, werden sie dekliniert (gebeugt).

Nominativ (wer oder was)	*der **graue** Elefant / ein **grauer** Elefant*	*die / eine **flauschige** Katze*	*das **große** Nashorn / ein **großes** Nashorn*
Genitiv (wessen)	*des / eines **grauen** Elefanten*	*der / einer **flauschigen** Katze*	*des / eines **großen** Nashorns*
Dativ (wem)	*dem / einem **grauen** Elefanten*	*der / einer **flauschigen** Katze*	*dem / einem **großen** Nashorn*
Akkusativ (wen oder was)	*den / einen **grauen** Elefanten*	*die / eine **flauschige** Katze*	*das **große** Nashorn / ein **großes** Nashorn*

Steigerung von Adjektiven

Personen, Tiere oder Gegenstände kannst du miteinander vergleichen. Dazu werden die Adjektive gesteigert. Die Tabelle zeigt die drei Steigerungsformen im Positiv, Komparativ und Superlativ.

Positiv = Grundform	**Komparativ = Vergleichsstufe**	**Superlativ = Höchststufe**
	Vergleich zwischen zwei unterschiedlichen Dingen, Tieren oder Personen:	Vergleich zwischen mehreren unterschiedlichen Dingen, Tieren oder Personen:
*Die Giraffe ist **groß.***	*Das Nilpferd ist **größer** als ein Hund.*	*Der Wal ist **am größten.***

Es gibt **Adjektive,** die sich **nicht steigern** lassen, z. B. *leer* oder *tot.* Außerdem gibt es einige **unregelmäßig gebildete Adjektive,** z. B. *gut / besser / am besten; viel / mehr / am meisten; hoch / höher / am höchsten.*

Adjektive können im Satz verschiedene Funktionen übernehmen:

- **Attributive Adjektive** stehen zwischen Artikel und Substantiv. Sie werden dekliniert: *der **schlaue** Junge / ein **schlauer** Junge.*
- **Adjektive als adverbiale Bestimmung** stehen nach Verben wie *laufen, schreien: Das Kind **schreit laut.*** Du kannst diese auch steigern. Das Verb bleibt dabei wieder unverändert: *das Kind schreit lauter.*
- **Prädikative Adjektive** stehen nach Verben wie ***sein, bleiben, werden:*** *Der Junge wird schlau.* Sie sind steigerbar, wobei das Verb wieder unverändert bleibt: *Er wird schlauer.*

Nur attributive Adjektive richten sich in Person und Numerus nach dem Substantiv: *das groß**e** Ohr - die groß**en** Ohr**en**.*

Als adverbiale Bestimmungen und als Prädikative sind Adjektive steigerbar, aber ansonsten unveränderlich: *Sie ist **jung.** - Wir sind **jung.***

Aufgabe 1 Setze zu den vorgegebenen Wörtern eine Nachsilbe und/oder Vorsilbe, so dass ein Adjektiv entsteht. Oft sind mehrere Adjektive möglich.

ge-	**Ruhe, Gespräch, Ernst, unterhalten, schweigen, Frieden, auffallen, Langeweile, Mut, Geheimnis, Angst, Zorn, Wunder**	-ig, -bar, -lich, -voll, -haft, -los, -sam, -isch

ruhig, gesprächig

Aufgabe 2 Dekliniere die Substantive und ihre attributiven Adjektive im Plural. Ergänze die Tabelle mit den richtigen Formen.

Nominativ	*die grauen Elefanten*	*die flauschigen Katzen*	*die großen Nashörner*
Genitiv			
Dativ			
Akkusativ			

Aufgabe 3 Steigere folgende Adjektive und bilde dann sechs Sätze (in deinem Heft).

Positiv	Komparativ	Superlativ
groß	*größer*	*am größten*
klein		
reich		
weit		
kurz		
hoch		
tief		
weit		
gut		
viel		

Aufgabe 4 Formuliere passende Vergleiche. Schreibe mindestens 4 Sätze auf.

____
____
____
____
____
____

Aufgabe 5 Umkreise diejenigen Adjektive, die sich nicht steigern lassen.

einzig **stark** **blind** **berühmt**

lebendig **lang** **viereckig** **winzig**

Aufgabe 6 Nicht alle Adjektive haben Vergleichsformen. Kreuze an, welche sich steigern lassen und welche nicht. Notiere, wenn möglich, die Steigerungsformen.

Adjektiv	lässt sich steigern	lässt sich nicht steigern
krank	*kränker*	
traurig		
ganz		
schnell		
blind		
rund		
lang		
dunkel		
einzig		
tot		
stumm		

Aufgabe 7 Die folgenden Wörter sind Adjektive. Was fällt dir auf, wenn du mit ihnen Vergleiche formulieren möchtest?

golden, ganz, steinhart, tot, einmalig, rund, viereckig, schriftlich, spanisch, rosa

____
____

Aufgabe 1
ruhig, gesprächig, wunderbar, langweilig, zornig, friedlich, mutig, ängstlich, geheimnisvoll, auffällig, schweigsam, ernsthaft, unterhaltsam

Aufgabe 2

Nominativ	die grauen Elefanten	die flauschigen Katzen	die großen Nashörner
Genitiv	der grauen Elefanten	der flauschigen Katzen	der großen Nashörner
Dativ	den grauen Elfanten	den flauschigen Katzen	den großen Nashörnern
Akkusativ	die grauen Elefanten	die flauschigen Katzen	die großen Nashörner

Aufgabe 3

Positiv	Komparativ	Superlativ
groß	größer	am größten
klein	kleiner	am kleinsten
reich	reicher	am reichsten
weit	weiter	am weitesten
kurz	kürzer	am kürzesten
hoch	höher	am höchsten
tief	tiefer	am tiefsten
weit	weiter	am weitesten
gut	besser	am besten
viel	mehr	am meisten

Aufgabe 4
Caro ist kleiner als Julia. Kati ist die Kleinste. Julia ist die Größte. Caro ist größer als Kati.

Aufgabe 5
blind, lebendig, viereckig, einzig

Aufgabe 6

	lässt sich steigern	lässt sich nicht steigern
krank	kränker, am kränksten	
traurig	trauriger, am traurigsten	
ganz		✗
schnell	schneller, am schnellsten	
blind		✗
rund		✗
lang	länger, am längsten	
dunkel	dunkler, am dunkelsten	
einzig		✗
tot		✗
stumm		✗

Aufgabe 7
Diese Adjektive lassen sich nicht steigern. Sie können keinen Komparativ und keinen Superlativ bilden.

LÖSUNGEN LÖSUNGEN LÖSUNGEN

21 Pronomen: Fürwörter

Pronomen weisen auf Substantive hin. Du kannst sie einsetzen als:

- **Begleiter des Substantivs.** In diesem Fall stehen sie vor dem Substantiv und stimmen mit ihm in Kasus, Numerus und Genus überein: ***Seine*** *größten Wünsche erfüllten sich im Laufe* ***seines*** *Lebens.*
- **Stellvertreter des Substantivs.** Diese nehmen im Satz den **Platz eines Substantivs** ein: *Zwei junge Forscher machten eine Entdeckungsreise. Eines Tages erfüllten* ***sie*** *sich* ***ihren*** *größten Wunsch.*

Die verschiedenen Arten von Pronomen

Personalpronomen (persönliche Fürwörter) ersetzen Substantive oder Wortgruppen mit Substantiven *(ich, du, er/sie/es, wir, ihr, sie).*

Possessivpronomen (besitzanzeigende Fürwörter) zeigen den Besitzer oder die Zugehörigkeit einer Sache an: ***mein*** *Fahrrad,* ***deine*** *Schultasche.* Sie begleiten also das Substantiv.

- *der Diebstahl mein**er** Tasche* (Besitzer: *ich; Tasche:* Femininum, Genitiv, Singular)
- *Sie geht zu ihr**en** Pferd**en**.* (Besitzerin: *sie; Pferde:* Neutrum, Dativ, Plural)
- *Wir achten Ihr**en** Mut.* (Besitzer/in: *Sie; Mut:* Maskulinum, Akkusativ, Singular)
- *Such mal dein**e** Sach**en**!* (Besitzer/in: *du; Sachen:* Femininum, Akkusativ, Plural)
- *Das ist unser**e** Sache.* (Besitzende: *wir; Sache:* Femininum, Nominativ, Singular)

Demonstrativpronomen (hinweisendes Fürwort) weisen auf etwas hin und werden dekliniert. *Ich hätte gerne* ***dieses*** *Kleid, bitte!* Sie begleiten ein Substantiv, können aber auch allein stehen. Wichtige Demonstrativpronomen sind: *dies -er, -e, -es; jen -er, -e, -es; der-/das-/diejenige (n), der-/die-/dasselbe; dieselben/selbst*

Relativpronomen (Bezugspronomen) beziehen sich auf ein vorheriges Wort und leiten Relativsätze ein: *Es war ein Geheimnis,* ***das/welches*** *er verraten hatte.* Zu den Relativpronomen gehören z. B.: *der, die, das; denen, dessen/deren; welcher, welche, welches.*

☛ Das **Relativpronomen** ***das*** und die **Konjunktion** ***dass*** solltest du nicht verwechseln: *Ein Geheimnis,* ***das*** *sie hütete: Er hatte ihr gestanden,* ***dass*** *er sie liebte.*

Reflexivpronomen (rückbezügliche Pronomen) weisen meist auf das Subjekt des Satzes hin: *Ich wasche* ***mich.*** *Wir freuen* ***uns.*** *Er ärgert* ***sich.***

Indefinitpronomen (unbestimmte Pronomen) helfen dir, über unbestimmte Mengenangaben zu sprechen. Zu ihnen gehören: *man, nichts, jedermann, jemand, niemand, jeder, irgendeiner, mancher, keiner, viel, wenig, alle, einige.*

Aufgabe 1 Setze im Lückentext folgende Personalpronomen ein: ***Ich, ich, Ich, mir, uns, Sie, Sie, es, es, sie***

„Haben _____ das neue *Harry-Potter-Buch* gelesen?“ „Nein, _____ soll morgen in die Buchhandlungen kommen.“ „_____ möchte _____ sofort dreimal bestellen.“ „Das muss _____ _____ notieren. Aber wozu brauchen _____ denn sofort drei Bücher?“ „_____ bestelle _____ gleich für zwei Freunde mit. Der Englischlehrer hat _____ das Buch empfohlen.“

Aufgabe 2 Unterstreiche in den folgenden Sätzen das Personalpronomen.

Ich möchte essen.	Was möchtest du trinken?
Schmeckt es dir?	Wir haben noch nichts zu trinken bekommen.
Habt ihr bereits bezahlt?	Sie verlassen zusammen das Restaurant.

Aufgabe 3 Auf wen bezieht sich im zweiten Satz das Pronomen? Schreibe den jeweils zweiten Satz so um, dass keine Missverständnisse aufkommen.

Beispiel: Alexander und Andreas besuchen die Elefanten im Zoo. Sie fressen gerade.

Die Elefanten fressen gerade.

1 Julia und Carolin besuchen im Zoo die Affen. Sie schreien laut.

____

2 Die Mädchen sind begeistert von den Affen. Sie springen von Baum zu Baum.

____

3 Thomas beobachtet einen schlafenden Löwen. Er lässt sich durch nichts stören.

____

Aufgabe 4 Bilde sinnvolle Sätze. Streiche dazu die hier nicht passenden Personalpronomen durch. In welchem Fall steht das passende Personalpronomen?

Ich lasse dir/dich/ihm mit auf dem Sofa sitzen.

Ich rufe ihm/dir/dich hinterher.

Wir treffen mir/euch/ihnen um 14 Uhr vor dem Kino.

Aufgabe 5 Possessivpronomen verweisen auf den Besitzer einer Sache oder auf einen Menschen, zu dem andere gehören. Setze die richtigen Endungen ein.

mein silbernes Besteck	mit mein___ guten Freundin
mein___ silbernen Gläser	das Wiedersehen unser___ Bekannten
unser___ silbernen Teller	sein___ neuen Freundinnen

Aufgabe 6 Ergänze sinngemäß die Possessivpronomen.

Das Buch gehört mir. Es ist ____________. Die DVDs gehören dir. Es sind ____________. Die Bücher gehören der Stadtbücherei. Es sind __________. Die Kette gehört Julia. Es ist __________. Die Süßigkeiten gehören uns. Es sind _________.

Aufgabe 7 Unterstreiche in den folgenden Sätzen das Demonstrativpronomen.

Diese Karte enthält die Speisen, jene die Getränke. Nach dem Hauptgang folgt das Dessert. Das ist besonders schmackhaft. Solche Leckereien gibt es nur hier.

Aufgabe 8 Wandle die Hauptsätze in Relativsätze um.

Ich sehe eine Frau. Ihr gehört ein Dackel.

Ich sehe eine Frau, der ein Dackel gehört.

Wir fragen den Lehrer. Er hat die Schlüssel zur Sporthalle.

____

Du kaufst den neuen Computer. Er ist im Angebot.

____

Aufgabe 9 Fülle die folgende Tabelle mit den Reflexivpronomen und der konjugierten Verbform aus.

sich waschen		sich kämmen	
ich	*wasche mich*	ich	*kämme mich*
du	________	du	________
er, sie, es	________	er, sie, es	________
wir	________	wir	________
ihr	________	ihr	________
sie	________	sie	________

Aufgabe 1
„Haben Sie das neue *Harry-Potter*-Buch gelesen?“ „Nein, es soll morgen in die Buchhandlungen kommen.“ „Ich möchte es sofort dreimal bestellen.“ „Das muss ich mir notieren. Aber wozu brauchen Sie sofort drei Bücher?“ „Ich bestelle sie gleich für zwei Freunde mit. Der Englischlehrer hat uns das Buch empfohlen.“

Aufgabe 2
Ich, du, es, dir, Wir, ihr, Sie

Aufgabe 3
sie = die Affen, sie = die Affen, er = der Löwe

Aufgabe 4
Ich lasse dich mit auf dem Sofa sitzen. (Akkusativ)
Ich rufe dir hinterher. (Dativ)
Wir treffen euch um 14 Uhr vor dem Kino. (Akkusativ)

Aufgabe 5

mein silbernes Besteck	mit meiner guten Freundin
meine silbernen Gläser	das Wiedersehen unserer Bekannten
unsere silbernen Teller	seine neuen Freundinnen

Aufgabe 6
meins, deine, ihre, ihre, unsere

Steht ein Possessivpronomen stellvertretend für ein Substantiv, richtet sich der Wortstamm nach dem Besitzer, die Endung nach dem Besitztum.

Aufgabe 7
diese, jene, das, solche

Aufgabe 8
Wir fragen den Lehrer, der den Schlüssel zur Sporthalle hat.
Du kaufst den neuen Computer, der im Angebot ist.

Aufgabe 9

ich wasche mich	ich kämme mich
du wäscht dich	du kämmst dich
er, sie, es wäscht sich	er, sie, es kämmt sich
wir waschen uns	wir kämmen uns
ihr wascht euch	ihr kämmt euch
sie waschen sich	sie kämmen sich

22 Nicht flektierbare Wörter: Präpositionen

Präpositionen zeigen ein Verhältnis oder eine Beziehung zwischen Lebewesen oder Gegenständen bzw. Sachverhalten an: *Sie steht mit ihren Freundinnen im Klassenzimmer.*

Lokale Präpositionen machen Angaben zu **Raum** und **Ort.** Sie bezeichnen die **Lage,** den **Standort** oder die **Richtung:** *Ich gehe zum Zahnarzt.* **(*wohin,* Richtung)** / *Ich in der Schule.* **(*wo,* Lage).**

Temporale Präpositionen bezeichnen den **Zeitpunkt** und die **Zeitdauer** eines Geschehens. Sie antworten auf die Fragen: ***Wann? Seit wann? Wie lange? Wie oft?***
Um die Mittagszeit schaute ich aus dem Fenster **(Zeitpunkt).**
Seit Jahren habe ich mir gewünscht, dich wiederzusehen **(Dauer).**

Modale Präpositionen drücken die **Art und Weise** oder die **Eigenschaft** aus. Sie antworten auf die Fragen ***Wie? Auf welche Art? Für wen?***
Ohne schlechtes Gewissen schrieb er weiter von seinem Freund ab.

Kausale Präpositionen **begründen ein Geschehen** und nennen die **Ursache,** das **Mittel,** die **Bedingung** oder den **Zweck.** Sie antworten auf die Fragen: ***Warum? Womit? Unter welcher Voraussetzung? Wozu?***
Wegen einer Bombendrohung empfiehlt sich die sofortige Räumung des Flughafens.

Präpositionen und Kasus

Die meisten **Präpositionen** fordern einen bestimmten **Kasus** (Fall):

Genitiv: *infolge, jenseits, während, einschließlich, wegen, trotz, innerhalb, außerhalb*
Dativ: *außer, bei, mit, nach, seit, zu, aus, von*
Genitiv oder **Dativ:** *dank, infolge*
Akkusativ: *durch, für, gegen, ohne, um, wider*
Dativ oder **Akkusativ:** *an, auf, hinter, in, neben, über, unter, vor, zwischen*

Mit Hilfe von Fragen kannst du herausfinden, wann der **Dativ** und wann der **Akkusativ** erforderlich ist.
Lokale Präpositionen erfragst du mit

- ***Wo?*** Dann verlangen sie den **Dativ:** *Sie sitzt am (an dem) Schreibtisch.*
- ***Wohin?*** Dann verlangen sie den **Akkusativ:** *Sie geht an den Schreibtisch.*

Präposition und Verb

Manche Präpositionen gehören fest zu bestimmten Verben: *Wir hoffen auf Regen.* Solche Verben sind zum Beispiel: *sich erinnern an, bangen um, sich kümmern um, warten auf, beglückwünschen zu, bitten um, danken für, hindern an, sich brüsten mit.*

Präposition und Artikel

Im Satz verschmelzen Präposition und Artikel manchmal zu einem Wort: *bei dem Spiel* → *beim Spiel.* Das zusammengezogene Wort wird ohne Apostroph geschrieben.

Aufgabe 1 Präpositionen fordern im Satz einen bestimmten Kasus (Fall). Nutze die Fragen und finde den richtigen Kasus.

Arno legt das Buch **auf den Tisch.** *Wohin legt Arno das Buch? Auf den Tisch.*	*Akkusativ*
Rebecca und Svenja stehen **in der Mensa.** *Wo stehen Rebecca und Svenja?*	______
Wir suchen das Mäppchen **im Schrank.** ______	______
Marius legt sein Vokabelblatt **unter das Kopfkissen.** ______	______

Aufgabe 2 Setze die richtigen Präpositionen in die folgenden Sätze ein.

1 Kürzlich sah ich ______ der Straße eine Frau, die mir bekannt vorkam. Zunächst war es nur eine Vermutung.

2 Nicht durch den Ausdruck, der ______ ihrem Gesicht stand, auch nicht ______ ihre Kleidung wurde ich auf sie aufmerksam.

3 Nein, ______ ihres sonderbaren Ganges kam mir ______ den Sinn, wo ich sie schon einmal gesehen hatte.

4 Es war vor vielen Jahren, ______ der langen Sommerferien, die ich ______ meiner Familie ______ dem Land verbrachte.

5 Wir wohnten ______ des Dorfes ______ einem alten abgelegenen Bauernhof.

Aufgabe 3 Wo? Wohin? Ergänze im richtigen Kasus.

1 Der Baum steht (wo?) *vor unserem Haus*.

Er wurde 1950 (wo?) vor ______ / (wohin?) vor ______ Haus gepflanzt.

2 Das Taxi wartet (wo?) vor ______ Eingang.

3 Das Taxi fährt (wohin?) vor ______ Eingang.

Aufgabe 4 Dativ oder Akkusativ? Lies den folgenden Text. Die Präpositionalausdrücke sind fett gedruckt. Ordne sie der richtigen Spalte zu.

Geh doch mal abends **an den Sandstrand.** Suche dir **unter den Palmen** ein ruhiges Plätzchen. Schau zu, wie sich die Sonne **auf das Meer** herabsenkt und sich dann **hinter den Horizont** zurückzieht. **An dem Sternenhimmel** leuchten viele Sterne. Träume und lasse alle Sorgen **hinter dir.** Und wenn sich **zwischen deine Fantasien und Träume** die Geräusche der Nacht mischen, dann spüre den Zauber und die Ruhe.

Dativ (Standort, Lage)	Akkusativ (Richtung, Ziel)
unter den Palmen	*an den Sandstrand*
______	______
______	______
______	______
______	______

Aufgabe 5 Ergänze die fehlenden Präpositionen.

Beispiel: Ich kümmere mich *um* ______ die Einhaltung der Termine.

1 Tierschützer kämpfen ______ die Rettung der Tiere.

2 Wir lachten ______ seinen lustigen Witz.

3 Ich rechne fest ______ deiner Unterstützung.

4 Der Lehrer bemüht sich ______ eine schnelle Korrektur der Klassenarbeit.

5 Du solltest ______ eine Verbesserung deiner Lernleistung nachdenken.

6 Er erkundigte sich ______ dem schnellsten Weg zum Schwimmbad.

7 Wir bedanken uns ______ die freundliche Beratung.

8 Herzlichen Glückwunsch ______ deinem gutem Prüfungsergebnis!

Aufgabe 6 Schau dir die Präpositionen aus Aufgabe 5 nochmal an. Welchen Kasus erfordern sie?

1	*Akkusativ*	5	______
2	______	6	______
3	______	7	______
4	______	8	______

LÖSUNGEN LÖSUNGEN LÖSUNGEN

Aufgabe 1

Akkusativ, Dativ, Dativ, Akkusativ

Aufgabe 2

1 auf
2 in, durch
3 wegen, in
4 während, mit, auf
5 außerhalb, auf

Aufgabe 3

1 (wo?) vor unserem Haus
(wohin?) vor unser Haus

Hier kann man beides sagen, da beide Bedeutungen (wo?/wohin?) möglich sind.

2 (wo?) vor dem Eingang
3 (wohin?) vor den Eingang

Aufgabe 4

Dativ	Akkusativ
unter den Palmen	an den Sandstrand
an dem Sternenhimmel	auf das Meer
hinter dir	hinter den Horizont
	zwischen deine Fantasien und Träume

Aufgabe 5

1 Tierschützer kämpfen für die Rettung der Tiere.
2 Wir lachten über seinen lustigen Witz.
3 Ich rechne fest mit deiner Unterstützung.
4 Der Lehrer bemüht sich um eine schnelle Korrektur der Klassenarbeit.
5 Du solltest über eine Verbesserung deiner Lernleistung nachdenken.
6 Er erkundigte sich nach dem schnellsten Weg zum Schwimmbad.
7 Wir bedanken uns für die freundliche Beratung.
8 Herzlichen Glückwunsch zu deinem gutem Prüfungsergebnis!

als, während, bis, seit können sowohl als Präpositionen als auch als Konjunktionen verwendet werden.

Präposition: Er wartete bis zu ihrer Ankunft.

Konjunktion: Er wartete so lange, bis sie endlich kam.

Aufgabe 6

2 Akkusativ
3 Dativ
4 Akkusativ
5 Akkusativ
6 Dativ
7 Akkusativ
8 Dativ

23 Nicht flektierbare Wörter: Adverbien und Konjunktionen

Adverbien

Das **Adverb** bestimmt ein Geschehen oder Personen und Gegenstände genauer. Es bezieht sich nicht auf das Verb, sondern macht nähere Angaben zum ganzen Satz.
Die **Adverbien** lassen sich nach der **lokalen, modalen, kausalen** und **temporalen Funktion** unterscheiden. Die Tabelle gibt dir Bespielsätze und erläutert Unterschiede.

Lokale Adverbien: räumliche und örtliche Verhältnisse (Standort, Herkunft, Richtung) Frage: ***Wo? Wohin? Woher? Worauf?***	*Wir stellen den neuen Schrank* ***dorthin.***
Modale Adverbien: nähere Begleitumstände eines Geschehens Frage: ***Wie? Wie sehr? Inwiefern? Auf welche Art und Weise? In welchem Maße? Im Vergleich wozu?***	*Wir leiden* ***furchtbar*** *unter der Langeweile.*
Kausale Adverbien: Begründung eines Geschehens Frage: ***Warum? Wodurch? Womit? Wieso? Wozu? Mit welcher Folge? Weshalb?***	*Ich war krank.* ***Deshalb*** *konnte ich mich nicht auf die Klassenarbeit vorbereiten.*
Temporale Adverbien: zeitliche Umstände Frage: ***Wann? Seit wann? Wie lange? Wie oft? Wie bald?***	***Nachts*** *bin ich plötzlich aufgewacht und lag* ***stundenlang*** *wach.*

Konjunktionen

Konjunktionen verbinden Einzelwörter, Wortgruppen oder Sätze miteinander. Sie stehen immer am Beginn des angefügten Teils. Je nach Art der Verknüpfung unterscheidet man die **nebenordnenden** von den **unterordnenden Konjunktionen.**

nebenordnende Konjunktionen	unterordnende Konjunktionen
Sie verknüpfen Wörter, Wortgruppen und Hauptsätze. Hier musst du die Zeichensetzung beachten! ohne Komma: *und, sowohl...als auch, entweder ... oder, wie, als* *Das Essen ist so gut* ***wie*** *gestern.* ***Sowohl*** *der Reis* ***als auch*** *der Fisch sind prima.* mit Komma: *aber, sondern, dennoch, zwar, denn, nämlich, also* *Das stimmt,* ***aber*** *morgen kochen wir zu Hause,* ***nämlich*** *Eintopf.*	Sie leiten einen Nebensatz ein. Der Nebensatz ist vom übergeordneten Hauptsatz abhängig. Zwischen den Teilsätzen steht hier immer ein Komma. temporale Konjunktionen: *während, nachdem, seit, bevor, bis, ehe, als, wenn* *Du warst traurig,* ***als*** *ich ging.* kausale Konjunktionen: Grund/Ursache: *weil, da, dadurch, dass* Ziel/Zweck: *damit* Bedingung: *falls* Auswirkung/Folge: *so dass* Einschränkung: *obwohl* ***Falls*** *ich mich nicht irre, sind das meine Hosen.*

AUFGABE 1 Unterstreiche in den folgenden Sätzen das Adverb.

Gerne erinnere ich mich an die letzten Sommerferien. Immer kreisen meine Gedanken um die erlebten Abenteuer. Dort am Strand hat sich etwas Tolles abgespielt. Deshalb möchte ich die Erlebnisse aufschreiben. Allerdings darf ich nicht übertreiben.

AUFGABE 2 Ordne die folgenden Adverbien den passenden Fragen in der Tabelle zu.

bald, darum, deshalb, dort, dazu, dorthin, eilends, genug, deswegen, jetzt, gestern, nie, nirgends, sehr, vorher, unten, überaus, überall, wundervoll

Wann? Wie oft? Wie lange? Wie bald?	Wo? Woher? Wohin? Worauf?	Warum? Weshalb? Wieso? Wozu?	Wie? Wie viel?
______	______	______	______
______	______	______	______
______	______	______	______
______	______	______	______
______	______	______	______
→ *temporale Adv.*	→ ______	→ ______	→ ______

AUFGABE 3 Tausche in den Sätzen die in Klammern stehenden Ausdrücke durch passende Adverbien aus. Benutze:

deshalb, trotzdem, ~~dafür~~, bald, abends

Beispiel: Heute Morgen bereitet Oma Elfi die Geburtstagstorte vor. **(Zu diesem Zweck)** hat sie alle Zutaten eingekauft.

Heute Morgen bereitet Oma Elfi die Geburtstagstorte vor, dafür hat sie alle Zutaten eingekauft.

Sie hat den ganzen Tag gearbeitet, aber **(am Ende des Tages)** ist sie immer noch nicht fertig.

______

______

Die Zeit drängt, **(aus diesem Grund)** beschließt sie, eine fertige Torte zu kaufen.

______

______

Oma Elfi kennt die Öffnungszeiten der Geschäfte nicht, **(ohne das zu berücksichtigen)** ist sie losgegangen.

____

____

(Nach kurzer Zeit) bemerkt sie, dass die Geschäfte geschlossen sind, denn nirgends brennt Licht.

____

____

Aufgabe 4 Verknüpfe die folgenden Sätze mit einer Konjunktion. Benutze ***weil*** oder ***denn.*** Was musst du beachten?

Beispiel: Julia will Plätzchen backen. Julia will ihrer Mutter eine Freude machen.

Julia will Plätzchen backen, weil sie ihrer Mutter ein Freude machen will.

Der Autofahrer blinkte rechts. Er wollte in die nächste Straße abbiegen.

____

____

Agata kam aus ihrem Hundehäuschen heraus. Vorsichtig schaute sie nach ihrem Frauchen.

____

____

Caro will Schmuckdesign studieren. Sie will in der Modebranche arbeiten.

____

____

Aufgabe 5 Ergänze die passende Konjunktion!

1 Ich glaube, ____________ du Unrecht hast.

2 ____________ es dir recht ist, dann komme ich gegen 18 Uhr vorbei.

3 Mich ärgert es, ____________ du nur an dich denkst.

4 Wir wollten ins Schwimmbad gehen, ____________ es regnete.

5 ____________ er krank ist, kann er nicht in die Schule kommen.

6 ____________ du fleißig lernst, wirst du Freude daran haben.

Aufgabe 1
gerne, immer, dort, deshalb, allerdings

Aufgabe 2

Wann? Wie oft? Wie lange? Wie bald?	**Wo? Woher? Wohin? Worauf?**	**Warum? Weshalb? Wieso? Wozu?**	**Wie? Wie viel?**
bald	dort	deshalb	eilends
jetzt	dorthin	darum	überaus
nie	unten	dazu	sehr
gestern	überall	deswegen	genug
vorher	nirgends		wundervoll
temporale Adv.	*lokale Adv.*	*kausale Adv.*	*modale Adv.*

Aufgabe 3
Sie hat den ganzen Tag gearbeitet, aber **abends** ist sie immer noch nicht fertig.
Die Zeit drängt, **deshalb** beschließt sie, eine fertige Torte zu kaufen.
Oma Elfi kennt die Öffnungszeiten der Geschäfte nicht, **trotzdem** ist sie losgegangen.
Bald bemerkt sie, dass die Geschäfte geschlossen sind, denn nirgends brennt Licht.

Aufgabe 4
Der Autofahrer blinkte rechts, **weil** er in die nächste Straße abbiegen wollte.
oder: ..., denn er wollte in die nächste Straße abbiegen.
Agata kam aus ihrem Hundehäuschen heraus, **weil** sie nach ihrem Frauchen schauen wollte.
oder: ..., **denn** sie wollte nach ihrem Frauchen schauen.
Caro will Schmuckdesign studieren, **denn** sie will in der Modebranche arbeiten.
oder: ..., **weil** sie in der Modebranche arbeiten will.

Weil ist eine unterordnende Konjunktion, die einen Nebensatz einleitet (in dem das gebeugte Verb am Ende steht).
Denn ist eine nebenordnende Konjunktion, die einen Hauptsatz einleitet (in dem das gebeugte Verb auf das Subjekt folgt).

Aufgabe 5
1 dass **2** wenn **3** dass (oder: wenn) **4** aber **5** weil **6** wenn

Unterscheidung von Adverbien und Konjunktionen
Adverbien und Konjunktionen gehören zu den nicht flektierbaren, d. h. nicht veränderbaren Wortarten. Beide Wortarten können Sätze einleiten bzw. verbinden und werden daher leicht verwechselt. Zur Unterscheidung musst du den Satz abfragen. Ein **Adverb** macht stets **Angaben zum Ort** (Frage: *Wo? Woher? Wohin?*), **zur Zeit** (Frage: *Wann?*), **zum Grund** (Frage: *Warum?*) oder **zur Art und Weise** (Frage: *Wie?*). Eine **Konjunktion** dagegen ist ein **Bindewort,** das einzelne Wörter, Satzglieder oder ganze Sätze miteinander verbindet.

LÖSUNGEN LÖSUNGEN LÖSUNGEN

TEST: Wortarten

Aufgabe 1 Bestimme die folgenden Verbformen, indem du die Person (1./2./3. P. Sg. oder Pl.) und das Tempus angibst. Bei mehrteiligen Verbformen: Welcher Teil der Verbform ist das Vollverb und welcher das Hilfsverb? Unterstreiche sie in den Beispielen mit unterschiedlichen Farben.

du nimmst	2.P.Sg. Präsens	wir sprachen	
ich habe gelesen		ihr hattet gesungen	
wir werden lernen		er wird gepackt haben	

5 P

Aufgabe 2 Bilde zu von folgenden Verben das Partizip I und das Partizip II.

	Partizip I	Partizip II
lachen	lachend	gelacht
springen		
lernen		
enttäuschen		
kochen		
füllen		
nennen		
telefonieren		
abschreiben		

16 P

Aufgabe 3 Bilde zu den folgenden Infinitiven die Präteritumsformen. Kreuze an, ob es sich um ein schwaches (–V) oder ein starkes Verb (+V) handelt.

Infinitiv	Präteritum	+V	–V	Infinitiv	Präteritum	+V	–V
kommen	er			träumen	sie		
treffen	sie			steigen	wir		
sitzen	ich			schlagen	sie		
fallen	er			kaufen	ihr		
bauen	sie			stoßen	ich		

10 P

Aufgabe 4 Setze die Formen des Plusquamperfekts ein. Unterstreiche danach die beiden Teile des Plusquamperfekts.

Bevor sie zur Schule ging, ______________________________

____

(die Schultasche packen)

Als es zur Pause klingelte, ______________________________

____

(wir, aus der Schule rennen)

4 P

Aufgabe 5 Suche aus den folgenden Wortgruppen die Präpositionen heraus. Umkreise sie.

das Tief über dem Ozean, der Schnee am gestrigen Abend, das Wetter in einigen Tagen, die Sturmflut an der englischen Küste, das Gewitter vor einem Monat, das Schönwettergebiet hinter Berlin, die Vorhersage für morgen, die Absage wegen Regens, das Arbeiten trotz Krankheit, der Einsatz ohne Gewinn

10 P

Aufgabe 6 Unterstreiche die Verbformen in den Beispielsätzen. Kreuze jeweils an, um welche Zeit es sich jeweils handelt. Die Abkürzungen stehen für **Präs**ens, **Prät**eritum, **Plusqu**amperfekt, **Fut**ur **I** und **Perf**ekt.

Beispielsatz		Präs	Prät	Plusqu	Fut I	Perf
1	Die Erde ist eine Kugel.					
2	Lange Zeit hatte er nicht genügend Geld für die Expedition gehabt.					
3	Die Eingeborenen sind für uns Freunde geworden.					
4	Wir werden noch oft an das Abenteuer denken.					
5	Er wollte nach Indien.					
6	Wir werden die Welt entdecken.					

6 P

Aufgabe 7 Schreibe den folgenden Satz in den bereits gelernten Zeiten auf.

Zeitform	Beispielsatz
Präsens	*Carla kehrt in der Klasse.*
Perfekt	
Präteritum/Imperfekt	
Plusquamperfekt	
Futur I	
Futur II	

5 P

Aufgabe 8 Welche grammatischen Geschlechter gibt es und woran kann man sie beim Substantive erkennen?

3 P

Aufgabe 9 Dekliniere die folgenden Substantive: *der Magen – die Hütte – das Haus*. Denke dabei an die Singular- und die Pluralform.

Kasus	*der Magen*	*die Hütte*	*das Haus*
Nominativ	*der Magen*	*die Hütte*	*das Haus*
	die Mägen	*die Hütten*	*die Häuser*
Genitiv			
Dativ			
Akkusativ			

18 P

Auswertung Trage rechts deine Gesamtpunktzahl ein und vergleiche.

77–39 Punkte	38–19 Punkte	18–0 Punkte

Gesamt 77 P

Aufgabe 1
Die Vollverben sind: *nimmst, lesen, lernen, sprachen, gesungen, gepackt.*
Die Hilfsverben sind: *habe, werden, hattet, wird … haben.*

du nimmst	2. P. Sg. Präsens	wir sprachen	1. P. Pl. Präteritum
ich habe gelesen	1. P. Sg. Perfekt	ihr hattet gesungen	2. P. Pl. Plusquamperfekt
wir werden lernen	1. P. Pl. Futur I	er wird gepackt haben	3. P. Sg. Futur II

Aufgabe 2
springend, gesprungen; lernend, gelernt; enttäuschend, enttäuscht; kochend, gekocht; füllend, gefüllt; nennend, genannt; telefonierend, telefoniert; abschreibend, abgeschrieben

Aufgabe 3

Infinitiv	Präteritum	+V	–V	Infinitiv	Präteritum	+V	–V
kommen	er kam	x		träumen	sie träumten / sie träumte		x
treffen	sie trafen / sie traf	x		steigen	wir stiegen	x	
sitzen	ich saß	x		schlagen	sie schlugen / sie schlug	x	
fallen	er fiel	x		kaufen	ihr kauftet		x
bauen	sie bauten / sie baute		x	stoßen	ich stieß	x	

Aufgabe 4
Bevor sie zur Schule ging, hatte sie die Schultasche gepackt. Als es zur Pause klingelte, waren wir (schon) aus der Schule gerannt.

Aufgabe 5
Die Präpositionen sind: *über, am, in, an, vor, hinter, für, wegen, trotz, ohne*

Aufgabe 6
1 Präs **2** Plusqu **3** Perf **4** Fut I **5** Prät **6** Fut I

Aufgabe 7

Zeitform	Beispielsatz
Präsens	Carla kehrt in der Klasse.
Perfekt	Carla hat in der Klasse gekehrt.
Präteritum/Imperfekt	Carla kehrte in der Klasse.
Plusquamperfekt	Carla hatte in der Klasse gekehrt.
Futur I	Carla wird in der Klasse kehren.
Futur II	Carla wird in der Klasse gekehrt haben.

Aufgabe 8
Es gibt drei grammatische Geschlechter und man kann sie am Artikel des Substantivs erkennen: Maskulinum (männlich) *der,* Femininum (weiblich) *die,* Neutrum (sächlich) *das.*

Aufgabe 9

Kasus	der Magen	die Hütte	das Haus
Nominativ	der Magen / die Mägen	die Hütte / die Hütten	das Haus / die Häuser
Genitiv	des Magens / der Mägen	der Hütte / der Hütten	des Hauses / der Häuser
Dativ	dem Magen / den Mägen	der Hütte / den Hütten	dem Haus / den Häusern
Akkusativ	den Magen / die Mägen	die Hütte / die Hütten	das Haus / die Häuser

LÖSUNGEN LÖSUNGEN LÖSUNGEN

24 Der Satz: Satzarten, zusammengesetzte Sätze (Satzreihe, Satzgefüge)

Satzarten

Es gibt drei Satzarten. Sie werden nach der Sprechabsicht benannt.

- **Aussagesatz** ▪ Hier macht der Sprecher eine Aussage, stellt etwas fest oder behauptet etwas: *Ich bin fleißig.* Am Ende eines Aussagesatzes steht ein Punkt.
- **Aufforderungssatz** ▪ Hier wird zu etwas aufgefordert bzw. etwas wird befohlen: *Mach das Fenster auf!* Am Ende eines Aufforderungssatzes/Ausrufesatzes steht ein Ausrufezeichen.
- **Fragesatz** ▪ Hier wird eine Frage gestellt: *Wie heißt du?* Am Ende eines Fragesatzes steht ein Fragezeichen.

Zusammengesetzte Sätze: Satzreihe und Satzgefüge

Man kann Sätze nach Abhängigkeit von anderen Sätzen unterscheiden.

- Sätze, die alleine (also unabhängig) stehen können, nennt man **Hauptsätze.**
- Sätze, die von einem anderen Satz abhängen, nennt man **Nebensätze.**

Beispiel: *Ich freue mich* (Hauptsatz), *wenn du zu mir kommst* (Nebensatz).

In dem Beispiel bilden ein Hauptsatz und ein Nebensatz einen zusammengesetzten Satz. Es handelt sich dann um ein **Satzgefüge.**

Ein zusammengesetzter Satz kann auch aus zwei oder mehr Hauptsätzen bestehen. Das nennt man dann eine **Satzreihe:** *Susi malt, Peter lacht und Uwe spielt.*

Nebensätze

Nebensätze werden meist mit einer untergeordneten Konjunktion oder einem Relativpronomen eingeleitet und können vor oder nach dem Hauptsatz stehen.. Die Tabelle gibt dir einen Überblick über die verschiedenen Arten von Nebensätzen.

Art des Nebensatzes	Konjunktion/ Relativpronomen	Beispielsatz
Temporalsatz (Zeitangabe)	*als, während, seit, seitdem, solange, sobald, bis, nachdem, bevor*	*Während wir aßen, wurde bei uns eingebrochen.*
Konditionalsatz (Bedingung)	*wenn, falls*	*Wenn ich groß bin, will ich Architekt werden.*
Kausalsatz (Begründung)	*weil, da*	*Da ich viel gelernt hatte, bekam ich eine gute Note.*
Konzessivsatz (Einräumung)	*obwohl, obgleich, obschon, wenn, auch*	*Obgleich du schön bist, bist du nicht glücklich.*
Konsekutivsatz (Folge)	*dass, so dass, ohne dass*	*Es ist so kalt, dass der See zufriert.*
Finalsatz (Absicht)	*damit, dass, auf dass, um zu*	*Ich lerne viel, damit ich gut in der Schule bin.*
Modalsatz (Art- und Weise)	*indem, dadurch dass, ohne dass, als ob, wie wenn, je ... desto*	*Er tat so, als ob er zum ersten Mal Fußball spielte.*

Art des Nebensatzes	Konjunktion/ Relativpronomen	Beispielsatz
Lokalsatz (Ort/Richtung)	*wo, wohin, woher*	*Ich folge dir, wohin du willst.*
Relativsatz (nimmt Bezug)	Einleitung mit Relativpronomen *der, die, das, welcher*	*Das Haus, das alt ist, wird abgerissen.*
Interrogativsatz (indirekter Fragesatz)	Einleitung mit Interrogativpronomen *wo, wann, wie, was*	*Er fragte mich, wo wir uns treffen.*

Interjektionen

Sie sind das einfachste und kürzeste Mittel, sich auszudrücken und bestehen aus einem einzelnen Wort oder einem einzelnen Laut. Diese **Ausrufewörter** oder -laute sind nicht flektierbar, bleiben also **unverändert.** Sie ahmen oft **Geräusche** nach und drücken **Empfindungen und Gefühle** aus. Sie können ganze Sätze ersetzen: *Uii! Herein! Aua! Pfui!*

Aufgabe 1 Formuliere Aufforderungssätze in höflicher Form und in Kurzform für die Bedeutung folgender Verkehrszeichen.

Bitte fahren Sie nicht schneller als 30 km/h!

Tempolimit 30 km/h!

Aufgabe 2 Verwandle die Sätze in die jeweils fehlenden Satzarten (Aussage-, Aufforderungs-, Fragesatz). Vergiss die passenden Satzzeichen nicht.

Wir spielen Tennis.

Stört ihr nicht den Unterricht?

Öffne das Fenster!

Aufgabe 3 Schreibe aus dem Text eine Interjektion und einen ganzen Aussagesatz heraus, der nicht zusammengesetzt ist. Dann suche ein Satzgefüge, in dem der Nebensatz vor dem Hauptsatz steht.

Paul Maar: Vorsicht, Niesgefahr!
In Redelberg am Main steht gleich hinter der Ortstafel ein Verkehrsschild, auf dem eine große Nase zu sehen ist. Das Schild bedeutet: Vorsicht, Niesgefahr! Das Straßenverkehrsamt hat es aufgestellt, weil dort Herr Fordwengler wohnt. Wenn Herr Fordwengler niest, dann fallen im Umkreis von zwölf Metern die Leute zu Boden. Bei einem besonders starken Niesanfall wurde sogar schon einmal ein Polizeioberwachtmeister mitsamt seinem dunkelgrünen Polizeiauto meterweit durch die Luft geschleudert. Seitdem funktioniert das Blaulicht nicht mehr richtig. Gott sei Dank niest Herr Fordwengler sehr selten. Außerdem hat er inzwischen gelernt, ziemlich gezielt zu niesen.

Aus: Maar, Paul: *Vorsicht Niesgefahr,* in: Corinna Küpper (Hg.): *Geschichten zum Lachen, Träumen und Kuscheln,* Hamburg: Ellermann, 2004, S. 76.

Interjektion	______
Aussagesatz	______
Nebensatz	______
Hauptsatz	______

Aufgabe 4 Unterstreiche die Nebensätze und bestimme sie.

Ich glaube dir nicht, auch wenn du es bereust.	Konzessivsatz
Weil ich krank war, konnte ich nicht in die Schule gehen.	______
Der Schatz war versteckt, wo ihn niemand vermutete.	______
Das Haus, das neulich abgebrannt ist, soll neu aufgebaut werden.	______
Während wir in den Ferien waren, hat man bei uns eingebrochen.	______
Ich lerne meine Vokabeln, damit ich gute Ergebnisse habe.	______
Die Schlange fängt ihre Beute, indem sie sich langsam heranschleicht.	______
Falls das Wetter gut ist, gehen wir an den Strand.	______
Ich kann mich beim besten Willen nicht entscheiden, welches Handy ich kaufen soll.	______

Aufgabe 1

Bitte halten Sie an!	Stopp!
Bitte überholen Sie nicht!	Überholen verboten!

Aufgabe 2

Spielen wir Tennis?
Lasst uns Tennis spielen!
Spielen wir Tennis!

Stört nicht den Unterricht!
Stört den Unterricht nicht!
Ihr stört den Unterricht nicht.

Öffnest du das Fenster?
Du öffnest das Fenster.

Aufgabe 3

Interjektion	Vorsicht, Niesgefahr!
Aussagesatz	z. B. Seitdem funktioniert das Blaulicht nicht mehr richtig.
Nebensatz	Wenn Herr Fordwengler niest,
Hauptsatz	dann fallen im Umkreis von zwölf Metern die Leute zu Boden.

Aufgabe 4

Ich glaube dir nicht, auch wenn du es bereust.	Konzessivsatz
Weil ich krank war, konnte ich nicht in die Schule gehen.	Kausalsatz
Der Schatz war versteckt, wo ihn niemand vermutete.	Lokalsatz
Das Haus, das neulich abgebrannt ist, soll neu aufgebaut werden.	Relativsatz
Während wir in den Ferien waren, hat man bei uns eingebrochen.	Temporalsatz
Ich lerne meine Vokabeln, damit ich gute Ergebnisse habe.	Finalsatz
Die Schlange fängt ihre Beute, indem sie sich langsam heranschleicht.	Modalsatz
Falls das Wetter gut ist, gehen wir an den Strand.	Konditionalsatz
Ich kann mich beim besten Willen nicht entscheiden, welches Handy ich kaufen soll.	Interrogativsatz

Der Nebensatz mit seinem Einleitungswort kann:
A am Anfang oder am Ende des Satzgefüges stehen.
B in den Hauptsatz eingeschoben sein.
Der Nebensatz wird stets durch ein Komma vom Hauptsatz getrennt bzw. in Kommas eingeschlossen, wenn der Nebensatz in den Hauptsatz eingefügt ist.

LÖSUNGEN LÖSUNGEN LÖSUNGEN

25 Satz und Satzglieder: Umstell-, Ersatz- und Weglassprobe

Möchtest du wissen, aus welchen Teilen ein vollständiger Satz zusammengesetzt ist? Du wendest die Umstell- oder die Ersatzprobe an, um die Satzglieder zu bestimmen.

Umstell- oder Verschiebeprobe

Hier wird probeweise **die Reihenfolge der Wörter im Satz verändert.** Dabei darf sich der Sinn nicht ändern. Ein Wort oder eine Gruppe von Wörtern, die in einem Satz umgestellt werden kann, nennt man Satzglied:

Ich *bin* *leider* *am Wochenende* *hier*.
Leider *bin* *ich* *am Wochenende* *hier*.
Hier *bin* *ich* *leider* *am Wochenende*.
Am Wochenende *bin* *ich* *leider* *hier*.

Die Umstellprobe hilft dir auch, **abwechslungsreich zu schreiben,** denn so kannst du Wiederholungen im Satzbau vermeiden. Satzglieder, die du betonen möchtest, kannst du an den Satzanfang stellen.

Ersatzprobe

Hier werden **Wörter oder Wortgruppen** durch andere **ausgetauscht.** Dabei darf sich der Satzbau nicht ändern. So findet man heraus, welche Wörter im Satz die gleiche Rolle spielen.

Ich bin leider am Wochenende hier.
Ich bin leider am Samstag und Sonntag hier.

Beide Ausdrücke bestimmen, wann die betreffende Person nicht da ist.

Satzglieder oder Wörter, die sich häufig wiederholen, kannst du durch andere austauschen, damit die Sätze **besser und verständlicher** werden:

Julia findet am Strand eine Muschel. Julia zeigt die Muschel ihrer Freundin. →
Besser: *Julia findet am Strand eine Muschel. Sie zeigt sie ihrer Freundin.*

Weglassprobe

Überflüssige Satzglieder oder Wortwiederholungen lassen einen Text umständlich erscheinen. Beim Überarbeiten eines Textes kannst du ausprobieren, welche **Wörter oder Wortgruppen** du **weglassen** kannst. Es darf sich der Sinn des Satzes dabei nicht verändern. Achte auch darauf, dass Beschreibungen dadurch nicht ungenau werden:

Julia geht mit ihrem Bruder Alexander ins Kino. Dort ~~vor dem Kino~~ trifft ~~ihr Bruder~~ Alexander einen Freund.

Anschließend kannst du prüfen, ob der Text noch verständlich ist. Es hilft, wenn du ihn jemandem vorliest.

Aufgabe 1 Entscheide mithilfe der Umstellprobe, aus wie vielen Satzgliedern der folgende Satz besteht. Schreibe drei weitere inhaltsgleiche Sätze auf. Rahme dann in allen drei Sätzen die Satzglieder ein. Welche Fragewörter werden für die einzelnen Satzglieder gebraucht? Welches Satzglied steht immer an der 2. Stelle? (vgl. dazu auch Modul 26 und Modul 27)

Martin schrieb seiner Großmutter gestern einen langen Brief.

____

____

____

Anzahl der Satzglieder: ____________________

Fragen nach den Satzgliedern:

Subjekt: Wer oder was? – Martin

Prädikat: ____________________

Objekt: ____________________

____

Adverbialbestimmung: ____________________

____

Immer an zweiter Stelle steht das: ____________________

____

Aufgabe 2 Bilde aus den vorgegebenen Satzgliedern Sätze. Beginne jeweils mit dem angegebenen Satzglied, das hier besonders betont werden soll.

Subjekt	*Max und ich kennen* ______ ______	viele Tiere ~~Max und ich~~ nur aus dem Zoo
Akkusativ-objekt	______ *zeigt* ______	der Zoo einige seltene Arten
Genitiv-objekt	______ *bedürfen* ______	nur besonderer Pflege wenige Tiere
Dativ-objekt	______ *begegnet* ______	hier dem Besucher eine exotische Welt

Aufgabe 3 Lies den Text. Jede der nachfolgenden Personen möchte etwas hervorheben, das sie besonders wichtig findet. Wähle zu jeder Person einen passenden Satz aus dem Text aus und stelle mit der Umstellprobe das für sie Wichtige nach vorn.

In Eastbourne im Süden Englands gibt es viele Freizeitangebote wie Wassersport, Bootfahren, Wanderungen. Im Sommer ist das Wetter meist sonnig und das Klima ist sehr angenehm. Am Badestrand halten sich dann viele Menschen auf. Man kann dort Liegestühle mieten. Am Strand kann man Ball spielen, Barbecues veranstalten und sogar Muscheln suchen.

Die Reiseleiterin hebt das schöne Wetter hervor:

____

____

Die Veranstalter sind besonders stolz auf das Freizeitangebot:

____

____

Aufgabe 4 Im folgenden Text kommen viele Wiederholungen vor. Überlege, welche der markierten Wörter oder Satzglieder du ersetzen kannst. Du kannst die angebotenen Wörter benutzen oder selbst welche auswählen: *die Hunde, er, sie, des Tieres, Dackelarten.*

Der Dackel ist eine Hunderasse und zeichnet sich durch eine niedrige Gestalt aus. Der Dackel hat einen länglichen Körper und einen aufmerksamen Gesichtsausdruck. Dackel besitzen ebenfalls verkürzte Beine. Dackel können unterschiedlich groß sein und verschiedene Felle haben, z.B. Langhaar, Rauhaar, Kurzhaar. In den drei Haararten werden Dackel nach ihrer Größe unterschieden.

____

____

____

____

Aufgabe 5 Julia schreibt Isabel aus den Ferien. Streiche die überflüssigen Formulierungen und Wiederholungen weg. Überflüssig ist alles, was keine Informationen enthält. Stelle dann die Sätze so um, dass der Brief sprachlich abwechslungsreicher wird. Schreibe den verbesserten Brief auf ein Extrablatt.

Hallo Isabel, wie geht es dir? Mir geht es hier eigentlich ganz gut. Ich mache hier nämlich gerade Urlaub. Ich bin schon eine Woche mit meinen Eltern hier. Es ist die ganze Zeit so ziemlich ganz gutes Wetter. Hier ist es zwar meistens sonnig, aber oft ist es auch windig hier. Ich habe schon viele Muscheln gefunden. Die Muscheln habe ich in eine Box gepackt. Ich nehme die Muscheln dann mit nach Hause als Erinnerung. Bis dann, deine Julia aus dem Urlaub

Aufgabe 1

Gestern	schrieb	Martin	seiner Großmutter	einen langen Brief .
Seiner Großmutter	schrieb	Martin	gestern	einen langen Brief .
Einen langen Brief	schrieb	Martin	gestern	seiner Großmutter .

Anzahl der Satzglieder: 5

Fragen nach den Satzgliedern:

Subjekt: *Wer oder was?* → Martin

Prädikat: *Was tut/tat er oder sie?* → schrieb

Objekt: *Wem?* → seiner Großmutter (Dativobjekt);

Wen oder was? → einen langen Brief (Akkusativobjekt)

Adverbialbestimmung: *Wann?* → gestern (temporal)

Immer an zweiter Stelle steht das Prädikat (der konjugierte Teil des Prädikats).

Aufgabe 2

Max und ich kennen viele Tiere nur aus dem Zoo.
Einige seltene Arten zeigt der Zoo.
Besonderer Pflege bedürfen nur wenige Tiere.
Dem Besucher begegnet hier eine exotische Welt.

Aufgabe 3

Reiseleiterin → Meist sonnig ist das Wetter im Sommer und sehr angenehm (ist) das Klima.

Veranstalter → Wassersport, Radfahren und Wanderungen sind die Freizeitangebote in Eastbourne. Am Strand kann man Ball spielen.

Aufgabe 4

Er, Sie, Dackelarten, die Hunde

Aufgabe 5

hier eigentlich, hier, hier, so…ganz, hier, hier, die Muscheln, die Muscheln, dann, aus dem Urlaub

Hallo Isabel, wie geht es dir? Mir geht es ganz gut, denn ich mache gerade Urlaub. Ich bin schon eine Woche mit meinen Eltern hier. Die ganze Zeit ist ziemlich gutes Wetter. Es ist zwar meistens sonnig, aber oft auch windig. Ich habe schon viele Muscheln gefunden, die ich in eine Box gepackt habe und als Erinnnerung mit nach Hause nehme. Bis dann, deine Julia

Du kannst durch die Umstellung einzelner Satzglieder oder Satzteile jeden Text sprachlich abwechslungsreicher gestalten. Vermeide aber ungewöhnliche Satzstellungen und nutze auch die Möglichkeit, mit einem Nebensatz oder einer passenden Konjunktion (Satzverbindung) einen Satz zu beginnen.

26 Satzglieder: Subjekt und Prädikat

Das Subjekt

Ein vollständiger Satz wird (mindestens) aus einem Prädikat und einem Subjekt gebildet. Das **Subjekt** nennt die **Person** oder die **Sache,** von der das Geschehen ausgeht: *Ich schreibe (einen Brief).*
Das Subjekt findet man mit der Frage: ***Wer oder was** tut etwas? **Wer oder was** ist?*
Es steht also immer im Nominativ und ist eng mit dem Prädikat verbunden. Subjekt und Prädikat müssen inhaltlich und grammatikalisch zusammenpassen.
Die Lehrerin begrüßt die Kinder mit einem „Guten Morgen!". / Mit einem „Guten Morgen!" begrüßt die Lehrerin die Kinder.

Folgende Wortarten können Subjekt sein:

- Substantive *(die Ärztin)*
- Substantive mit Attributen *(die neue Ärztin)*
- Eigennamen *(Herr Maier)*
- Pronomen *(ich, du ...)*
- Substantivierungen *(das Lesen, die Roten ...)*

Subjekt und Prädikat stimmen **in Numerus und Person** überein: *ich* (Subjekt) *spreche* (Prädikat), beides steht in der 1. Person Singular.

Das Prädikat

Jeder vollständige Satz besitzt ein **Prädikat.** Es drückt aus, **was** im Satz **geschieht** oder was jemand tut. Die anderen Bausteine des Satzes hängen von dem Prädikat ab: *Ich lese ein Buch.* Prädikate werden durch **Verben** gebildet.

Das Prädikat kann aus einer **einfachen** oder aus einer **mehrteiligen Verbform** bestehen. Die **einfache** Verbform besteht nur aus dem **finiten** (konjugierten) Verb selbst: *Ich atme.*
Bei einem **mehrteiligen** Prädikat muss man zwischen dem **finiten** und **infiniten Prädikatsteil** unterscheiden: *Ich **will*** (finiter Prädikatsteil) *ein Bild **malen*** (infiniter Prädikatsteil). Zusammen schließen sie alle Wörter dazwischen ein. Sie bilden also die **Satzklammer.**

Die finite Form des Verbs steht immer an zweiter Stelle eines Aussagesatzes (Hauptsatzes). Die unveränderlichen (infiniten) Prädikatsteile stehen am Ende des Satzes. Solche unveränderlichen Prädikatsteile können sein:

infinite Verbformen (nach Hilfs- oder Modalverb), in zusammengesetzten Tempusformen	*Das Bild ist aus Teilen zusammengesetzt* (Partizip Perfekt). *Die Rahmen kann man aus Holz machen* (Infinitiv).
Vorsilben oder Partikel als trennbare Verbzusätze	*Ich setze das Bild aus vielen Teilen zusammen.*
Substantiv- oder Adjektivausdrücke	*Ich finde die Malerei sehr gut.*

Aufgabe 1 Lies den Text und beantworte anschließend die Fragen. Achte darauf, dass du mit dem Subjekt des betreffenden Satzes antwortest. Bilde vollständige Antwortsätze.

Die „Black Pearl" segelt in der Karibik. Sie verlässt viele Häfen. Die Mannschaft ist seit vielen Tagen unterwegs. Die Black Pearl macht gute Fahrt. Der Kapitän der „Black Pearl" schaut durch das Fernglas. Nähern sich die Piraten? Ja, tatsächlich, ein Piratenschiff kreuzt den Weg. Das Schiff zeigt die schwarze Flagge. Kapitän Sparrow wendet sich an die Mannschaft. Sie versuchen ein riskantes Manöver. Das Manöver gelingt.

Wer schaut durch das Fernglas?	______
Wer macht gute Fahrt?	______
Wer/Was kreuzt den Weg?	______
Wer/Was zeigt die schwarze Flagge?	______
Wer wendet sich an die Mannschaft?	______
Was gelingt?	______

Aufgabe 2 In den folgenden Sätzen sind die Subjekte vertauscht. Stelle die Hilfsfrage, suche die inhaltlich richtige Antwort und schreibe sie dahinter.

Der Zauber der Flasche fand an der Küste eine Flaschenpost.

______ ______

Auf dem Brief stand die Finderin.

______ ______

Ein Fluch sollte verhindert werden.

______ ______

Julia würde sich etwas einfallen lassen müssen.

______ ______

Aufgabe 3 Am Bau eines Hauses sind viele Berufsgruppen beteiligt. Wer tut was? Frage nach dem Subjekt und trage die Antwort rechts ein.

Architekt, Dachdecker, Elektriker, Fliesenleger, Klempner/Installateur, Teppichbodenleger

verklebt die Dachpappe	*der Dachdecker*
entwirft den Bauplan	______
verlegt die Wasserrohre	______

verlegt die Bodenfliesen	______________
baut den Sicherungskasten ein	______________
verlegt den Teppichboden	______________

Aufgabe 4 Finde in den folgenden Sätzen die zweiteiligen Prädikate heraus und unterstreiche sie. Wie heißt der Infinitiv der Verben?

1 Julia nimmt das Telefon ab, als es klingelt. *abnehmen*

2 Arleta räumt die Wohnung nur auf, wenn sie unordentlich ist. ______________

3 Der Geschäftsmann nimmt den Auftrag an, weil er viel Geld bringt. ______________

4 Die Lehrerin bringt viele Bilder mit, damit die Schüler die neuen Vokabeln gut verstehen. ______________

5 Caro läuft vor dem Hund davon, damit er sie nicht beißen kann. ______________

Aufgabe 5 Suche die Subjekte und Prädikate in dem Text. Unterstreiche die Subjekte rot und die Prädikate grün.

Die Mäuse, die von einer Katze sehr geplagt wurden, berieten in einer Versammlung, wie sie sich gegen ihren Feind besser wehren könnten. Eine Maus glaubte, die Lösung des Problems gefunden zu haben. „Wenn die Katze“, sagte sie, „um den Hals ein Glöckchen trüge, würde dieses bei jedem Schritt ertönen und uns warnen, sodass wir in den Schutz unserer Behausung flüchten könnten.“ Das sei gut ausgedacht, lobten die anderen. Eine Maus aber meinte: „Der Vorschlag ist wirklich vorzüglich. Aber wer von uns wird der Katze das Glöckchen umhängen?“

Aufgabe 6 Ordne Subjekt (S) und Prädikat (P) richtig zu.

1 Julia hat Probleme mit dem Englischen.

S: ______________ P: ______________

2 In den Sommerferien fährt sie nach England.

S: ______________ P: ______________

3 Dort will sie einen Sprachkurs machen.

S: ______________ P: ______________

4 Danach wird Julia wahrscheinlich viel mehr Spaß am Englischen haben.

S: ______________ P: ______________

Aufgabe 1

Wer schaut durch das Fernglas?	Der Kapitän der „Black Pearl" schaut durch das Fernglas.
Wer macht gute Fahrt?	Die „Black Pearl" macht gute Fahrt.
Wer/Was kreuzt den Weg?	Ein Piratenschiff kreuzt den Weg.
Wer/Was zeigt die schwarze Flagge?	Das Schiff zeigt die schwarze Flagge.
Wer wendet sich an die Mannschaft?	Kapitän Sparrow wendet sich an die Mannschaft.
Was gelingt?	Das Manöver gelingt.

Aufgabe 2

Wer/Was fand ... → Julia fand an der Küste eine Flaschenpost.
Wer/Was stand ... → Auf dem Brief stand ein Fluch.
Wer/ Was sollte ... → Der Zauber der Flasche sollte verhindert werden.
Wer/Was würde ... → Die Finderin würde sich etwas einfallen lassen müssen.

Aufgabe 3

Dachdecker, Architekt, Klempner/Installateur, Fliesenleger, Elektriker, Teppichbodenleger

Aufgabe 4

2 Arleta räumt die Wohnung nur auf, wenn sie unordentlich ist. (aufräumen)
3 Der Geschäftsmann nimmt den Auftrag an, weil er viel Geld bringt. (annehmen)
4 Die Lehrerin bringt viele Bilder mit, damit die Schüler die neuen Vokabeln gut verstehen. (mitbringen)
5 Caro läuft vor dem Hund davon, damit er sie nicht beißen kann. (davonlaufen)

Aufgabe 5

Subjekte (rot): Die Mäuse, sie, Eine Maus, die Katze, sie, dieses, wir, das, die anderen, eine Maus, Der Vorschlag, wer von uns

Prädikate (grün): geplagt wurden, berieten, sich wehren könnten, glaubte gefunden zu haben, sagte, trüge, würde ertönen, warnen, flüchten könnten, sei ausgedacht, lobten, meinte, ist, wird umhängen

Aufgabe 6

1 S: Julia P: hat
2 S: sie P: fährt
3 S: sie P: will machen
4 S: Julia P: wird haben

LÖSUNGEN LÖSUNGEN LÖSUNGEN

27 Satzglieder: Objekte

Das **Prädikat verlangt** häufig neben dem Subjekt noch **eine andere Ergänzung**, ein sogenanntes Objekt. Das Objekt nennt die **Person oder Sache, auf die sich das Geschehen bezieht.** Prädikat, Subjekt und Objekt müssen von ihrem Sinn her zusammenpassen.

Das Objekt kann aus einem oder mehreren Wörtern bestehen. Dabei können die Wörter unterschiedlichen Wortarten angehören. Das Objekt kann im Akkusativ, Dativ oder Genitiv stehen. Welches Objekt den Satz ergänzt, hängt vom Prädikat ab.

Akkusativobjekt

Eine Ergänzung des Prädikats, die im Akkusativ (4. Fall) steht, wird **Akkusativobjekt** genannt.

Das **Akkusativobjekt** ermittelst du mit der Frage ***Wen oder was?***
Beispiel:

*Ich lese **den Bericht.***
→ Frage: ***Wen oder was*** *lese ich?* → Antwort: *den Bericht.*

Dativobjekt

Eine Ergänzung des Prädikats, die im Dativ (3. Fall) steht, wird **Dativobjekt** genannt.

Das **Dativobjekt** im Satz ermittelst du mit der Frage ***Wem?***
Beispiel:

*Wir geben **ihr** ein Stück Schokolade.*
→ Frage: ***Wem*** *geben wir ein Stück Schokolade?* → Antwort: *ihr.*

Genitivobjekt

Eine Ergänzung des Prädikats, die im Genitiv (2. Fall) steht, wird **Genitivobjekt** genannt.

Das **Genitivobjekt** im Satz wird mit der Frage ***Wessen?*** erfragt.
Beispiel:

*Wir bedürfen **eurer Hilfe.***
→ Frage: ***Wessen*** *bedürfen wir?* → Antwort: *eurer Hilfe.*

Genitivobjekte sind in der Gegenwartssprache selten. Der Beispielsatz würde heute lauten: *Wir brauchen eure Hilfe.* (*eure Hilfe* ist hier Akkusativobjekt).

AUFGABE 1 Subjekt, Prädikat, Akk-O und Dat-O: Unterstreiche die Satzglieder und schreibe die richtigen Bezeichnungen dazu (benutze am besten unterschiedliche Farben).

1 Julia besucht den alten Magnus.
Subjekt Prädikat Akk-O

2 Der hat viele uralte Bücher gefunden.

3 Eins davon ähnelt einem verstaubten Märchenbuch.

4 Es enthält alte Märchen.

5 Der Alte erzählt Julia allerlei Märchen.

6 Das macht ihr große Freude.

7 „Wer hat dieses Buch geschrieben?“,

fragt die neugierige Julia den klugen Alten.

8 „Diese Märchen hat ein bekannter Autor gesammelt und aufgeschrieben und

hat sie uns überliefert.“

AUFGABE 2 Vervollständige die folgenden Sätze.

Das Objekt steht in Klammern und braucht noch die Genitivform.

1 Entsinnt ihr euch (die schöne Weihnachtsfeier)?	
2 Sie bemächtigten sich (die gute Schokolade).	
3 Alle bedienen sich (eine gepflegte Sprache).	
4 Enthaltet euch (jegliche Bemerkung).	

AUFGABE 3 Erfrage die unterstrichenen Satzglieder in den folgenden Sätzen und schreibe die Fragewörter darunter. Ordne die unterstrichenen Wörter in die Tabelle.

Du siehst uns.	Wir geben ihn euch.	Er dankt ihr.
Wer? Wen?		
Sie übermitteln es uns.	Wir grüßen ihn.	Ich richte es ihm aus.

Subjekt *Wer?*	Dativobjekt	Akkusativobjekt
du,		

AUFGABE 4 Trage die folgenden Sätze unter dem dazugehörigen Bauplan ein.

1 Die Kinder kaufen am Kiosk Süßigkeiten.

Wer oder was?	Prädikat	Wen oder was?

2 Der Sanitäter gibt der Mutter des Mädchens ein Pflaster.

Wer oder was?	Prädikat	Wem oder was?	Wen oder was?

3 Der Hallenmeister nimmt den Kunden die Schlittschuhe ab.

Wer oder was?	Prädikat	Wem oder was?	Wen oder was?

4 Der Tee wärmt den ausgekühlten Schlittschuhfahrern die Hände.

Wer oder was?	Prädikat	Wem oder was?	Wen oder was?

5 Den Hungrigen verkauft ein Würstchenverkäufer viele Leckereien.

Wem oder was?	Prädikat	Wer oder was?	Wen oder was?

AUFGABE 1

	Subjekt	Prädikat	Akk-O	Dat-O
1	Julia	besucht	den alten Magnus	
2	Der	hat gefunden	viele uralte Bücher	
3	Eins davon	ähnelt		einem verstaubten Märchenbuch
4	Es	enthält	alte Märchen	
5	Der Alte	erzählt	allerlei Märchen	Julia
6	Das	macht	große Freude	ihr
7	Wer	hat geschrieben	dieses Buch	
	die neugierige Julia	fragt	den klugen Alten	
8	ein bekannter Autor	hat gesammelt und aufgeschrieben	Diese Märchen	
		hat überliefert	sie	uns

AUFGABE 2

1 Entsinnt ihr euch der schönen Weihnachtsfeier?
2 Sie bemächtigten sich der guten Schokolade.
3 Alle bedienen sich einer gepflegten Sprache
4 Enthaltet euch jeglicher Bemerkung.

AUFGABE 3

Subjekt *(Wer?)*	**Dativobjekt** *(Wem?)*	**Akkusativobjekt** *(Wen?)*
du	euch	uns
wir	ihr	ihn
er	uns	es
sie	ihm	ihn
wir		es
ich		

AUFGABE 4

1

Wer oder was? (Subjekt)	**Prädikat**	**Wen oder was?** (Akk-O)
Die Kinder	kaufen	Süßigkeiten.

2

Wer oder was? (Subjekt)	**Prädikat**	**Wem oder was?** (Dat-O)	**Wen oder was?** (Akk-O)
Der Sanitäter	gibt	der Mutter des Mädchens	ein Pflaster.

3

Wer oder was? (Subjekt)	**Prädikat**	**Wem oder was?** (Dat-O)	**Wen oder was?** (Akk-O)
Der Hallenmeister	nimmt ... ab	den Kunden	die Schlittschuhe.

4

Wer oder was? (Subjekt)	**Prädikat**	**Wem oder was?** (Dat-O)	**Wen oder was?** (Akk-O)
Der Tee	wärmt	den ausgekühlten Schlittschuhfahrern	die Hände.

5

Wem oder was? (Dat-O)	**Prädikat**	**Wer oder was?** (Subjekt)	**Wen oder was?** (Akk-O)
Den Hungrigen	verkauft	ein Würstchenverkäufer	viele Leckereien.

LÖSUNGEN LÖSUNGEN LÖSUNGEN

28 Satzglieder: adverbiale Bestimmungen

Adverbiale Bestimmungen sind Satzglieder. Mit ihnen gibst du an, wann, wo, warum und wie etwas passiert. Du machst mit adverbialen Bestimmungen also **nähere Angaben zu Zeit, Ort, Grund oder Art und Weise eines Geschehens.** Sie können aus einem einzelnen Wort oder aus mehreren Wörtern bestehen. Man kann adverbiale Bestimmungen durch Fragewörter bestimmen (s. u.) und durch die Umstellprobe ermitteln. *Die Ferien beginnen* ***heute.*** *→* ***Heute*** *beginnen die Ferien.*

Adverbiale Bestimmungen der Zeit (temporal)

Diese geben nähere Informationen zum Zeitpunkt oder zur Dauer eines Geschehens. Man erfragt sie mit *wann?, seit wann?, wie lange?.*

- *Die Schule geht* ***am Donnerstag*** *wieder los. →* ***Wann*** *geht die Schule wieder los?*
- ***Zwei Wochen*** *lang. →* ***Wie lange*** *fahren wir in Urlaub?*

Adverbiale Bestimmungen des Ortes (lokal)

Sie geben nähere Informationen zum Ort eines Geschehens. Sie werden mit *wo?, woher? wohin?* erfragt.

- *Das Auto steht* ***in der Garage.*** *→* ***Wo*** *steht das Auto?*
- *Wir fahren* ***ans Meer.*** *→* ***Wohin*** *fahren wir in Urlaub?*

Adverbiale Bestimmungen des Grundes (kausal)

Diese geben nähere Informationen zum Grund eines Geschehens. Man erfragt sie mit *warum?, weshalb?.*

- ***Weil wir so viel Gepäck haben,*** *fahren wir mit dem Auto. →* ***Warum*** *fahren wir mit dem Auto?*
- ***Wegen der Hektik*** *habe ich die Sonnencreme vergessen. →* ***Weshalb*** *hast du die Sonnencreme vergessen?*

Adverbiale Bestimmungen der Art und Weise (modal)

Sie geben nähere Informationen darüber, wie ein Geschehen ist oder abläuft. Sie werden mit *wie? auf welche Weise?* erfragt.

- *Wir gehen* ***zu Fuß*** *an den Strand. →* ***Wie*** *kommen wir an den Strand?*
- *Es wurde* ***erst gebraten und dann gebacken.*** *→* ***Auf welche Weise*** *wurde das Essen zubereitet?*

Adverbiale Bestimmungen und Präpositionalobjekte

Wenn das Vollverb im Satz eine bestimmte Präposition fordert, steht hinter dieser Präposition das Präpositionalobjekt.

Beispiel: *Alex schreibt* ***über Forscher.*** *→* ***Über wen*** *schreibt Alex?* (Verb *schreiben* + Präposition *über* → *Forscher* ist ein Präpositionalobjekt)

Sie sitzt ***unter*** (oder: ***hinter*** oder: ***auf*** usw.) ***dem Baum.*** *→* ***Wo*** *sitzt sie?* (*unter/hinter/auf dem Baum* ist eine adverbiale Bestimmung des Ortes)

Aufgabe 1 Lies dir folgenden Text durch. Werden mit den adverbialen Bestimmungen Angaben zu Zeit, Ort, Grund oder Art und Weise eines Geschehens gemacht? Schreibe den Fachausdruck in die Klammer.

Heute Morgen (*temporal*) möchte Ben nicht aufstehen. Weil die Klasse eine Arbeit schreibt (__________), mag er nicht zur Schule (__________) gehen. Er hat viel zu wenig (__________) gelernt. Er überlegt: Vielleicht kann er im Bus (__________) noch etwas lernen?“ Schnell (__________) läuft er los. Doch wegen der ganzen Hektik (__________) vergisst er sein Buch zu Hause (__________). Zum Glück trifft er an der Bushaltestelle (__________) Toni. Der sagt: „Hast du nicht richtig (__________) in deinen Kalender geguckt? Die Arbeit schreiben wir doch erst morgen!“ (__________)

Aufgabe 2 Unterstreiche in den folgenden Sätzen die adverbialen Bestimmungen und benenne sie. In manchen Sätzen gibt es mehr als eine adverbiale Bestimmung.

In der Mittagspause musste Tina schnell essen.	__________ __________
Sie wollte sich wegen der Hausaufgaben mit ihrer Freundin auf dem Schulhof treffen.	__________ __________
Lisa stand an der Treppe.	__________
Die beiden holten rasch ihre Hefte heraus, setzten sich auf die Stufen und schrieben fünf Minuten lang, weil die Pause dann vorbei war.	__________ __________
Danach rannten sie zurück in den Klassenraum.	__________ __________

Aufgabe 3 Wende für die folgenden Sätze die Umstellprobe an und schreibe jeweils mindestens eine abweichende Möglichkeit auf. Unterstreiche dann die adverbialen Bestimmungen.

Im Sommer liege ich viel in der Sonne.

____

Der Hausmeister repariert in den Ferien schnell die Fenster.

____

Aufgabe 4 Ersetze die unterstrichenen Satzteile in den folgenden Sätzen durch adverbiale Bestimmungen und verkürze sie dadurch.

Anni lachte und warf Franzi einen Schneeball gegen die Beine.

____

Weil sie Angst hatte, Franzi würde sich rächen, lief sie schnell weg.

____

____

Mit schnellem Schritt lief Franzi ihr hinterher.

____

Franzi rief nach Anni und warf ihr dann auch einen Schneeball an die Beine.

____

____

Aufgabe 5 Denke dir für den folgenden Text passende adverbiale Bestimmungen aus und schreibe damit deine eigene Geschichte.

Lisa ging ____________ (temporal) zu ________________ (lokal). Sie hatte ihre Sachen __________ (modal) ausgesucht, damit sie besonders __________ (modal) aussah. Wegen ______________________ (kausal) wollte sie sich keinesfalls blamieren! Das war ihr ______ ____________________ (temporal) schon einmal passiert, als sie ________________ (lokal) gewesen war. Weil sie da __________ (kausal) gehabt hatte, hatte sie sich ganz ____________ (modal) angezogen. Aber dieses Mal war alles ____________ (modal). Als sie bei ___________ (lokal) ankam, war niemand da. Lisa klopfte ________ (modal), weil sie ____________________ (kausal). Doch niemand öffnete. Sollte sie ______________ (temporal) wiederkommen? Oder einfach ____________ (modal) warten? Während Lisa ____________ (modal) überlegte, kam ihr die Idee, ______________ (lokal) zu gehen, vielleicht war da jemand? __________ (modal) machte sie sich auf den Weg, weil es schon ______________ (kausal). ______________ (temporal) kam sie endlich an. Doch auch hier war niemand zu sehen. Sie stellte sich ________ (modal) auf die Zehenspitzen, um in ____________ (lokal) hineinsehen zu können, weil ______ ____________ (kausal), konnte sie nichts sehen. Sie probierte es einfach ______________ (modal) und war drin. __________ (modal) ging das Licht an und alle ihre Freunde standen ____ ________ (lokal) und schrien _______ (modal): „Überraschung!“

Aufgabe 1

Heute Morgen (temporal) möchte Ben nicht aufstehen. Weil die Klasse eine Arbeit schreibt (kausal), mag er nicht zur Schule (lokal) gehen. Er hat viel zu wenig (modal) gelernt. Er überlegt: Vielleicht kann er im Bus (lokal) noch etwas lernen? Schnell (modal) läuft er los. Doch wegen der ganzen Hektik (kausal) vergisst er sein Buch zu Hause (lokal). Zum Glück trifft er an der Bushaltestelle (lokal) Toni. Der sagt: „Hast du nicht richtig (modal) in deinen Kalender geguckt? Die Arbeit schreiben wir doch erst morgen!“ (temporal)

Aufgabe 2

In der Mittagspause musste Tina schnell essen.	in der Mittagspause (temporal) schnell (modal)
Sie wollte sich wegen der Hausaufgaben mit ihrer Freundin auf dem Schulhof treffen.	wegen der Hausaufgaben (kausal) auf dem Schulhof (lokal), mit ihrer Freundin (modal)
Lisa stand an der Treppe.	an der Treppe (lokal)
Die beiden holten rasch ihre Hefte heraus, setzten sich auf die Stufen und schrieben fünf Minuten lang, weil die Pause dann vorbei war.	rasch (modal) auf die Stufen (lokal) fünf Minuten lang (temporal) weil die Pause dann vorbei war (kausal)
Danach rannten sie zurück in den Klassenraum.	danach (temporal) in den Klassenraum (lokal)

Aufgabe 3

Im Sommer liege ich viel in der Sonne.

Ich liege viel in der Sonne im Sommer.
Viel liege ich im Sommer in der Sonne.
Ich liege im Sommer viel in der Sonne.

Der Hausmeister repariert in den Ferien schnell die Fenster.

In den Ferien repariert der Hausmeister schnell die Fenster.
Die Fenster repariert der Hausmeister schnell in den Ferien.
Schnell repariert der Hausmeister in den Ferien die Fenster.

Aufgabe 4

Lachend warf Anni Franzi einen Schneeball gegen die Beine.
Aus Angst, Franzi würde sich rächen, lief sie schnell weg.
Schnellen Schrittes lief Franzi ihr hinterher.
Nach Anni rufend warf Franzi ihr dann auch einen Schneeball an die Beine.

Aufgabe 5 individuelle Lösungen, hier ein Beispiel:

Lisa ging am Samstag (temporal) zu ihrer Freundin (lokal). Sie hatte ihre Sachen sorgfältig (modal) ausgesucht, damit sie besonders hübsch (modal) aussah. Wegen der Einladung zum Kuchen (kausal) wollte sie sich keinesfalls blamieren! Das war ihr am letzten Wochenende (temporal) schon einmal passiert, als sie bei ihrer Oma (lokal) gewesen war. Weil sie da viel zu tun (kausal) gehabt hatte, hatte sie sich ganz nachlässig (modal) angezogen. Aber dieses Mal war alles in Ordnung (modal). Als sie bei ihrer Freundin (lokal) ankam, war niemand da. Lisa klopfte laut (modal), weil sie keinen Schlüssel hatte (kausal). Doch niemand öffnete. Sollte sie am Sonntag (temporal) wiederkommen? Oder einfach eine Weile (modal) warten? Während Lisa angestrengt (modal) überlegte, kam ihr die Idee, ins Gartenhaus (lokal) zu gehen, vielleicht war da jemand? Rasch (modal) machte sie sich auf den Weg, weil es schon dunkel wurde (kausal). Kurz darauf (temporal) kam sie endlich an. Doch auch hier war niemand zu sehen. Sie stellte sich wackelig (modal) auf die Zehenspitzen, um in ein Fenster (lokal) hineinsehen zu können, weil alles dunkel war (kausal), konnte sie nichts sehen. Sie probierte es einfach mit der Türklinke (modal) und war drin. Plötzlich (modal) ging das Licht an und alle ihre Freunde standen im Raum (lokal) und schrien laut (modal): „Überraschung!“

LÖSUNGEN LÖSUNGEN LÖSUNGEN

TEST: Satz und Satzglieder

Aufgabe 1 Hauptsatz oder Nebensatz? Schreibe die Abkürzung NS/HS unter die einzelnen Satzteile.

Als der König die schöne Stimme hörte, die sanft aus dem Wald zu hören war, ließ er verkünden, dass alle Ritter des Königreiches in die Burg kommen sollten. Nachdem sie Hochzeit gefeiert hatten, die in einem prächtigen Schloss stattfand, lebten sie glücklich und zufrieden bis an ihr Ende.

7P

Aufgabe 2 Die Familie Adamski fährt morgen in den Urlaub. Überlege, welche Satzarten die Familienmitglieder benutzen, und setze die richtigen Satzschlusszeichen.

Arleta	„Vergiss deinen Personalausweis nicht___“
Caro	„Wer hat meinen Koffer gesehen___“
Julia	„Wo ist meine neue Jeans___“
Alex	„Nichts wie weg hier___“
Andreas	„Ich habe heute Morgen schon das Auto voll getankt___“
Kati	„In Italien soll es sehr heiß werden___“
Agata	„Juchhu___“

7P

Aufgabe 3a Setze die Botschaft der Papierschnipsel zusammen. Schreibe dann noch zwei andere Möglichkeiten des Satzes mit Hilfe der Umstellprobe auf.

das heute startet im Stadion der Treffen Sportler neuen offizielle

1 ______________________________

____

2 ______________________________

____

3 ______________________________

____

6P

AUFGABE 3B Ersetze in den folgenden Sätzen das unterstrichene Satzglied mit Hilfe der Ersatzprobe.

<u>Julia und Kati</u> bringen eine DVD in den Unterricht mit.

____

____

Caro organisiert <u>für die Faschingsparty</u> ein Spiel.

____

____

Clara backt <u>ein Blech Streuselkuchen</u>.

____

Leon und Tom besorgen <u>Cola, Mineralwasser und Orangensaft</u>.

____

4 P

AUFGABE 4 In den Sätzen fehlt jeweils das Prädikat. Setze das passende Prädikat in seiner konjugierten Form ein. Unterstreiche anschließend jedes Subjekt.

beginnen, begrüßen, holen, jonglieren (2x), vorführen

Die Zirkusvorstellung ____________ gerade. Der Zirkusdirektor ____________ die Zuschauer. Viele Artisten ____________ mit großer Schnelligkeit. Sie ____________ mit Ringen und Tellern schwierige Kunststücke ____________. Aus seinem Zylinder ____________ der Zauberer am laufenden Band weiße Kaninchen und Tauben. Auch fünf Mädchen ____________ im gleichen Rhythmus mit Tellern und Ringen.

6 P

AUFGABE 5 Unterstreiche in den folgenden Beispielen alle Satzteile und bestimme sie. (S → Subjekt, P → Prädikat, Dat-O → Dativobjekt, Akk-O → Akkusativobjekt, Gen-O → Genitivobjekt)

1 <u>Der Lehrer</u> <u>hilft</u> <u>dem Schüler</u>. *S / P / Dat-O*

2 Julia bewundert die Künstler. ____________

3 Der Zauberer zeigt den Kindern einen Zaubertrick. ____________

4 Der Zirkusdirektor nimmt sich des kleinen Bären an. ____________

5 Der Clown achtet auf den Sketch. ____________

13 P

Aufgabe 6 Bestimme die unterstrichenen Satzglieder der folgenden Sätze.
(S → Subjekt, P → Prädikat, Dat-O → Dativobjekt, Akk-O → Akkusativobjekt, Adv-Ort → adverbiale Bestimmung des Ortes)

1 Die Königin verspricht dem hässlichen Zwerg ihr erstes Kind.

2 Ein Hamster begegnete einer Schlange auf dem Berg.

3 Du siehst uns.

4 Sie übermitteln es uns.

5 Ich mache meine Hausaufgaben im Wohnzimmer.

19 P

Aufgabe 7 Stelle für die markierten Satzteile die richtige Frage, schreibe sie auf und benenne den Kasus.

Beispiel	Frage	Kasus
eines Diebstahls anklagen		
Wir nennen *der Polizei* den Brandstifter.		
Die Flammen sind echt.		
Man holt sich *Verbrennungen*.		
Dies ist *Deutschlands* größte Anlage.		
Das ist *Pauls* Hut.		
Was veranlasst *den Menschen* Feuer zu legen?		
Der Täter will Schaden anrichten.		
Die Übeltäter werden gefasst.		
Sie sammelte alle *Berichte*.		
Das interessiert *keinen Menschen*.		
Ermittlungen wegen *alten Hackfleischs*.		

24 P

Auswertung Trage rechts deine Gesamtpunktzahl ein und vergleiche.

86–43 Punkte	42–21 Punkte	20–0 Punkte

Gesamt 86 P

Aufgabe 1
Als der König die schöne Stimme hörte (NS), die sanft aus dem Wald zu hören war (NS), ließ er verkünden (HS), dass alle Ritter des Königreiches in die Burg kommen sollten (NS). Nachdem sie Hochzeit gefeiert hatten, die in einem prächtigen Schloss stattfand (NS), leben sie glücklich und zufriedne bis an ihr Ende. (HS)

Aufgabe 2
„Vergiss deinen Personalausweis nicht!"
„Wer hat meinen Koffer gesehen?"
„Wo ist meine neue Jeans?"
„Nichts wie weg hier!"
„Ich habe heute Morgen schon das Auto voll getankt."
„In Italien soll es sehr heiß werden."
„Juchhu!"

Aufgabe 3
A Das offizielle Treffen der Sportler startet heute im neuen Stadion.
Im neuen Stadion startet heute das offizielle Treffen der Sportler.
Heute startet das offizielle Treffen der Sportler im neuen Stadion.
B die Mädchen, dafür, etwas, Getränke

Aufgabe 4
Die Zirkusvorstellung beginnt gerade. Der Zirkusdirektor begrüßt die Zuschauer. Viele Artisten jonglieren mit großer Schnelligkeit in die Menge. Sie führen mit Ringen und Tellern schwierige Kunststücke vor. Aus seinem Zylinder holt der Zauberer am laufenden Band weiße Kaninchen und Tauben. Auch fünf Mädchen jonglieren im gleichen Rhythmus mit Tellern und Ringen.

Aufgabe 5
1 Der Lehrer (S) hilft (P) dem Schüler (Dat-O).
2 Julia (S) bewundert (P) die Künstler (Akk-O).
3 Der Zauberer (S) zeigt (P) den Kindern (DAT-O) einen Zaubertrick (Akk-O).
4 Der Zirkusdirektor (S) nimmt sich (P) des kleinen Bären (Gen-O) an (P).
5 Der Clown (S) achtet auf (P) den Sketch (Akk-O).

Aufgabe 6
1 S, P, Dat-O, Akk-O
2 S, P, Dat-O, Adv-Ort (Lokaladverbiale)
3 S, P, Akk-O
4 S, P, Akk-O, Dat-O
5 S. P, Akk-O, Adv-Ort (Lokaladverbiale)

Aufgabe 7

Beispiel	Frage	Kasus
eines Diebstahls anklagen	wessen	Genitiv
Wir nennen *der Polizei* den Brandstifter.	wem	Dativ
Die Flammen sind echt.	wer oder was	Nominativ
Man holt sich *Verbrennungen*.	wen oder was	Akkusativ
Dies ist *Deutschlands* größte Anlage.	wessen	Genitiv
Das ist *Pauls* Hut.	wessen	Genitiv
Was veranlasst *den Menschen* Feuer zu legen?	wen oder was	Akkusativ
Der Täter will Schaden anrichten.	wer oder was	Nominativ
Die Übeltäter werden gefasst.	wer oder was	Nominativ
Sie sammelte alle *Berichte*.	wen oder was	Akkusativ
Das interessiert *keinen Menschen.*	wen oder was	Akkusativ
Ermittlungen wegen *alten Hackfleischs.*	wessen	Genitiv

LÖSUNGEN LÖSUNGEN LÖSUNGEN

29 Schärfung: Konsonantenschreibung nach betontem kurzen Vokal

Nach betonten kurzen Vokalen folgen fast immer **zwei verschiedene Konsonanten.**
Meist hörst du sie sehr deutlich: *Ba**nk**, fre**md**, Zo**pf**.*
Wenn du aber **nur einen Konsonanten** nach einem kurzen betonten Vokal hörst, dann wird er meist **verdoppelt:** *Fu**tt**er, Ke**ll**e, de**nn**, la**ss**en.*

Ausnahmen

Es gibt mehrere **Ausnahmen,** die du dir einprägen musst.
Die Buchstaben ***z*** und ***k*** werden nie verdoppelt, hier gelten andere Regeln.

- Wenn du nach einem kurzen Vokal ein *z* hörst, schreibst du ***tz*** statt doppeltem *z,* z. B. *Sa**tz**, pla**tz**en.* Sonderfälle gibt es bei Fremdwörtern, wie *Pizza, Razzia.*
- Wenn du nach einem kurzen Vokal ein *k* hörst, schreibst du ***ck*** statt doppeltem *k,* z. B. *Bä**ck**er, we**ck**en.*

Folgt nach dem **kurzen Vokal bereits ein Konsonant,** dann schreibt man nur ***z,*** z. B. *ta**nz**en.* Am besten prägst du dir folgende **Regel** ein:

„Nach *l, m, n, r,* das merke ja, steht nie *tz* und nie *ck!*“

Es gibt auch Wörter wie *Fi**sch**er, si**ng**en, la**ch**en,* die einen kurzen betonten Vokal haben. Nach einem betonten kurzen Vokal können also auch gleich **Laute** folgen, **die mit mehreren verschiedenen Buchstaben** geschrieben werden, zum Beispiel mit *ch, ng, sch.*

In **Fremdwörtern** steht nach einem **kurzen Vokal** oft ein **einfaches *k:*** *defekt,* manchmal aber auch ***kk:*** *Akkusativ.*

Silbentrennung

Folgende Regel gilt für ***st:*** Bei der Worttrennung wird das *st* getrennt:

- *Mus-ter*
- *Wes-te*

Für ***ck*** gilt: Bei der Worttrennung wird das *ck* in die nächste Zeile übernommen:

- *De-cke*
- *Bä-cker*

Ebenso wird ***ch, sch, ph*** usw. auf die nächste Zeile gesetzt:

- *wa-schen*
- *Tau-cher*
- *Am-phibie*

AUFGABE 1 Was wird hier beschrieben? Finde die Wörter. Alle Wörter werden mit ***ck*** geschrieben.

1	Was wirft dich am Morgen aus dem Bett?	______
2	ein Hund mit kurzen Beinen	______
3	Was schließt einen Topf?	______
4	Was hält dich in der Nacht warm?	______
5	Mit einem ...lauf werden die Olympischen Spiele eröffnet.	______

AUFGABE 2 Setze die folgenden Silben so zusammen, dass sie die gesuchten Wörter ergeben. Jede Silbe kann nur einmal verwendet werden.

Ak, Ak, Ak, de, Di, Dok, e, ka, kor, kord, ku, lek, Mak, ni, on, rek, ro, sche, tor, tor, tri

1	die ... Eisenbahn	______
2	ein Musikinstrument	______
3	eine aufladbare Batterie	______
4	italienische Nudeln	______
5	Leiter einer Schule	______
6	Zusammenklang in der Musik	______
7	anderes Wort für Arzt	______

AUFGABE 3 Setze ein: ***tz*** oder ***z***?

herumsi____en faulen____en Türschli____ Pla____

sich se____en Ka____e Wan____e Spa____

Pu____ Hei____ung pu____en Spi____e

Pel____ tan____en Schnau____e he____en

schwi____en hei____en ki____eln Sa____

Ran____en Kau____ fli____en Baumspi____e

Bli____e He____e Ne____e Pa____er

gei____ig Pan____er pla____en Wi____e

Kra____er Schwei____ rei____en

AUFGABE 4 Was zeigen die Abbildungen? Trage die gesuchten Wörter im Singular (der Einzahl) in die erste Spalte. Versuche dann das Wort zu verlängern.

Bild	Singular	Verlängerung → Plural
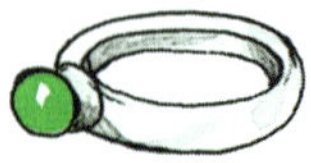	*Ring*	*Ringe*

AUFGABE 5 Emma hat einen Brief an ihren besten Freund Jussi geschrieben. Aber alle Doppelbuchstaben sind verloren gegangen. Schreibe den Text noch einmal mit den fehlenden Buchstaben ab.

Hao Jui,
ich mu dir unbedingt etwas erzählen. Gestern ist etwas Toes paiert. Woen wir uns treen? Natürlich ka ich es auch in unserer Geheimschrift verfaen. Aber ich habe Angst, da sie doch jemand herausbekot. Wa und wo köen wir uns treen? Vieeicht im Schlogarten? Wie ier unter der düen Tae? Bie antworte schne. Deine Ea.

AUFGABE 6 Emma und Jussi - welche anderen Namen mit Doppelkonsonanten fallen dir ein? Schreibe mindestens fünf Mädchen- und fünf Jungennamen auf.

Aufgabe 1

1 Wecker 2 Dackel 3 Deckel 4 Decke 5 Fackel

Aufgabe 2

1 elektrische 2 Akkordeon 3 Akku 4 Makkaroni 5 Direktor
6 Akkord 7 Doktor

Aufgabe 3

herumsitzen, faulenzen, Türschlitz, Platz, sich setzen, Katze, Wanze, Spatz, Putz, Heizung, putzen, Spitze, Pelz, tanzen, Schnauze, hetzen, schwitzen, heizen, kitzeln, Satz, Ranzen, Kauz, flitzen, Baumspitze, Blitze, Hetze, Netze, Patzer, geizig, Panzer, platzen, Witze, Kratzer, Schweiz, reizen

Aufgabe 4

Bild	Singular	Verlängerung → Plural
	Hund	Hunde
	Kakadu	Kakadus
	Schmetterling	Schmetterlinge
	Bank	Bänke
	Blatt	Blätter
	Wald	Wälder

Aufgabe 5

Hallo Jussi,
ich muss dir unbedingt etwas erzählen. Gestern ist etwas Tolles passiert. Wollen wir uns treffen? Natürlich kann ich es auch in unserer Geheimschrift verfassen. Aber ich habe Angst, dass sie doch jemand herausbekommt. Wann und wo können wir uns treffen? Vielleicht im Schlossgarten? Wie immer unter der dünnen Tanne? Bitte antworte schnell. Deine Emma.

Aufgabe 6

individuelle Lösungen, Beispiele:
Jungennamen: Johannes, Benno, Lennart, Bill, Harris, Harry, Rocco, Matti, Steffen
Mädchennamen: Anna, Hanna, Susanne, Marianne, Lilli, Maggie, Effi, Steffi, Minna

LÖSUNGEN LÖSUNGEN LÖSUNGEN

30 Dehnung: die langen Vokale

Die lang gesprochenen Vokale *a, e, o, u* und die Umlaute

Wörter mit den lang gesprochenen Vokalen *a, e, o, u* und Wörter mit den Umlauten *ä, ö, ü* werden oft nur mit einem einfachen Buchstaben geschrieben: *W**a**gen, **l**eben, M**ä**dchen, L**ö**sung, **Ü**bung.*

Seltener wird ein **langer Vokal** markiert durch

- Dehnungs-h, z. B. *Fehler, Wohnung, kehren ...*
- Verdopplung des Vokals, z. B. *Zoo, Aal ...*

Nach einem langen Vokal erscheint ein *h* oft in Verbindung mit einem der vier Konsonanten ***l, m, n, r.*** Beispiele sind: *Wa**hl**, Le**hm**, So**hn**, me**hr**.*

Die **Endungen (Suffixe)** ***-bar, -ur, -tum, -sam, -sal*** werden ohne Dehnungs-*h* geschrieben, auch wenn man beim Sprechen ein *h* hört, z. B. *Brauchtum, Schicksal.*

Das lange *i*

Viele Wörter mit **lang gesprochenem *i*** werden im Deutschen mit ***ie*** geschrieben: z. B. *Liebe, hier.* Das ist die häufigste Schreibweise!

Der *i*-Laut kann auch als ***ieh*** geschrieben werden: z. B. *Vieh.* Hier musst du dir die richtige Schreibweise einprägen, da es keine Regel oder Ableitung gibt.

Meist sind das Verbformen, bei denen ein **Silben trennendes *h*** bei der Konjugation erhalten bleibt: *flie**h**en → er flie**h**t.*

Starke Verben ändern ihren **Stammvokal**, im Präteritum, oft in ***ie:*** *schreiben → er schrieb, lassen → er ließ.*

Infinitiv	Formen des Präteritums mit ie, Singular	Formen des Präteritums mit ie, Plural
lassen	*ich ließ*	*wir ließen*
steigen	*sie stieg*	*sie stiegen*
schreiben	*ich schrieb*	*ihr schriebt*
heißen	*er hieß*	*wir hießen*
bleiben	*er blieb*	*sie blieben*
treiben	*du triebst*	*wir trieben*
reiben	*ich rieb*	*ihr riebt*

Weiterhin solltest du dir merken:

- Einige Wörter, in denen ein langes *i* anklingt, werden **nur mit einem einfachen *i*** geschrieben: *mir, dir, wir, er gibt, der Igel.*
- Das lang gesprochene *i* wird **in den Formen der Pronomen** *ihm/ihr/ihnen* mit ***ih*** geschrieben.
- In **Fremdwörtern** wird ein langes *i* oft **mit einem einfachen *i*** geschrieben: *Vitamine, Maschine, Apfelsine, Klima, Motiv.*

Aufgabe 1 Ordne die folgenden Wörter in die Tabelle ein.

~~Stahl~~, Kohle, ungefähr, Erzählung, Rahm, Verkehr, gähnen, Fehlzeiten, Zahnarzt, Höhle, Sahnetorte, Rahmen, Sohn, Lehrer, Ausnahme, rühren, Kahn, Ehrung, Ruhm, kehren, fröhlich, nehmen, Jahreskalender, Hohn, nachahmen, kahl

-hl-	-hm-	-hn-	-hr-
Stahl			

Aufgabe 2 Schreibe alle Wörter aus dem Buchstabensalat heraus, die einen langen Vokal mit nachfolgendem ***h*** enthalten. Streiche die verwendeten Buchstaben durch.

ah	**~~B~~, men, l, l, ~~n~~, R, W, k, l, en, l, m, m**	Bahn
eh	**L, m, le, ler, r, r, l, F, K, M, s, m**	
uh	**l, r, e, St, R, Zuf, r**	
oh	**L, n, n, r, ren, n, r, S, R, b, M, B, ne**	

Aufgabe 3 Notiere die Lösungswörter. Werden sie mit ***a*** oder ***ah*** geschrieben?

Das Gegenteil von *nein* ist	
Das größte Säugetier auf der Welt ist der	
Den hast du im Mund.	
Das Gegenteil von *wild* ist ...	
Der Künstler ... ein Bild.	
Ein anderes Wort für *Empfehlung/Tipp* ist	
Die Zug... war sehr schön.	
Ein ... hat 12 Monate.	

Aufgabe 4 In diesem Wortgitter stecken elf Wörter, die ***ee*** enthalten. Findest du sie? Umkreise die Wörter und schreibe sie heraus.

A	K	A	F	F	E	E	B	C	D
A	R	M	E	E	E	M	E	E	R
F	G	T	O	U	R	N	E	E	H
G	I	K	J	S	C	H	N	E	E
E	F	L	K	L	M	N	S	O	P
L	E	E	R	D	B	E	E	R	E
E	E	E	Q	R	S	T	E	U	V
E	W	X	I	D	E	E	Y	Z	A

Aufgabe 5 Zwischen das linke und das rechte Wort passt jeweils einer der folgenden Begriffe. Es ergibt sich dann sowohl mit dem linken als auch mit dem rechten Wort eine sinnvolle Zusammensetzung.

Paar, Aal, Saat, ~~Saal~~, Haar

Ball – Tür	*Ballsaal*	*Saaltür*
Rhein – Suppe		
Haupt – Nadel		
Ehe – Lauf		
Korn – Krähe		

Aufgabe 6 Die folgenden Wörter sind falsch zusammengesetzt. Suche sinnvolle Wortzusammensetzungen und schreibe sie unten noch einmal auf.

Kleeflocke, Schneeräuber, Haarpflug, Mittelsaal, Seeblatt, Schneespange, Straßenbeere, Personenmeer, Stachelboot, Segelwaage, Festmeer, -teer

Aufgabe 1

-hl-	-hm-	-hn-	-hr-
Stahl, Kohle, Erzählung, Fehlzeiten, Höhle, fröhlich, kahl	Rahm, Rahmen, Ausnahme, Ruhm, nehmen, nachahmen	gähnen, Zahnarzt, Sahnetorte, Sohn, Kahn, Hohn	ungefähr, Verkehr, Lehrer, rühren, Ehrung, kehren, Jahreskalender

Wenn du nicht weißt, was *Hohn* ist, dann schlage doch einmal im Wörterbuch nach. Das Wörterbuch hilft dir natürlich auch, wenn du dir unsicher bist, wie ein Wort richtig geschrieben wird.

Aufgabe 2

ah: Bahn, Rahmen, Wahl, lahm, mahlen, kahl
eh: Lehm, Fehler, Kehle, Mehl, sehr, mehr
uh: Zufuhr, Stuhl, Ruhe, Uhr
oh: bohren, Sohn, Rohr, Ohr, Lohn, Mohn, Bohne

Aufgabe 3

ja, Wal, Zahn, zahm, malt, Rat, -fahrt, Jahr

Aufgabe 4

A	K	A	F	F	E	E	B	C	D
A	R	M	E	E	E	M	E	E	R
F	G	T	O	U	R	N	E	E	H
G	I	K	J	S	C	H	N	E	E
E	F	L	K	L	M	N	S	O	P
L	E	E	R	D	B	E	E	R	E
E	E	E	Q	R	S	T	E	U	V
E	W	X	I	D	E	E	Y	Z	A

Folgende Wörter konntest du im Rätsel finden: Armee, Erdbeere, Klee, See, Meer, Schnee, Gelee, Idee, Fee, Kaffee, Tournee, leer.

Aufgabe 5

Rhein – Suppe	Rheinaal	Aalsuppe
Haupt – Nadel	Haupthaar	Haarnadel
Ehe – Lauf	Ehepaar	Paarlauf
Korn – Krähe	Kornsaat	Saatkrähe

Aufgabe 6

Kleeblatt, Schneeflocke, Haarspange, Straßenteer, Stachelbeere, Festsaal, Schneepflug, Seeräuber, Mittelmeer, Personenwaage, Segelboot

Mit diesen Übungen trainierst du fehlerfreies Schreiben. Damit du dir nichts Falsches einprägst, kannst du auch eine Rechtschreibkartei führen. Entweder du führst eine persönliche Fehlerkartei, die Wörter enthält, bei denen du oft Fehler machst. Oder du kannst auch eine Regelkartei führen, in der du die wichtigsten Rechtschreibregeln aufschreibst. Am besten notierst du dir auch immer gleich ein Beispiel dazu.

LÖSUNGEN LÖSUNGEN LÖSUNGEN

31 Verschiedene Laute: der *s*-Laut

Der *s*-Laut klingt in allen Wörtern sehr ähnlich. Er hat aber drei verschiedene Schreibweisen. Er kann mit **s, ss** oder **ß** geschrieben werden: ***S**onne, Au**s**flug, Flu**ss**, hei**ß**.*
Für die *s*-Laute gibt es verschiedene Regeln, die du dir einprägen musst.
Generell gilt:
- Am Wortanfang schreibt man immer ***s/S***.
- Im **Wortinneren** und am **Wortende** können für *s*-Laute die Buchstaben ***s, ss*** oder ***ß*** stehen.

Bei *s*-Lauten unterscheiden wir die stimmhaften und die stimmlosen *s*-Laute.
- **Das Bienen-*s*:** Der **stimmhafte *s*-Laut** wird weich gesprochen und klingt eher wie ein Summen. Er wird immer mit einfachem ***s*** geschrieben: z. B. *Sonne.*
- **Das Schlangen-*s*:** Der **stimmlose *s*-Laut** wird hart gesprochen. Er klingt eher wie ein Zischen und wird entweder mit ***s, ss*** oder ***ß*** geschrieben: z. B. *fleißig.*

s oder *ß*

Folgt der ***s*-Laut einem langen Vokal oder Diphthong** (Doppellaut), dann steht ***s*** oder ***ß*** *(Ei, Strauß).*
- Du schreibst ein ***s*** für den stimmlosen *s*-Laut am Wortende, wenn es eine Ableitung oder Verlängerung mit stimmhaften *s*-Laut gibt: *Gra**s** - Grä**s**er.*
- Du schreibst ***ß***, wenn der *s*-Laut auch in der Ableitung stimmlos bleibt: *Fu**ß** - Fü**ß**e.*

Bei einem langen Vokal hilft dir immer die **Verlängerungsprobe:** Bei Substantiven bildest du am besten den Plural und bei Verben den Infinitiv: *Lie**s**! - le**s**en.*

s oder *ss*

Folgt der ***s*-Laut einem kurzen betonten Vokal,** dann schreibt man meistens ***ss:*** *wi**ss**en, kü**ss**en.* Der *s*-Laut ist dann **stimmlos.**

Substantive mit der Endung ***-nis*** und einige Fremdwörter werden im Singular mit ***s*** und im Plural mit ***ss*** geschrieben: *Zeugni**s** - Zeugni**ss**e, Bu**s** - Bu**ss**e.*
Ausnahme: In Wörtern wie *fest, fast, Rast, Frost* folgt dem stimmlosen ***s*** im Wortstamm ein weiterer Konsonant. Dann wird das s nicht verdoppelt.

das oder *dass*?

Die Konjunktion *dass* und das Relativpronomen *das* werden oft verwechselt. Aber wenn du dir eine wichtige Regel merkst, wirst du nichts mehr falsch machen:
- ***das*** leitet einen **Relativsatz** ein und kann durch ***dieses, welches*** oder ***jenes*** ersetzt werden.
  Beispiel: *Das Spiel, **das** ich mir ausgeliehen habe, ist klasse.* → Du kannst auch schreiben: *Das Spiel, welches ich mir ausgeliehen habe …*
- **dass** leitet immer einen **Nebensatz** ein und kann **nicht ersetzt** werden. Beachte hierzu die Wortart **Konjunktionen** (→ Modul 23).
  Beispiel: *Er hat erzählt, **dass** er Übersetzer werden will.*

Aufgabe 1 Hast du schon einmal ein Floß gebaut? Lies dir bitte den Anfang der Bauanleitung durch. Unterstreiche dann alle Wörter mit *s*-Lauten.

Ein Floß baut man am besten aus Holz. Manche verwenden auch alte Fässer. Das beste Material ist aber Holz. Das Holz muss nicht entrindet werden, der Aufwand ist zu groß. Es kann aber sein, dass sich ein Floß mit Rinde schneller mit Wasser vollsaugt.

Die Holzstämme sollten schön gleichmäßig gewachsen sein und von allen Ästen befreit sein. Je gleichmäßiger sie sind, desto besser liegen sie aneinander. So kann man nicht mit den Füßen zwischen die Stämme geraten.

Ein großes Floß sollte man auf jeden Fall im Wasser bauen. Wie man die Knoten macht, ist ziemlich egal, Hauptsache sie sind fest. Besser sind weniger elastische Seile. An den Enden des Floßes sollte ein wenig Seil übrigbleiben, um diese bei Bedarf damit nachzusichern. Geknotet wird auf beiden Seiten des Floßes gleichzeitig. ...

Aufgabe 2 Sortiere die Wörter mit den *s*-Lauten in die folgende Tabelle ein. Es reicht, wenn du jedes Wort einmal aufschreibst.

stimmhafter *s*-Laut *s*	stimmloser *s*-Laut *s*	stimmloser *s*-Laut *ss*	stimmloser *s*-Laut *ß*
			Floß

Aufgabe 3 Finde die Wörter. Alle Wörter werden mit **s** oder **ss** geschrieben.

1	ein Tier, das Lasten trägt	*Esel*
2	eine Blume mit Stacheln	
3	das Verb zu Kuss	
4	ausschweifend essen	
5	Bei einer Tombola kannst du viele ... kaufen.	

Aufgabe 4 *das* oder *dass?* Ermittle, ob du *das* oder *dass* einsetzen musst. Nutze dazu die Ersatzprobe (im Kopf). Ein Beispiel zeigt dir, wie es geht.

1 Ich glaube, dass es das Buch ist. Probe: Ich glaube, dass es dieses Buch ist.

2 Wir bestätigen, ____ es ____ Haus unseres Onkels ist.

3 Sie bedauert, ____ er ____ Auto angefahren hat.

4 Ich hoffe, ____ du ____ T-Shirt findest, ____ dir gefällt.

5 Vermuten Sie, ____ es ____ vermisste Fahrrad ist?

6 ____ es ____ gesuchte Auto ist, ____ glaube ich nicht.

7 ____ ____ ____ Haus ist, ____ du schon immer kaufen wolltest, ____ ist ein großer Zufall.

8 Wer hat ____ geglaubt, ____ ____ neue Schulfach ____ genialste Fach an der Schule wird?

9 ____ ist der Mann, der ____ Fahrrad, ____ angeschlossen war, gestohlen hat.

Aufgabe 5 Lies den Lückentext durch und teste dich. Kannst du alle s-Laute unterscheiden und richtig einsetzen? Ergänze ***s, ss*** oder ***ß.*** Achte auch auf Groß- und Kleinschreibung, wenn der s-Laut am Wortanfang steht.

___ehr geehrte Frau Nu___baum,

ich hei___e Li___a Fro___t und gehe in die Kla___e 5b. Meine Kla___e hat da___ be___te Ergebni___ der Schule beim ___portfe___t erbracht. Wir waren ___ogar be___er als im letzten Jahr. Ich finde, da___ wir un___ eine Belohnung verdient haben. Hiermit möchte ich von Ihnen die Erlaubni___ einholen, zu___ammen mit unserem Kla___enlehrer Herrn Flu___wa___er einen Au___flug machen zu dürfen. E___ wäre ein schöne___ Erlebni___ für un___ alle. ___ollten ___ie ___ich dazu entschlie___en, geben ___ie un___ bitte bald Bescheid. Denn wir möchten natürlich die warmen ___ommertage dazu nutzen.

Mit freundlichen Grü___en

Li___a Fro___t

Aufgabe 1

Ein Floß baut man am besten aus Holz. Manche verwenden auch alte Fässer. Das beste Material ist aber Holz. Das Holz muss nicht entrindet werden, der Aufwand ist zu groß. Es kann aber sein, dass sich ein Floß mit Rinde schneller mit Wasser vollsaugt.
Die Holzstämme sollten schön gleichmäßig gewachsen sein und von allen Ästen befreit sein. Je gleichmäßiger sie sind, desto besser liegen sie aneinander. So kann man nicht mit den Füßen zwischen die Stämme geraten.
Ein großes Floß sollte man auf jeden Fall im Wasser bauen. Wie man die Knoten macht, ist ziemlich egal, Hauptsache sie sind fest. Besser sind weniger elastische Seile. An den Enden des Floßes sollte ein wenig Seil übrigbleiben, um diese bei Bedarf damit nachzusichern. Geknotet wird auf beiden Seiten des Floßes gleichzeitig.
Die Wörter *Holzstämme, Stämme, gewachsen* sind nicht unterstrichen, weil sie die Laute *scht* und *ks* beinhalten.

Aufgabe 2

stimmhafter s-Laut s	stimmloser s-Laut s	stimmloser s-Laut ss	stimmloser s-Laut ß
sein	besten	Fässer	Floß
sich	aus	muss	groß
vollsaugt	das	dass	gleichmäßig
sollten	beste	Wasser	Füßen
sie	ist	besser	großes
sind	es		Floßes
So	Ästen		
sollte	desto		
Hauptsache	fest		
Seile	elastische		
Seil	des		
diese			
Seiten			

Aufgabe 3

1 Esel 2 Rose 3 küssen 4 fressen 5 Lose

Aufgabe 4

2 Wir bestätigen, dass es das Haus unseres Onkels ist.
3 Sie bedauert, dass er das Auto angefahren hat.
4 Ich hoffe, dass du das T-Shirt findest, das dir gefällt.
5 Vermuten Sie, dass es das vermisste Fahrrad ist?
6 Dass es das gesuchte Auto ist, das glaube ich nicht.
7 Dass das das Haus ist, das du schon immer kaufen wolltest, das ist ein großer Zufall.
8 Wer hat das geglaubt, dass das neue Schulfach das genialste Fach an der Schule wird?
9 Das ist der Mann, der das Fahrrad, das angeschlossen war, gestohlen hat.

Aufgabe 5

Sehr geehrte Frau Nussbaum,
ich heiße Lisa Frost und gehe in die Klasse 5b. Meine Klasse hat das beste Ergebnis der Schule beim Sportfest erbracht. Wir waren sogar besser als im letzten Jahr. Ich finde, dass wir uns eine Belohnung verdient haben. Hiermit möchte ich von Ihnen die Erlaubnis einholen, zusammen mit unserem Klassenlehrer Herrn Flusswasser einen Ausflug machen zu dürfen. Es wäre ein schönes Erlebnis für uns alle.
Sollten Sie sich dazu entschließen, geben Sie uns bitte bald Bescheid. Denn wir möchten natürlich die warmen Sommertage dazu nutzen.
Mit freundlichen Grüßen
Lisa Frost

LÖSUNGEN LÖSUNGEN LÖSUNGEN

32 Rechtschreibung: Groß- und Kleinschreibung

Satzanfänge und Substantive

Substantive (Nomen/Hauptwörter) erkennst du meist an ihren Begleitern (besonders an den Artikeln, Pronomen und Adjektiven): ***das*** *Klassenzimmer,* ***sein*** *Computer,* ***im*** *neuen Gebäude,* ***dieser*** *fleißige Schüler.* (→ Modul 17)

> Im Deutschen werden Substantive und Satzanfänge immer groß geschrieben.

Auch Wörter, die auf ***-heit, -keit, -nis, -schaft, -tum, -ung*** enden, sind Substantive und werden groß geschrieben. Beispiele dafür sind: *Dummheit, Traurigkeit, Ereignis, Meisterschaft, Eigentum, Einigung.*

Als Substantiv gebrauchte Wörter: Substantivierungen

Verben und Adjektive werden eigentlich immer klein geschrieben. Wenn sie im Satz aber als Substantiv gebraucht werden, schreibt man sie groß. Das nennt man auch **Substantivierung.**

Du erkennst Substantivierungen am **Substantivsignal.** Wörter wie *auf, das, viel, nichts, außer, etwas, im, wenig* sind solche Substantivsignale. Sie machen aus Verben und Adjektiven Substantive, z. B. *lesen → das Lesen / wichtig → etwas Wichtiges*

Substantivsignale sind:

- **Artikel:** *das Schöne, das Schreiben*
- **Possessivpronomen:** *mein Singen, dein Lachen*
- **Präpositionen** (mit Artikel): *beim (bei dem) Lernen*
- **Indefinitpronomen,** also Wörter, die eine unbestimmte Menge von etwas angeben: *alles Gute, nichts Schlimmes, etwas Grünes.*

Anredepronomen

Bestimmte Personen siezt du. Dann benutzt du die höfliche Anrede, also die Anredepronomen *Sie, Ihr, Ihnen, Ihre* usw. Alle Anredepronomen werden groß geschrieben: *Wir beziehen uns auf* ***Ihre*** *Anzeige vom ...; Bitte entschuldigen* ***Sie*** *das Fehlen unserer Tochter.*

Aufgabe 1 Fülle die Tabelle aus und überlege dir dann noch weitere Adjektive. Schreibe sie in die Liste und bilde daraus nach angegebenem Muster Substantive.

Adjektiv	+	Endung	→	Substantiv
schön	+	*heit*	→	*Schönheit*
traurig	+		→	
tapfer	+		→	
	+		→	
	+		→	
	+		→	

Aufgabe 2 Fülle die Tabelle aus. Finde noch weitere Verben und bilde daraus Substantive.

Verb	+	Endung	→	Substantiv
schreiben	+	*ung*	→	*Schreibung*
sich ernähren	+	*ung*	→	*Ernährung*
	+		→	
	+		→	
	+		→	
	+		→	
	+		→	

Aufgabe 3 Bilde neue Substantive: Immer zwei Substantive gehören zusammen. Verbinde sie und schreibe das neue Substantiv rechts in die Spalte.

Angst	Burg	*Angsthase*
Schloss	Brief	
Leser	Geist	
Glück	Hase	
Fahrrad	Wunsch	
Ritter	Klingel	
Feier	Abend	

Aufgabe 4 Überlege dir zwei weitere Substantivierungen und trage sie in die richtige Spalte der Tabelle ein.

Artikel + Verb	Possessivpronomen + Verb	Indefinitpronomen + Adjektiv	Präposition + Verb
das Lernen	*unser Lachen*	*alles Gute*	*beim Lesen*
________	________	________	________
________	________	________	________
________	________	________	________
________	________	________	________

Aufgabe 5 Groß- oder Kleinschreibung? Setze die in Klammern angegebenen Wörter richtig ein. Handelt es sich jeweils um ein Verb (dann: Kleinschreibung) oder um ein Substantiv (dann: Großschreibung)?

(2x SPIELEN): Kati und Caro ________________ oft miteinander. Sie haben sich auch heute zum ________________ verabredet.

(3x LAUFEN): Sie __________ gerne in der Stadt herum. Gestern aber hat sich Kati beim __________ den Knöchel verstaucht. Nun fällt ihr das __________ schwer.

(3x KICHERN): Trotzdem __________ sie viel miteinander. Ihr __________ ist so ansteckend und laut, dass sich Katis Mutter sehr über so viel __________ wundert.

Aufgabe 6 Schreibe den folgenden Text richtig ab. Beachte die Großschreibung der Substantive und der Satzanfänge.

IM DEUTSCHEN WERDEN DER SATZANFANG, ÜBERSCHRIFTEN, EIGENNAMEN UND ANREDEN SOWIE SUBSTANTIVE MIT EINEM GROßEN ANFANGSBUCHSTABEN GEKENNZEICHNET. IN DER DEUTSCHEN RECHTSCHREIBUNG WERDEN GANZE SÄTZE DURCH EINEN PUNKT, EIN AUSRUFEZEICHEN, EIN FRAGEZEICHEN UND IN BESTIMMTEN FÄLLEN DURCH EINEN DOPPELPUNKT VONEINANDER GETRENNT, WOBEI DER JEWEILS ERSTE BUCHSTABE NACH DEM SATZZEICHEN GROßGESCHRIEBEN WIRD.

____

____

____

____

____

Aufgabe 1 individuelle Lösungen, Beispiele:

Adjektiv	+	Endung	→	Substantiv
schön	+	*heit*	→	*Schönheit*
traurig	+	*keit*	→	*Traurigkeit*
tapfer	+	*keit*	→	*Tapferkeit*
faul	+	*heit*	→	*Faulheit*
weise	+	*heit*	→	*Weisheit*

Beachte, dass bei manchen Adjektiven noch ein *-ig-* hinzugefügt werden muss: *schön → Schönheit,* aber *schnell → Schnelligkeit.* Wenn du dir nicht sicher bist, nimm ein Wörterbuch zur Hand.

Aufgabe 2 individuelle Lösungen, Beispiele:

Verb	+	Endung	→	Substantiv
schreiben	+	*ung*	→	*Schreibung*
sich ernähren	+	*ung*	→	*Ernährung*
erleben	+	*nis*	→	*Erlebnis*
lieben	+	*schaft*	→	*Liebschaft*
brauchen	+	*tum*	→	*Brauchtum*

Aufgabe 3

Schlossgeist, Glückwunsch, Leserbrief, Ritterburg, Fahrradklingel, Feierabend

Die Zusammenführung von zwei Substantiven zu einem Substantiv kommt sehr häufig in der deutschen Sprache vor. Das Geschlecht solcher zusammengesetzten Substantive richtet sich dabei immer nach dem zweiten Substantiv, zum Beispiel *der Schlossgeist*. Probiere es an den anderen Wörtern aus!

Aufgabe 4

Artikel + Verb	Possessivpronomen + Verb	Infinitivpronomen + Adjektiv	Präposition + Verb
ein Schreiben, das Lachen, das Hinstellen, das Versetzen	mein Verstecken, dein Weglaufen, unser Spielen, euer Reden	etwas Aufregendes, nichts Neues, wenig Brauchbares	beim Gehen, beim Reden

Aufgabe 5

spielen, Spielen, laufen, Laufen, Laufen, kichern, Kichern, Kichern

Beachte, dass die Zusammensetzung von Verben und einem Begleiter zu einer Substantivierung führt, d. h. das Verb wird dann groß geschrieben: *das Spielen.*

Aufgabe 6

Im Deutschen werden der Satzanfang, Überschriften, Eigennamen und Anreden sowie Substantive mit einem großen Anfangsbuchstaben gekennzeichnet. In der deutschen Rechtschreibung werden ganze Sätze durch einen Punkt, ein Ausrufezeichen, ein Fragezeichen und in bestimmten Fällen durch einen Doppelpunkt voneinander getrennt, wobei der jeweils erste Buchstabe nach dem Satzzeichen großgeschrieben wird.

LÖSUNGEN LÖSUNGEN LÖSUNGEN

33 Rechtschreibung: ähnlich klingende Laute

b/p, d/t und *g/k*

Sprich dir einmal die Wörter *gelb, Held, Sieg* vor. Ist dir aufgefallen, dass beim Sprechen die Buchstaben ***b, d*** und ***g*** am Wortende wie ***p, t*** und ***k*** klingen? Der Fachbegriff dazu lautet **Auslautverhärtung.**

Verlängerst du die Wörter um eine Endung und sprichst sie noch einmal deutlich, hörst du die Buchstaben, die du schreiben musst: *gelb - gelbe, Sieg - Siege, Held - Helden.*

f/v-Laute

Die meisten *f*-Laute werden mit ***f*** geschrieben: *Efeu, fallen, fort, Sofa.*
Die Präfixe *ver-* und *vor-* werden im Deutschen aber mit ***v*** geschrieben: *verlaufen.* Auch am Wortanfang und am Wortende gibt es *f*-Laute, die aber als *v* geschrieben werden: *vier, aktiv.*

In **Fremdwörtern** schreibt man regelmäßig ein ***v*** für einen ***w*-Laut:** *privat, Vase.* Außerdem wird der ***f*-Laut** häufig mit ***ph*** geschrieben: *Strophe.*
Bei einigen Fremdwörtern gibt es mittlerweile eine bevorzugte deutsche Schreibweise: *tele**f**onieren, Tele**f**on, **F**oto, fotogra**f**ieren.*

ks-Laute

Der *ks*-Laut wird am Wortanfang mit ***x*** geschrieben: *Xylophon.*
Im Wortinneren gibt es für den *ks*-Laut verschiedene Schreibweisen:
x: *Axt, Hexe;* ***chs:*** *Büchse, wachsen;* ***ks:*** *schlaksig.*
Am Wortende kommen alle Möglichkeiten der Schreibung vor: ***x:*** *Box, fix;* ***chs:*** *Dachs;* ***ks:*** *Keks, links;* ***gs:*** *geradewegs;* ***cks:*** *Knicks.*

Entsteht bei der Konjugation und in Ableitungen ein *ks*-Laut, wird er je nach dem Stammwort mit ***gs, ks*** oder ***cks*** geschrieben: *pflegen → du pfle**gst**, hinken → du hin**ks**t, knacken → der Kna**cks**.*

ä/e und *äu/eu*

Man schreibt Wörter mit ***ä,*** wenn sie auf einen Wortstamm mit ***a*** zurückgeführt werden können: *Kamm/kämmen.*
Wörter, zu denen es ein verwandtes Wort mit ***au*** gibt, werden mit dem Doppellaut (Diphthong) ***äu*** geschrieben: *Haufen/häufig.*

Es gibt einige Wörter ohne Ableitung mit ***a:*** *allmählich, dämlich, fähig, gähnen, Gerät, Gräte, Käfer, Käfig, Mähne, schräg, spät, Träne, während, zäh.* Diese Wörter musst du auswendig lernen. Die Wörter *Knäuel, sich räuspern* und *Säule* haben auch keine verwandten Wörter mit ***au.*** Deshalb musst du dir auch diese einprägen.

ei/ai

Für die Wörter mit dem **Doppellaut (Diphtong) *ai*** gibt es **keine Regel,** daher muss man sie sich gut einprägen: ***Hai, Mai, Kaiser.***

Aufgabe 1 Die gesuchten Wörter enden auf ***d, t, g*** oder ***k, b, p.*** Finde die gesuchten Wörter und bilde die Verlängerung.

	gesuchtes Wort	Verlängerung
Schlangen töten mit ...	Gift	giftig, Gifte
jemand, der etwas Herausragendes tut, ein Retter	____________	____________
Gangart des Pferdes	____________	____________
junger Mensch	____________	____________
Sonne spendet ...	____________	____________
nicht gefälscht, sondern ...	____________	____________
zum Atmen braucht man ...	____________	____________
womit man das Nudelwasser abgießt	____________	____________
„Ich habe dich ___!“, sagt die Mutter zu Tim.	____________	____________
Im ___büro kann man verlorene Dinge wiederfinden.	____________	____________
dient der Nahrungsaufnahme	____________	____________

Aufgabe 2 In dem Text fehlen Buchstaben. Setze entweder ***f*** oder ***v*** in die Lücken ein.

Am __origen __reitag waren __etter __rederic und seine __reundin __eronika __öllig __ertig. Sie wollten Gedicht__erse für eine Geburtstags__eier an__ertigen, aber es __ielen ihnen nicht __iele __erse ein. Sie __ragten sogar ihre __reunde nach __ernünftigen __ersen. Sie hofften, dass die __ielleicht mehr __antasie hätten. Doch auch die Freunde waren __öllig ratlos. Au__ die Schnelle __iel ihnen eben auch nichts __ernünftiges ein. So mussten __rederic und __eronika am __olgenden Tag nochmals __on __orne an__angen.

Aufgabe 3 In einigen Wörtern mit ***x*** sind die Buchstaben durcheinander geraten. Schreibe sie in der richtigen Schreibweise hinter den Satz.

1 Heute machen alle Kinder AXENF. ____________

2 Alex EFIXT mit Peter. ____________

3 Die Kinder lesen gerne die Geschichte von der kleinen EXEH. ____________

4 Xaver braut eine TUXRMI. ____________

Aufgabe 4 ***ä/e*** und ***äu/eu:*** Setze die richtigen Buchstaben ein.

Bei Substantiven kann auch die Mehrzahl gesucht sein.

d__tlich	B__cker	n__chster	N__chte	l__cker
K__kse	K__se	Sch__rz	S__nf	sp__ter
zers__gen	S__rge	verst__cken	d__swegen	gr__nzenlos
F__ste	ver__rgert	B__cken	H__ring	w__rden
ungef__hr	H__lfte	B__me	Engl__nder	w__rmen
Herbstm__ntel	gl__nzend	F__den	n__hen	l__sst
M__rz	s__hr	__rmer	F__er	M__dchen
Schl__der	Haarkr__nze	s__lber	fl__chten	erk__ltet
B__ren	g__rne	Schl__che	W__lder	F__lle
T__fel	r__keln	Baumst__mme	f__rn	Z__ne
Fr__de	Geb__de	R__me	L__te	B__le

Aufgabe 5 Finde 10 Wörter mit ***ai*** und ***ei*** in dem Kreuzwortgitter.

M	A	B	H	F	E	I	N
A	C	K	A	I	S	E	R
I	D	A	I	E	F	K	G
H	E	I	R	A	T	E	N
F	E	I	E	R	N	I	H
I	J	R	E	I	N	N	K
L	S	E	I	N	M	N	O

____

____

____

____

____

____

____

____

Aufgabe 1

Gift/giftig/Gifte, Held/heldenhaft, Trab/traben, Kind/kindlich/Kinder, Licht/Lichter, echt/Echtheit, Luft/luftig, Sieb/Siebe, lieb/Liebe/lieblich, Fund/fündig/finden, Mund/Münder

Aufgabe 2

Am vorigen Freitag waren Vetter Frederic und seine Freundin Veronika völlig fertig. Sie wollten Gedichtverse für eine Geburtstagsfeier anfertigen, aber es fielen ihnen nicht viele Verse ein. Sie fragten sogar ihre Freunde nach vernünftigen Versen. Sie hofften, dass die vielleicht mehr Fantasie hätten. Doch auch die Freunde waren völlig ratlos. Auf die Schnelle fiel ihnen eben auch nichts Vernünftiges ein. So mussten Frederic und Veronika am folgenden Tag nochmals von vorne anfangen.

Aufgabe 3

Faxen, feixt, Hexe, Mixtur

Aufgabe 4

deutlich	Bäcker	nächster	Nächte	lecker
Kekse	Käse	Scherz	Senf	später
zersägen	Särge	verstecken	deswegen	grenzenlos
Fäuste	verärgert	Becken	Hering	werden
ungefähr	Hälfte	Bäume	Engländer	wärmen
Herbstmantel	glänzend	Fäden	nähen	lässt
März	sehr	ärmer	Feuer	Mädchen
Schleuder	Haarkränze	selber	flechten	erkältet
Bären	gerne	Schläuche	Wälder	Fälle
Teufel	räkeln	Baumstämme	fern	Zäune
Freude	Gebäude	Räume	Leute	Beule

Aufgabe 5

M	A	B	H	F	E	I	N
A	C	K	A	I	S	E	R
I	D	A	I	E	F	K	G
H	E	I	R	A	T	E	N
F	E	I	E	R	N	I	H
I	J	R	E	I	N	N	K
L	S	E	I	N	M	N	O

Hai, Mai, Kai, Kaiser, heiraten, feiern, kein, sein, fein, rein

Einige Tipps zum Rechtschreiben:

1 Versuche Wörter und Texte jeder Art immer richtig zu schreiben. So prägst du dir die richtige Schreibung besser ein.
2 Schreibe lesbar.
3 Probiere auf einem Schmierzettel mehrere Schreibweisen aus, wenn du dir unsicher bist.
4 Du kannst Wörter verlängern, sie in die Grundform setzen oder in ihre Bestandteile zerlegen, um die richtige Schreibweise zu finden.
5 Prüfe in Texten die Silbentrennung.

LÖSUNGEN LÖSUNGEN LÖSUNGEN

TEST: Rechtschreibung

Aufgabe 1 Finde zu den angegebenen Verben jeweils ein Substantiv und setze den bestimmten Artikel davor.

programmieren	*das Programm*	diktieren	________
recherchieren	*die Recherche*	korrigieren	________
telefonieren	________	frisieren	________
explodieren	________	multiplizieren	________
kontrollieren	________	fliegen	________

8 P

Aufgabe 2 Im folgenden Text wurde die Groß- und Kleinschreibung vergessen. Schreibe den Text in dein Heft und achte auf die richtige Groß- und Kleinschreibung.

dann wollte frau adamski in das schaufenster eines modegeschäfts schauen und trat davor. dabei bewegte sie sich so ungeschickt, dass sie mit dem kopf gegen die schaufensterwand lief. daraufhin hörte sie ein merkwürdiges klingen und hatte ein komisches sausen im kopf. sie wusste nicht, woher das kam. komischerweise hatte sich die alarmanlage im inneren des geschäfts selbstständig gemacht.

8 P

Aufgabe 3a Setze in dem folgenden Brief die richtigen Anredepronomen ein und achte auf die Rechtschreibung.

Sehr geehrte Frau Adamski,

wir beziehen uns auf ________ Anzeige in der Wiesbadener Zeitung vom 10.12.2011. Gerne würden wir ________ Ferienwohnung für drei Nächte mieten. Dazu würden wir gern einen telefonischen Termin mit ________ ausmachen, um über Kosten und weitere Einzelheiten zu sprechen. Grüßen ________ bitte auch ________ Mann, der sich bereits schriftlich bei uns gemeldet hat. Wir senden ________ freundliche Grüße, ________ Familie Rottmann

7 P

Aufgabe 3b Kannst du noch einmal kurz erklären, was genau Anredepronomen sind?

____

____

____

____

4 P

Aufgabe 4 Bilde Ableitungen. Achte darauf, dass bei den Ableitungen aus den Vokalen häufig Umlaute werden.

Hut	behüten	Jahr	______
Gefahr	______	Name	______
Not	______	baden	______
Qual	______	rot	______
Brut	______	Schule	______

9 P

Aufgabe 5 Setze die fehlenden Buchstaben ein. Entscheide dich für ***k*** oder ***ck.***

__rankheit	der Bal__en	er win__t	er hin__t	wel__en
die Lü__e	schle__en	der Ro__	der Sto__	die Nel__e
die Perü__e	die He__e	die De__e	me__ern	

14 P

Aufgabe 6 Hier fehlen alle ***s***-Laute, setze sie richtig ein.

Dro__eln	sie lä__t	__ehen	es pa__iert	flei__ig
gro__	Blumen__amen	Fu__weg	mü__en	Wü__te
__uchen	Kü__te	lu__tig	wei__	sie kü__te
schlie__en	le__en	Fa__		

18 P

Aufgabe 7 Fehlt hier ***das*** oder ***dass***? Vervollständige die Sätze.

1 Ich vermute, ______ du an der Reihe bist.

2 Sie glaubt, ______ wir uns geirrt haben.

3 Sie meint, ______ du ______ Buch nicht richtig verstanden hast.

4 Sorge bitte dafür, ______ wir ______ auch haben können.

5 ______ wir auf dich warten, ______ ist doch selbstverständlich.

8 P

Aufgabe 8 Setze bei den folgenden Wörtern ***d*** oder ***t*** ein.

Bun__papier	Fun__büro	Ra__haus	Ra__dampfer	Gel__börse
Wel__all	lei__tragend	Lei__planke	Nor__licht	Wor__bruch
Wal__horn	Schal__hebel	Wei__winkel	Ra__geber	Fin__erlohn

15 P

AUFGABE 9 Setze im folgenden Text die Laute ***e*** oder ***ä*** ein.

Für Picassos Bilder zahlen K___nner w___ltweit heute hohe Preise, doch ist er s___lbst in ___rmlichen Verh___ltnissen aufg___wachsen. Seine Bilder zeichnen sich durch kr___ftige und leuchtende Farben aus. Er ist einer der ausdruckst___rksten Künstler. Er arbeit___te hartn___ckig und voller ___hrgeiz.

11 P

AUFGABE 10 Finde die Lösungswörter mit ***äu*** oder ***eu***. Schreibe sie auf.

1	reinigen	___
2	wenn ein Raum groß ist, ist er ...	___
3	nicht billig	___
4	eine Frau, die etwas verkauft, ist eine ...	___
5	Teile einer Wohnung	___
6	stützender runder Bauteil	___

6 P

AUFGABE 11 Finde die richtigen Buchstaben. Achte auf die Bedeutung, da die Wörter gleich oder ähnlich klingen. Du findest drei verschiedene Schwierigkeitsgrade. Kannst du sie alle lösen?

1 ___hre / ___hre (Korn); ___eld / er ___ällt; ___elle / ___älle (Einzahl: Fall);
L___rche / L___rche (Baum); Schw___mme / Schw___mme (Einzahl: Schwamm);
S___gen / s___gen; St___lle / St___lle (Einzahl: Stall);
W___lle / W___lle (Einzahl: Wall); W___nde / W___nde (Einzahl: Wand);
Z___h / z___h

2 h___te / die H___te; die L___te / ich l___te

3 *Leib* (Körper) / *Laib* (Brot);
___ (Teil des Buches) / ___ (Teil eines Musikinstruments);
___ (Art und ...) / ___ (elternloses Kind)

28 P

Auswertung Trage rechts deine Gesamtpunktzahl ein und vergleiche.

☺ 136–69 Punkte	68–34 Punkte	33–0 Punkte

GESAMT 136

Aufgabe 1
das Diktat, die Korrektur, das Telefon, die Frisur, die Explosion, die Multiplikation, die Kontrolle, der Flug

Aufgabe 2
Dann wollte Frau Adamski in das Schaufenster eines Modegeschäfts schauen und trat davor. Dabei bewegte sie sich so ungeschickt, dass sie mit dem Kopf gegen die Schaufensterwand lief. Daraufhin hörte sie ein merkwürdiges Klingen und hatte ein komisches Sausen im Kopf. Sie wusste nicht, woher das kam. Komischerweise hatte sich die Alarmanlage im Inneren des Geschäfts selbstständig gemacht.

Aufgabe 3a
Ihre, Ihre, Ihnen, Sie, Ihren, Ihnen, Ihre

Aufgabe 3b
Anredepronomen sind **Fürwörter.** Bei **befreundeten Personen** verwendest du die Anredepronomen **„du“**, „dir“, „dich“, „dein“, „euch“ usw. Diese Anredepronomen kannst du groß oder klein schreiben. Bei **Personen,** die du **siezst,** verwendest du die höfliche Anrede, also die Pronomen **„Sie“**, „Ihr“, „Ihre“ etc. Diese schreibst du dann **groß.**

Aufgabe 4
jährlich, gefährlich, nämlich, nötig, Bäder, quälen, rötlich, brüten, Schüler

Aufgabe 5
Krankheit, der Balken, er winkt, er hinkt, welken, die Lücke, schlecken, der Rock, der Stock, die Nelke, die Perücke, die Hecke, die Decke, meckern

Aufgabe 6
Drosseln, sie lässt, sehen, es passiert, fleißig, groß, Blumensamen, Fußweg, müssen, Wüste, suchen, Küste, lustig, weiß, sie küsste, schließen, lesen, Fass

Aufgabe 7
1 Ich vermute, *dass* du an der Reihe bist.
2 Sie glaubt, *dass* wir uns geirrt haben.
3 Sie meint, *dass* du *das* Buch nicht richtig verstanden hast.
4 Sorge bitte dafür, *dass* wir *das* auch haben können.
5 *Dass* wir auf dich warten, *das* ist doch selbstverständlich.

Aufgabe 8
Buntpapier, Fundbüro, Rathaus, Raddampfer, Geldbörse, Weltall, leidtragend, Leitplanke, Nordlicht, Wortbruch, Waldhorn, Schalthebel, Weitwinkel, Ratgeber, Finderlohn

Aufgabe 9
Für Picassos Bilder zahlen **Kenner weltweit** heute hohe Preise, doch ist er **selbst** in **ärmlichen Verhältnissen aufgewachsen.** Seine Bilder zeichnen sich durch **kräftige** und leuchtende Farben aus. Er ist einer der **ausdrucksstärksten** Künstler. Er **arbeitete hartnäckig** und voller **Ehrgeiz.**

Aufgabe 10
1 säubern
2 geräumig
3 teuer
4 Verkäuferin
5 Räume
6 Säule

Aufgabe 11
1 Ehre/Ähre (Korn), Feld/er fällt, Felle/ Fälle (Fall), Lerche/Lärche (Baum), Schwemme/Schwämme (Schwamm), Segen/sägen, Stelle/Ställe (Stall), Welle/Wälle (Wall), Wende/Wände (Wand), Zeh/zäh
2 heute/die Häute, die Leute/ich läute
3 Seite (Teil des Buches)/Saite (Musikinstrument), Weise (Art und ...) Waise (elternloses Kind)

LÖSUNGEN LÖSUNGEN LÖSUNGEN

34 Zeichensetzung bei wörtlicher Rede

Oft erzählst du Geschichten, in denen du wörtlich genau so Gesagtes einbaust. Das nennt man **wörtliche Rede.**
In geschriebenen Texten wird die wörtliche Rede mit **Anführungszeichen** gekennzeichnet: *„Julia, bitte mach die Tür auf."* Die Anführungszeichen stehen unten *(„)*, wenn die wörtliche Rede anfängt, und oben *(")*, wenn die wörtliche Rede aufhört. Du musst also noch hinzufügen, wer gerade spricht und wie er das tut.
Das nennt man Redeeinführung bzw. **Redebegleitsatz:** *Julia rief laut: „Mama, komm mal!" und die Mutter fragte verwundert: „Was ist denn los?"*

Der Redebegleitsatz kann vorangestellt, nachgestellt oder eingeschoben werden:

- Zwischen dem **vorangestellten Redebegleitsatz** und der wörtlichen Rede steht ein Doppelpunkt. Die wörtliche Rede steht zwischen Anführungszeichen: *Julias Mutter sagt: „Julia, es hat geklingelt. Mach bitte die Tür auf."*
- Der **nachgestellte Redebegleitsatz** wird durch ein Komma von der wörtlichen Rede getrennt. Dabei entfällt der Schlusspunkt in der wörtlichen Rede, Ausrufezeichen oder Fragezeichen bleiben aber enthalten: *„Julia, mach bitte die Tür auf", sagt die Mutter. „Wer ist an der Tür?", fragt Julia.*
- Auch der **eingeschobene Redebegleitsatz** wird durch Kommas von der wörtlichen Rede getrennt: *„Julia", ruft die Mutter, „bitte mach die Tür auf!"*

Aufgabe 1 Hier steht der Redebegleitsatz am Anfang. Gib Beispiele nach folgenden Mustern. Wechsle die Redeeinführung.

Redebegleitsatz	Direkte Rede
Julia sagte:	*„Ja, ich helfe dir."*
Caro	
Nina fragte:	*„Kommst du mit?"*
Christian drängelte:	*„Steh auf!"*

Aufgabe 2 Hier steht der Redebegleitsatz am Schluss. Gib Beispiele nach dem unten vorgegebenen Muster.

Direkte Rede	Redebegleitsatz
„Alles ist gut",	*stellte sie fest.*
„Wer war das?",	*fragte er.*
„Geh jetzt nach Hause!",	*riet der Lehrer.*

Aufgabe 3 Hier unterbricht der Redebegleitsatz die wörtliche Rede. Schreibe Sätze nach dem folgenden Muster auf.

Direkte Rede	Redebegleitsatz	Direkte Rede
„Endlich",	seufzte Caro,	„bist du da."
___	___	___
___	___	___
„Warum",	fragte Alex,	„kommt sie nicht?"
___	___	___
___	___	___
„Ich rate dir",	rief sie,	„zu lernen!"
___	___	___
___	___	___

Aufgabe 4 Setze die richtigen Satzzeichen.

1 Sie sagt___ ___Ich spiele Memory___

2 Er fragt___ ___Kennst du das Spiel____

3 Meine Freunde sagen___ ___Spiel doch mit____

4 ___Ich lese noch____ sagt er___

5 ___Telefoniert deine Mutter noch____ fragt sie___

6 ___Spiel doch mit____ rufen meine Freunde___

7 ___Ich finde es gut____ sagte ich___ ___dass du mitspielst____

Aufgabe 5 Schreibe den folgenden Text ab und setze die Satzzeichen ein.

Du kannst dir den Text auch von jemandem diktieren lassen.

Fabian geht mit seiner Oma in den Zoo Eine Nachtigall singt wunderschön Da fragt die Großmutter ihren Enkel Na mein Junge möchtest du auch so schön singen können wie die Nachtigall Nein Omi ich möchte so gut spucken können wie das Lama

___

___

___

AUFGABE 1 individuelle Lösungen, hier zwei Beispiele:

Redebegleitsatz	Direkte Rede
Er fragte sie barsch:	„Möchtest du noch etwas sagen?“
Caro antwortete leise:	„Entschuldigung!“

AUFGABE 2 individuelle Lösungen, hier zwei Vorschläge:

Direkte Rede	nachgestellter Redebegleitsatz
„Es hat alles geklappt“,	sagte Tom.
„Alles in Ordnung?“,	fragte Alex.

AUFGABE 3 individuelle Lösungen, hier zwei Vorschläge:

Direkte Rede	Redeeinleitung	Direkte Rede
„Gott sei Dank“,	rief Tom,	„war die Arbeit leicht.“
„Wieso“,	fragte die Lehrerin,	„hast du deine Aufgabe vergessen?“

AUFGABE 4

1 Sie sagt: „Ich spiele Memory.“
2 Er fragt: „Kennst du das Spiel?“
3 Meine Freunde sagen: „Spiel doch mit!“
4 „Ich lese noch“, sagt er.
5 „Telefoniert deine Mutter noch?“, fragt sie.
6 „Spiel doch mit!“, rufen meine Freunde.
7 „Ich finde es gut“, sagte ich, „dass du mitspielst.“

AUFGABE 5

Fabian geht mit seiner Oma in den Zoo. Eine Nachtigall singt wunderschön. Da fragt die Großmutter ihren Enkel: „Na, mein Junge, möchtest du auch so schön singen können wie die Nachtigall?“ „Nein, Omi, ich möchte so gut spucken können wie das Lama!“

LÖSUNGEN LÖSUNGEN LÖSUNGEN

35 Zeichensetzung: Kommaregeln im Haupt- und Nebensatz

Satzreihe

Wenn nur **Hauptsätze** miteinander verbunden sind, wie das bei Satzreihen üblich ist, werden sie durch ein **Komma** getrennt.

Oft werden die Teilsätze auch durch **nebenordnende Konjunktionen** verbunden:

- Wenn sie durch *und* oder *oder* miteinander verknüpft sind, wird in der Regel kein Komma gesetzt: *Ich gehe heute zum Schwimmen und die Sonne scheint.*
- Wenn sie durch *denn* verbunden sind, musst du ein Komma setzen. Beispiele: *Julia hat gute Laune, denn sie wird sich heute mit ihren Freundinnen treffen.*

Satzgefüge

Wie du bereits gelernt hast, besteht ein Satzgefüge aus mindestens einem **Hauptsatz** und einem **Nebensatz** (→ Modul 24). **Haupt-** und **Nebensätze** werden immer durch ein Komma getrennt.
Nebensätze erkennst du daran, dass sie meist durch unterordnende **Konjunktionen** wie *weil, dass, als, ob, da, obwohl, nachdem* eingeleitet werden.

Der **Nebensatz** kann eingeschoben, nachgestellt oder vorangestellt sein.

- **eingeschobener Nebensatz:** *Kati hat sich, nachdem sie die Hausaufgaben erledigt hatte, schnell auf den Weg zum Kino gemacht.* Der Nebensatz wird mit zwei Kommas abgetrennt.
- **nachgestellter Nebensatz:** *Kati konnte nicht sofort in die Vorstellung gehen, weil sie noch keine Eintrittskarte gekauft hatte.*
- **vorangestellter Nebensatz:** *Dass sie etwas zu spät sein würde, war Kati von Anfang an klar gewesen.*

Satzwertige Infinitive

Satzwertige Infinitive (erweiterte Infinitive, Infinitivsätze) bestehen aus dem **Infinitiv** eines Verbs mit *zu* und mindestens einem weiteren Wort. Die Infinitivgruppe wird mit einem Komma vom restlichen Satz abgetrennt, wenn sie:

- durch *um, ohne, statt, anstatt, außer, als* eingeleitet wird,
- von einem Substantiv abhängt,
- von einem hinweisenden Wort wie *darauf, daran* oder *es* abhängt.

Beispiele: *Die Kinder gehen in die Schule, um Sprachen zu lernen.*
Sie hatten nur heute die Möglichkeit, die Austauschschüler persönlich zu verabschieden.
Sie hatten daran gedacht, Blumen zu besorgen.

Aufzählungen

Zwischen den Teilen einer **Aufzählung** stehen **Kommas,** außer wenn sie durch **nebenordnende Konjunktionen** wie *und* oder *oder* miteinander verbunden sind. *Tom begeistert sich für Tanzen, Mode und Bücher. Julia forscht nach wissenschaftlichen Erkenntnissen, neuen Ergebnissen und nach besten Ideen.*

Aufgabe 1 Verbinde die zwei Sätze jeweils mit einer passenden Konjunktion zu einem sinnvollen Satz. Du darfst die Sätze auch umstellen. Unterstreiche dann den Hauptsatz einfach und den Nebensatz doppelt.

1 Unsere Klasse war sehr froh. Die letzte Klassenarbeit war vorbei.

____

____

____

____

2 Wir warten auf die großen Ferien. Wir haben alle viele Pläne für den Sommer.

____

____

____

____

3 Ich schaue jeden Tag auf meinen Kalender. Die Tage aber gehen deshalb auch nicht schneller vorbei.

____

____

____

____

Aufgabe 2 Verbinde die Hauptsätze mit Wörtern wie *und, oder, sondern, denn, aber* usw. Schreibe die Sätze mit richtiger Kommasetzung in dein Heft.

1 Julia holt ihre Freundinnen ab. Sie gehen zusammen auf den Markt.

2 Caro geht gern ins Schwimmbad. Sie hat wenig Geld.

3 Trinkst du gern Tee? Magst du lieber heiße Milch?

4 Alexander sucht sich eine gute Ausrede. Er will nicht beschuldigt werden.

5 Agata wartet nicht lange. Sie macht sich schnell an die Arbeit.

6 Gehst du heute zum Tennistraining? Habt ihr schon Ferien?

7 Frau Adamski will ein neues Handy kaufen. Ihre Tochter hat Geburtstag.

AUFGABE 3 Hier fehlen die Kommas bei den Aufzählungen. Lies zuerst den Text laut vor und setze dann die Kommas.

Seit ein paar Tagen habe ich mein Zimmer nicht mehr aufgeräumt. Es ist mit Kleidern Büchern und anderen Dingen vollgestopft. Meine Eltern schimpfen schon mit mir. Jetzt hilft aber nichts mehr, ich muss Ordnung machen. Auf dem Boden liegen viele Klamotten: mein neuer Mantel T-Shirts bunte Socken Ohrringe Schuhe meine neuen Jeans und sogar mein Badeanzug. Außerdem liegen viele andere Dinge herum: CDs Videospiele Schminksachen und sogar Fotos sind aus den Alben heraus gefallen. Wohin nur mit all den Sachen? Wenn ich dann mal wieder Platz in meinem Zimmer geschafft habe, kann ich endlich wieder neue Sachen besorgen und auch meine Freunde wieder einladen.

AUFGABE 4 Forme die Sätze nach dem vorgegebenen Beispiel um.

Alex nimmt am Bahnhof ein Taxi. (schneller nach Hause kommen).

Alex nimmt am Bahnhof ein Taxi, um schneller nach Hause zu kommen.

1 Ich gehe ins Kino. (den neuen Film sehen)

____

____

2 Carlos fährt ins Möbelhaus. (einen Tisch kaufen)

____

____

3 Eva geht zur Bank. (Geld abheben)

____

____

4 Tanja fährt nach Dresden. (ihren Freund besuchen)

____

____

5 Konrad geht in die Bibliothek. (einige Bücher ausleihen)

____

____

Aufgabe 1

1 Unsere Klasse war sehr froh, weil die letzte Klassenarbeit vorbei war.
2 Wir warten auf die großen Ferien, denn wir haben alle viele Pläne für den Sommer.
3 Ich schaue jeden Tag auf meinen Kalender, aber die Tage gehen deshalb auch nicht schneller vorbei.

Aufgabe 2

1 Julia holt ihre Freundinnen ab **und** sie gehen zusammen auf den Markt.
2 Caro geht gern ins Schwimmbad, **aber** sie hat wenig Geld.
3 Trinkst du gern Tee **oder** magst du lieber heiße Milch?
4 Alexander sucht sich eine gute Ausrede, **denn** er will nicht beschuldigt werden.
5 Agata wartet nicht lange, **sondern** sie macht sich schnell an die Arbeit.
6 Gehst du heute zum Tennistraining **oder** habt ihr schon Ferien?
7 Frau Adamski will ein neues Handy kaufen, **denn** ihre Tochter hat Geburtstag.

Aufgabe 3

Seit ein paar Tagen habe ich mein Zimmer nicht mehr aufgeräumt. Es ist mit Kleidern, Büchern und anderen Dingen vollgestopft. Meine Eltern schimpfen schon mit mir. Jetzt hilft aber nichts mehr, ich muss Ordnung machen. Auf dem Boden liegen viele Klamotten: mein neuer Mantel, T-Shirts, bunte Socken, Ohrringe, Schuhe, meine neuen Jeans und sogar mein Badeanzug. Außerdem liegen viele andere Dinge herum: CDs, Videospiele, Schminksachen und sogar Fotos sind aus den Alben heraus gefallen. Wohin nur mit all den Sachen? Wenn ich dann mal wieder Platz in meinem Zimmer geschafft habe, kann ich endlich wieder neue Sachen besorgen und auch meine Freunde wieder einladen.

Aufgabe 4

1 Ich gehe ins Kino, um den neuen Film zu sehen.
2 Carlos fährt ins Möbelhaus, um einen Tisch zu kaufen.
3 Eva geht zur Bank, um Geld abzuheben.
4 Tanja fährt nach Dresden, um ihren Freund zu besuchen.
5 Konrad geht in die Bibliothek, um einige Bücher auszuleihen.

TEST: Zeichensetzung

Aufgabe 1 Setze die richtigen Satzzeichen in die Lücken.

1 Meine Freundin fragte mich_ _Kannst du mir dein Handy leihen_ _

2 Ich forderte_ _Nach der Pause bekomme ich es aber wieder zurück_ _

3 _Leihst du mir dein Handy auch etwas länger_ _ _ wollte sie wissen.

4 _Nach der letzten Stunde bekomme ich es aber wirklich zurück_ _ _ meinte ich nachdrücklich_

5 Ich warnte sie mehrmals_ _Vorsicht, der Lehrer kommt_ _

6 _Heute ist alles langweilig_ _ gähnte sie im Unterricht_

7 _Heute_ _ gähnte ich ebenfalls_ _ist es wirklich ziemlich langweilig_ _

8 Wir fragten ihn_ _Hast du heute Zeit_ Rudi_ _

9 _Nein_ ich kann heute wirklich nicht_ _

10 _Ach_ das ist schade_ _

20 P

Aufgabe 2 Setze Kommas in folgenden Satzbeispielen. Erkennst du auch den Haupt- und Nebensatz? Unterstreiche den Hauptsatz einfach und den Nebensatz doppelt.

1 Wer isst Fisch wenn er noch roh ist?

2 Das ist das Klassenzimmer das zu putzen ist.

3 Weil Süßigkeiten ungesund sind kaufe ich so wenige.

4 Ich zeige dir was du noch nie gesehen hast.

5 Wer wird schon wenn es Geld regnet kein Sieb dabei haben.

15 P

Aufgabe 3 Im folgenden Text sind die Kommas verschwunden. Setze sie richtig ein.

Julia hatte einen Einfall denn sie wollte in die Ferien fahren. Alle ihre Freundinnen versammelten sich in ihrem Zimmer damit sie über den Plan sprechen konnten. Julia präsentierte ihre Idee während die anderen alle zuhörten. Als Julias Mutter plötzlich ins Zimmer kam legte das Mädchen schnell etwas über ihren Computer damit ihre Mutter den Plan nicht sehen konnte.

5 P

Aufgabe 4 Hier siehst du Satzgefüge. Leider wurden die Kommas vergessen. Setze sie richtig in die Sätze ein.

1 Sie holte tief Luft bevor sie mit ihrem Vortrag begann.

2 Wenn du schnell lernst kannst du noch ins Kino gehen.

3 Julia und Caro schauten sich erstaunt an als die Lehrerin plötzlich vor ihnen stand.

4 Die Ferien waren schöner als wir erwartet hatten.

5 Die neue Wohnung ist nicht so schön wie es die alte war.

5 P

Aufgabe 5 Nebensätze mit Konjunktionen heißen Konjunktionalsätze. Füge die folgenden Nebensätze in die unten stehenden Satzgefüge ein.

a	... obwohl sie in dem Obstsaft heftig zappelte.
b	Dass wir endlich Ferien hatten,...
c	Ehe sie sich versah,...
d	...weil sie viel gelernt hatte.
e	... damit ich euer Haus finden kann.
f	Nachdem die Sonne untergegangen war,...
g	... dass er mit Konsequenzen rechnen musste.

1 Erkläre mir den Weg, ______________________________.

2 ______________________________

wurde es sehr kalt.

3 ______________________________

hatte die andere Mannschaft ein Tor geschossen.

4 Die Biene ertrank, ______________________________

____

5 Julia bekam ein gutes Zeugnis, ______________________________

6 ______________________________

war einfach genial.

7 Der Schüler der Klasse 7a hatte so oft gegen die Hausordnung verstoßen, __________

______________________________.

7 P

Aufgabe 6 Verbinde jeweils beide Sätze zu einem Satz und füge passende Konjunktionen ein *(aber, deshalb, oder, denn, ...)*. Wo muss ein Komma stehen?

1 Wir hatten eine Autopanne. Wir kamen pünktlich zum Essen.

___

___

2 Der Regen prasselte vom Himmel. Wir mussten Gummistiefel anziehen.

___

___

3 Kannst du mir die CD ausleihen? Überspielst du mir den Titel?

___

___

4 Alle schliefen. Der Wecker hatte noch nicht geklingelt.

___

___

8 P

Aufgabe 7 In den vorgegebenen Sätzen sind Satzglieder unterstrichen. Formuliere diese in Nebensätze um und vervollständige so die Satzgefüge darunter.

Beispiel: Während der Klassenfahrt wurde es mehreren Schülern schlecht.

Während wir auf Klassenfahrt waren, wurde es mehreren Schülern schlecht.

Trotz des vielen Trainings konnte er seine Leistung nicht verbessern.

Obwohl ___

Wegen des starken Schneefalls herrschte in den Bergen Lawinengefahrt.

Weil ___

Die besten Schüler standen beim Verlesen der Leistungen.

___ *, als* ___

6 P

Auswertung Trage rechts deine Gesamtpunktzahl ein und vergleiche.

☺ 66–33 Punkte	😐 32–16 Punkte	☹ 15–0 Punkte

Gesamt 66 P

Aufgabe 1

1 Meine Freundin fragte mich: „Kannst du mir dein Handy leihen?"
2 Ich forderte: „Nach der Pause bekomme ich es aber wieder zurück!"
3 „Leihst du mir dein Handy auch etwas länger?", wollte sie wissen.
4 „Nach der letzten Stunde bekomme ich es aber wirklich zurück!", meinte ich nachdrücklich.
5 Ich warnte sie mehrmals: „Vorsicht, der Lehrer kommt!"
6 „Heute ist alles langweilig", gähnte sie im Unterricht.
7 „Heute", gähnte ich ebenfalls, „ist wirklich alles ziemlich langweilig."
8 Wir fragten ihn: „Hast du heute Zeit, Rudi?"
9 „Nein, ich kann heute wirklich nicht."
10 „Ach, das ist schade."

Aufgabe 2

Wer isst Fisch, wenn er noch roh ist?
Das ist das Klassenzimmer, das zu putzen ist.
Weil Süßigkeiten ungesund sind, kaufe ich so wenige.
Ich zeige dir, was du noch nie gesehen hast.
Wer wird schon, wenn es Geld regnet, kein Sieb dabei haben.

Aufgabe 3

Julia hatte einen Einfall, denn sie wollte in die Ferien fahren. Alle ihre Freundinnen versammelten sich in ihrem Zimmer, damit sie über den Plan sprechen konnten. Julia präsentierte ihre Idee, während die anderen alle zuhörten. Als Julias Mutter plötzlich ins Zimmer kam, legte das Mädchen schnell etwas über ihren Computer, damit ihre Mutter den Plan nicht sehen konnte.

Aufgabe 4

1 Sie holte tief Luft, bevor sie mit ihrem Vortrag begann.
2 Wenn du schnell lernst, kannst du noch ins Kino gehen.
3 Julia und Caro schauten sich erstaunt an, als die Lehrerin plötzlich vor ihnen stand.
4 Die Ferien waren schöner, als wir erwartet hatten.
5 Die neue Wohnung ist nicht so schön, wie es die alte war.

Aufgabe 5

1 Erkläre mir den Weg, damit ich euer Haus finden kann.
2 Nachdem die Sonne untergegangen war, wurde es sehr kalt.
3 Ehe sie sich versah, hatte die andere Mannschaft ein Tor geschossen.
4 Die Biene ertrank, obwohl sie in dem Obstsaft heftig zappelte.
5 Julia bekam ein gutes Zeugnis, weil sie viel gelernt hatte.
6 Dass wir endlich Ferien hatten, war schon genial.
7 Der Schüler der Klasse 7a hatte so oft gegen die Hausordnung verstoßen, so dass er mit Konsequenzen rechnen musste.

Aufgabe 6

1 Wir hatten eine Autopanne, aber wir kamen pünktlich zum Essen.
2 Der Regen prasselte vom Himmel, deshalb mussten wir Gummistiefel anziehen.
3 Kannst du mir die CD ausleihen oder überspielst du mir den Titel?
4 Alle schliefen, denn der Wecker hatte noch nicht geklingelt.

Aufgabe 7

Obwohl er viel trainierte (oder: viel trainiert hatte), konnte er seine Leistung nicht verbessern.
Weil es so viel (oder: ... so stark ...) geschneit hatte, herrschte in den Bergen Lawinengefahr.
Die besten Schüler standen, als die Leistungen verlesen wurden.

LÖSUNGEN LÖSUNGEN LÖSUNGEN

36 Wortbedeutung: Wörter richtig verstehen

Die **Bedeutung** eines Wortes zu verstehen ist wichtig, um das Wort richtig in den **Zusammenhang eines Textes (Kontext)** einzuordnen. Verstehst du ein Schlüsselwort falsch, so kann es passieren, dass du den ganzen Text falsch verstehst. Wörter richtig zu verstehen, ist auch für das Verständnis von Gedichten, literarischen Texten oder Witzen wichtig.

Wortfamilie

Für die richtige **Schreibweise** ist es notwendig, ein Wort der richtigen Wortfamilie zuzuordnen. Außerdem erhältst du so einen Hinweis auf die **Wortbedeutung.**

Alle Wörter mit demselben Wortstamm bilden eine Wortfamilie, z. B. ***lieb*** - ***Lieb****e* - ***lieb****evoll* - *ver****lieb****en* - ***lieb****en* - ***lieb****lich.*

Denotation und Konnotation

- Die Denotation eines Wortes entspricht den im Wörterbuch beschriebenen Inhalten. Sie ist die Hauptbedeutung, z. B. *Ferien → die Zeit des Jahres, in der keine Schule stattfindet.*
- Die Konnotation umfasst die Mitbedeutung des Wortes, also das, was Menschen damit in ihrer Vorstellung verbinden, z. B. *Ferien → Freizeit, spielen, ausschlafen, Sommer, Sonne, Freibad.*

Homonyme, Synonyme und Antonyme

- Als **Homonyme** bezeichnet man Wörter, die gleich klingen bzw. gleich geschrieben werden, aber verschiedene Bedeutungen haben, z. B.: *Bank* (Sitzgelegenheit) und *Bank* (Geldinstitut) oder *Schloss* (Bauwerk) und das *Schloss* an der Tür.
- **Synonyme** sind verschiedene Wörter, die dieselbe Bedeutung haben, z. B. *Chaos/ Unordnung.*
- **Antonyme** sind Wörter, die eine gegensätzliche Bedeutung haben, z. B. *groß/klein.*

Bildlicher Sprachgebrauch

In Witzen, Gedichten und literarischen Texten wird oft mit der Bedeutung von Wörtern gespielt. Autoren nutzen dazu u. a. Vergleiche, Metaphern oder Personifikationen.

- Ein **Vergleich** stellt einen Zusammenhang zwischen zwei Objekten her, die eine Gemeinsamkeit aufweisen. *Er ist stark **wie** ein Löwe.* Häufig wird das Wort *wie* verwendet.
- Eine **Metapher** ist oft schwieriger zu verstehen, da sie Vergleiche anstellt, die nicht auf den ersten Blick zu erkennen sind. *Daniel ist ein Fuchs, wenn es um das Aushecken von Plänen geht.* Hierbei musst du wissen, dass Füchse als schlau gelten. Daniel wird mit Füchsen verglichen, weil er genau so schlau ist wie diese.
- Eine **Personifikation** ist eine besondere Form der Metapher. Ein Begriff oder ein Gegenstand wird mit menschlichen Eigenschaften dargestellt, z. B. *Der Himmel weint.*

Aufgabe 1 Finde Wörter, die zur Wortfamilie *sagen* gehören und schreibe sie in den Gedankenstern. Wenn dir keine passenden einfallen, kannst du auch in einem Wörterbuch nachschlagen.

Aufgabe 2 Für die Begriffe *Stuhl, Schule, Freund, Sommer, Füllfederhalter* hat schon jemand mögliche Konnotationen und die Denotation aufgeschrieben. Schau dir folgende Begriffe an und entscheide, ob es sich um eine Konnotation oder Denotation handelt. Schreibe sie in die Tabelle.

Stuhl:	Sitzgelegenheit, Mittagessen
Schule:	Hausaufgaben, Gebäude
Freund:	gemeinsam etwas unternehmen, Vertrauter
Sommer:	Jahreszeit, Freibad
Füllfederhalter:	altmodisch, Schreibgerät

Denotation	Konnotation
Sitzgelegenheit	

Aufgabe 3 Schreibe deine Konnotationen zu *Wochenende* auf.

Aufgabe 4 Lies dir das folgende Gedicht durch. Dieses Gedicht steckt voller Vergleiche. Überlege dir, was das Thema sein könnte und warum der Autor solche Vergleiche anstellt.

Josef Reding

Manchmal möchte man faulenzen

Manchmal möchte
Man faulenzen
Wie ein
Gulli
Im Sonnenschein
Wie ein Rasenmäher
Im Winter
Wie eine Nachttischlampe
Am Tag

Aus: Reding, Josef: *Gutentagtexte*. Engelbert-Verlag, Balve 1974.

Wie möchtest du gerne faulenzen? Schreibe dein eigenes Gedicht in der gleichen Form in dein Übungsheft.

Aufgabe 5 Erkläre mit deinen eigenen Worten folgende Metaphern.

Die Sonne lacht.

____

____

Er ist der Engel der Gruppe.

____

____

Autoschlange.

____

____

Sie ist eine Bärin im Kampf.

____

____

Aufgabe 6 Ein *Strauß* kann ein großer Vogel sein oder ein Blumengebinde. Solche Worte nennt man Homonyme. Finde selbst drei Beispiele für Homonyme.

____

____

Aufgabe 1
Wörter, die zur Wortfamilie *sagen* gehören: Sage, versagen, aussagen, aufsagen, nachsagen, ansagen, absagen, untersagen, unsäglich, gesagt, sagenumwoben, sagbar, unsagbar

Aufgabe 2
Denotation: Sitzgelegenheit, Gebäude, Vertrauter, Jahreszeit, Schreibgerät
Konnotation: Mittagessen, Hausaufgaben, gemeinsam etwas unternehmen, Freibad, altmodisch

Aufgabe 3 individuelle Lösungen
Vielleicht hast du folgende Wörter zum Begriff *Wochenende* aufgeschrieben: Freizeit, Mama und Papa haben Zeit, ausschlafen, keine Schule, länger aufbleiben, Ausflüge, gutes Essen...

Aufgabe 4
In dem Gedicht geht es um Gegenstände (ein Gulli, ein Rasenmäher, eine Nachttischlampe), die zu einem bestimmten Zeitpunkt ausruhen. Der Autor Josef Reding beschreibt mit den Vergleichen, was für ihn Faulenzen bedeutet.
Hast du dein eigenes Gedicht geschrieben? Hast du auch an das Wörtchen *wie* gedacht? Hier ein Beispiel:

Manchmal möchte man faulenzen
Wie der Mond am Tag
Wie die Schneeschaufel im Sommer
Wie die Schaukel im Winter
Wie der Bagger am Sonntag...

Aufgabe 5
Die Sonne lacht: Wenn jemand lacht, dann sieht es aus, als würde er oder sie strahlen. Dies hat die Sonne mit einem lachenden Gesicht gemeinsam.
Man kann „Die Sonne lacht" auch als Personifikation sehen, weil der Sonne die menschliche Eigenschaft des Lachens zugesprochen wird.
Er ist der Engel der Gruppe: Ein Engel ist eine Figur, die Gutes tut und der betreffende Mensch tut auch viele gute Dinge.
Autoschlange. Eine Schlange ist sehr lang. Wenn viele Autos in einem Stau stehen, sieht es von oben betrachtet auch aus wie eine Schlange.
Sie ist eine Bärin im Kampf. Bären sind sehr große und starke Tiere. Diese Person ist auch sehr kräftig und deshalb mit einer Bärin zu vergleichen.

Aufgabe 6 individuelle Lösungen
Beispiele für Homonyme sind:
- Ball (Spielgerät und Tanzfest)
- sieben (Zahl und Verb, etw. *sieben*)
- Tau (der Tau am Morgen und ein festes Seil)

LÖSUNGEN LÖSUNGEN LÖSUNGEN

Fachbegriff	Beispiel	→ Modul(e)
Adjektiv (Eigenschaftswort)	*jung, blau, sanft, hoch, tief*	7, 10, 20
Adverb (Umstandswort)	*dazu, dorthin, gestern, sehr, nie, dazu*	2, 5, 23
adverbiale Bestimmung (Satzglied)	***Leise** flüsterte sie ihrer Mutter etwas ins Ohr.*	20, 25, 28
Akkusativ (4. Fall, Wen-Fall)	*den Mann, die Frau, das Kind*	17, 20, 21, 22
Akkusativobjekt (Satzglied, Ergänzung des Prädikats im Akkusativ)	*Ich besuche **meine Großeltern.***	27
Alltagsgeschichten (Art eines Erzähltextes)	*Geschichten aus dem normalen Leben*	11
Artikel bestimmt unbestimmt	 *der, die, das* *ein, eine, einer*	 17
Beschreibung (sachliche, klare und übersichtliche Information)	*Der Schrank steht an der rechten Wand des Zimmers, links daneben steht das Bett und gegenüber dem Bett befindet sich das Fenster.*	6, 7
Brainstorming (eine erste, noch ungeordnete Ideensammlung zu einem bestimmten Thema)	*Sommerferien: Urlaub, Sonne, baden, Mittelmeer, Italien*	1
Dativ (3. Fall, Wem-Fall)	*dem Mann, der Frau, dem Kind*	17, 20, 21, 22
Dativobjekt (Ergänzung des Prädikats im Dativ)	*Wir gratulieren **dir** zum Geburtstag.*	27
Deklination (Beugung von Substantiven, Pronomen, Adjektiven, Artikeln)	*der große Hund, des großen Hundes, …*	17, 20, 21
Demonstrativpronomen (hinweisendes Fürwort)	***dieses** Kleid, **jene** Strümpfe*	21
Denotation (Hauptbedeutung eines Wortes)	*Gymnasium → Schule*	36
Diphthong (Doppellaut)	*ai, eu, äu, ei, au*	31, 33
Futur (Zeitform des Verbs: Zukunft)	*Er **wird** den Wettbewerb **gewinnen.***	19
Genitiv (2. Fall, Wessen-Fall)	*des Mannes, der Frau, des Kindes*	17
Genitivobjekt (Satzglied, Ergänzung des Prädikats im Genitiv)	*Sie erinnerten sich **des Erlebnisses.***	27
Genus (grammatisches Geschlecht: weiblich, männlich, sächlich)	*die Katze, der Hund, das Auto*	17, 21
Imperativ (Befehlsform des Verbs)	*gehen → **Geh!** lesen → **Lies!***	18
Infinitiv (Grundform des Verbs)	*gehen, singen, stehen, lachen*	18, 19, 26
Interjektion (Ausrufewort)	*Ahh, oh, Achtung!*	24
Kasus (grammatischer Fall)	*Nominativ, Genitiv, Dativ, Akkusativ*	17
Komparativ (Steigerungsform des Adjektivs)	*schneller, größer, besser, lieber*	20
Konjugation (Beugung des Verbs)	*ich **gehe,** du **gehst,** …, wir/ihr/sie **gehen***	18, 19, 30
Konjunktion (Bindewort)	*und, denn, oder, nachdem, weil, falls*	23, 24, 35
Konnotation (Mitbedeutung eines Wortes)	*Gymnasium → Lernen, Freunde, Lieblingsfach*	36
Konsonant (Mitlaut)	*b, c, d, f, g, …*	29
Mind-Map (strukturierte Ideensammlung)		1

Fachbegriff	Beispiel	→ Modul(e)
Nominativ (1. Fall, Wer-Fall)	*die Frau, der Mann, das Kind*	17, 20, 26
Numerus (grammatische Anzahl)	*der/ein Hund, die Hunde*	17, 21, 26
Objekt (Satzglied, ergänzt den Satz)	*Wir lesen* ***ein Buch.***	25, 27, 28
Perfekt (Vergangenheitszeitform des Verbs)	*ich habe gelacht, du bist weggelaufen*	19
Personalpronomen (persönliches Fürwort)	*ich, du, er, sie, es, wir, ihr, sie*	21
Plural (Mehrzahl)	*die Hunde, die Fahrräder*	17, 18
Plusquamperfekt (Zeitform des Verbs: Vorvergangenheit)	*ich* ***hatte gedacht***	2, 4, 5, 19
Possessivpronomen (besitzanzeigendes Fürwort)	***mein*** *Fahrrad*	21
Prädikat (Satzglied, verbaler Teil des Satzes)	*Wir* ***singen*** *ein Lied.* *Sie* ***hört*** *aufmerksam* ***zu.***	26, 27
Präposition (Verhältniswort)	*jenseits, gegen, neben*	22, 28, 32
Präsens (Zeitform des Verbs: Gegenwart)	*Ich lese, du singst*	18, 19
Präteritum (Zeitform des Verbs: Vergangenheit)	*ich las, ich ging, ich glaubte*	19
Pronomen Begleiter/Stellvertreter des Verbs	*ich, du, ... mein, dein, ihre ...*	21
Reimschema	*Kreuzreim abab, Paarreim aabb*	14, 15
Relativpronomen (Bezugspronomen)	*das Auto,* ***das*** *meine Mutter fährt*	21
Satzgefüge (Hauptsatz und Nebensatz bilden einen Satz)	*Ich habe heute noch nichts gegessen,* ***weil*** *ich Zahnschmerzen habe.*	24
Satzglied	*Subjekt, Prädikat, Objekt, adverbiale Bestimmung*	25, 26, 27, 28
Satzreihe (Mehrere Hauptsätze bilden einen Satz)	*Du schläfst, du lernst, du lachst.*	24
Scanning	*Lesetechnik zum Textverstehen*	12
Singular (Einzahl)	*der Hund, das Fahrrad*	17, 18
Steigerung (des Adjektivs) (dient dem Vergleich von Lebewesen und Gegenständen)	*Helga ist* ***groß,*** *Alex ist* ***größer,*** *Halid ist* ***am größten.***	20
Subjekt (Satzglied)	***Der Hamster*** *flüchtet.*	26
Substantiv (Nomen, Hauptwort)	*Katze, Auto, Helga, Schnelligkeit*	17
Substantivierung	*das Lachen, etwas Rotes, nichts Wichtiges*	17, 32
Superlativ (Steigerungsform des Adjektivs)	*am besten, am schnellsten, am höchsten*	20
Tempus (Zeitform)	*Präsens, Präteritum, Perfekt, Plusquamperfekt, Futur I, Futur II*	19
Verb (Tätigkeitswort)	*gehen, lesen, sprechen*	18, 19
Vergleich (Stilmittel)	*So groß wie ein Baum.*	7, 36
Vokal (Selbstlaut)	*a, e, i, o, u*	29, 30

Ihre Meinung ist uns wichtig

Wir entwickeln Lernhilfen und Arbeitsmittel in engem Kontakt mit Schulpraktiker/innen und Nutzer/innen. Deshalb sind uns Ihre **Anregungen** und **Wünsche**, aber auch Ihr **kritisches Urteil** besonders zu neuen Produkten wichtig und willkommen.

Meine Angaben beziehen sich:

☐ auf den vorliegenden Band (978-3-06-150179-2)

☐ auf ein anderes Produkt, nämlich ______________________________

Wie beurteilen Sie folgende Aspekte des Produkts:	++	+	0	-	--
Übersichtlichkeit/Layout					
Themenauswahl/Inhalte					
Aufbau/Gliederung					
Übungsangebot					
Niveau/Schwierigkeitsgrad					
Altersangemessenheit					

Was ist Ihnen außerdem noch wichtig?

____

____

Die Absenderin / der Absender ist (bitte Zutreffendes ankreuzen):

☐ Lehrer/in
bitte angeben: Fächer ______________________
Klassenstufen ______________________

(Schule/Schulstempel – bitte immer angeben)

☐ Seminarleiter/in

☐ Fachbetreuer/in

☐ Referendar/in

☐ Lehramtsstudent/in

☐ Elternteil

☐ Nachhilfelehrer/in

– Antwort –

Cornelsen Verlag
Service Center
14328 Berlin

Bitte senden Sie uns diese Seite an die links nebenstehende Adresse zurück. Noch einfacher geht es per **Fax** unter **0180 / 1 21 20 12** (3,9 ct/min aus dem Festnetz der Telekom. Mobilfunkhöchstpreis: 42 ct/min)

Name und Privatanschrift

____
Name

____
Straße, Hausnummer

____
PLZ, Ort

____
Telefon

____
E-Mail-Adresse

☐ Ja, informieren Sie mich bitte per E-Mail gezielt über Ihr Verlagsprogramm.